消费者撤回权制度研究

戴中璧　著

合肥工業大學出版社

序

2014年修订后的《中华人民共和国消费者权益保护法》将消费者撤回权授予我国的亿万消费者，并出于确保消费者对其能够有效行使的考虑还将这一权利制度化。可以这样说：这部法律于1993年在我国的出台和施行，体现着有针对性地通过实施特别法来对消费者权益给予特殊保护在我国的开始；而这部法律在2014年修订后在我国的继续施行，则极大地提高了来自特别法的关于对消费者权益给予的保护的程度；就这一特殊保护的程度的提高而言，在这次修订后进入这部法律中的消费者撤回权制度，无疑起到了相当大的作用。显然，在自其被这部法律确立之时起，关于对消费者撤回权制度的研究，便成为我国法学理论研究的一个重要课题；但不知何故，可以说一直到目前，关于对这一制度的研究，在我国法学界还是处于“不温不火”的状态。尽管如此，据我所知，对消费者撤回权制度给予了较高程度的关注、并且对研究这一制度还持有较为浓厚的兴趣和较大的热情的学者，在我国法学界中还是为数不少；正是仰赖于这些学者的努力，才致使我国法学界关于对这一制度的研究，在这些年里还是“一年比一年有进步”。

戴中壁博士就是这些学者中的一位。他的这部以《消费者撤回权制度研究》为其书名的著作，正是在对消费者撤回权制度给予了较高程度的关注、对研究这一制度持有较为浓厚的兴趣和较大的热情、并且在对该制度进行了深入研究的基础上写作而成。实事求是地说，这些年来，已经有一些学者在我国的一些刊物上发表了一些关于研究消费者撤回权制度的论文；但这些论文中的任何一篇，都因限于篇幅，没有并且也不可能做到对这一制度进行全面深入的研究。但这部著作却做到了此点：被记载于其中的关于对这一制度的研究，是一项全方位的研究，是一项在法理分析和比较法分析方面都显得比较充分和比较理想的研究，是一项在论述方面显得细致和深入的研究。这些都是这部著作的显著优点，并且着眼于其内容还可以发现：这部著作的许多内容都具有新意，在理论深度方面也显得比较理想。如果说，具有法学理论性质的我国的消费者撤回权理论，在目前还是处于正在形成的阶段；那么就完全可以说，这部著作的出版，对这一理论的最终形成，一定会起到比较大的推动作用。

这部著作涉及的研究属于对部门法具体制度的研究。就一部优秀的关于研究部门法具体制度的学术著作而言，其最起码应当符合三个标准：一是内容丰富，其中对前人相关研究的总结显得全面；二是资料可靠与翔实；三是有作者的创见。应当说这部著作完全符合这些标准：作为这部著作的研究对象的消费者撤回权制度，既包括我国的这一制度，也包括一些外国的这一制度；这一研究还涉及这一制度的各个方面，其中对前人相关研究的总结，既包括对我国学者的相关研究的总结，也包括对一些外国学者的相关研究的总结；并且在这一研究中对制度构成和前人学术观点的评析还显得比较到位。这部著作在资料使用方面值得称赞，特别是存在于这部著作中的关于对外国的消费者撤回权制度和相关理论的介评，主要是以具有第一手资料性质的、由外国学者发表的相关的外文文本法学论著为依据写成，故这些介评的内容令人信服。至于作者在独立思考的基础上发表的学术评析和提出的学术观点，则在这部著作中的绝大多数章节中都可以看到，并且这些学术评析和学术观点大都具有一定的理论价值。由以上所述情况来看，说这部著作是一部优秀的关于研究部门法具体制度的学术著作，这肯定是恰如其分的。

戴中壁博士这些年来一直在从事法学理论研究。他是一位认真的学者，是一位努力的学者。在这部著作即将完稿时，他曾经告诉我：关于消费者撤回权制度，还有一些更为深层次的问题，需要在这部著作相关内容的基础上进行更进一步的研究，而他在今后将在这一方面做出更进一步的努力。我坚信：这部著作的出版，只是戴中壁博士研究消费者撤回权制度的起点；在今后的岁月里，他一定会在这一研究方面做出更进一步的努力，并一定会因此而取得新的成绩。

南京大学法学院教授博士生导师

张　淳

目　录

绪　论

一、问题的提出

消费者撤回权是近年来伴随着消费形态的创新而诞生的新型消费者权利。2014 年实施的《消费者权益保护法》（以下简称新《消法》）已经在我国确立了远程销售中的消费者撤回权制度。然而新《消法》实施后，广大消费者却仍然面临着相关权利被频繁侵害的困扰。2015 年，我国以近 4 万亿元人民币的规模成为全球第一大网络消费市场。尽管当年消费者撤回权制度已经在网购领域实施，但根据中国消费者协会（以下简称“中消协”）的统计，其仍然受理了 20083 件关于远程购物的投诉，占销售服务类投诉的 69.86%，位列服务细分领域榜首。而网络购物投诉在远程购物投诉中的占比达 95.41%，比 2014 年同期上升 3.13%。其中消费者反映的一个重要问题就是“七天无理由退货难落实”。到了 2016 年，中消协受理的关于远程购物的投诉不降反升达 29856 件，其中重点问题仍然是：网络交易七天无理由退货执行难；电商平台、入驻商家推诿扯皮，或擅自扩大不适用七天无理由退货范围，承诺不兑现；退货时商家拖延解决等。而到了 2017 年，以网络购物投诉为主体的远程购物投诉量继续增长到 41162 件，位居细分领域首位，“侵权行为频发，需要进一步加大网络购物领域消费者权益的保护力度”。远程购物的投诉量在 2018 年继续以 53349 件的规模位列第一，中消协认为“需要进一步加大网络购物领域消费者权益的保护力度”。2019 年，虽然“远程购物投诉在全部投诉中占比大幅度下降，从多年第一位退居第三位”，但以经营性互联网服务、网络接入服务、网络培训为代表的网络服务消费投诉却大幅增长①。

产生上述现象的原因主要是我国消费者撤回权制度在运行上还属于“新生事物”。新《消法》第25条的规定本身又较为简略，各方对其的理解还存在一定分歧。虽然2017年3月15日实施的原国家工商行政管理总局《网络购买商品七日无理由退货暂行办法》（以下简称《暂行办法》）有望在一定程度上暂时中止这些争论，但其部分条款的合理性还有待商榷，实施过程中亦可能遇到新的问题。况且目前《消费者权益保护法实施条例》尚在制定过程中，因而关于该制度的理论研究、立法进程尤其是对现有法律的解释并不能止步于此。

此外，远程销售领域只是消费者撤回权制度适用范围的“冰山一角”。在其他特殊消费中，如访问交易、保险、远程（互联网）金融服务、旅游度假等领域中，我国消费者撤回权制度仍然有待建立或完善。故本书将对消费者撤回权制度展开全面、详细的法理分析，以期对我国现有相关法律的合理解释以及相关事项今后的科学立法有所助益，以维护并增进广大消费者的权益、理性和信心。

二、研究背景

（一）消费者权益保护运动的兴起

我们已经进入一个消费的时代，每个人都是消费者，消费者权益保护关系着千家万户，消费纠纷也愈发常见并引起社会的广泛关注。根据梁慧星教授的见解，这是人类经济生活在以下四个方面发生重大变化的必然结果：“1. 由于生产组织形式的变革，生产者不再是手工业者和小作坊主，而是现代化的大企业、大公司。它们拥有强大经济实力，在商品交换中处于显著优势地位。2. 由于科学技术的发展，使生产过程、生产技术高度复杂化，消费者在购买商品时已根本不可能判断其品质。3. 由于流通革命，商品从生产者到消费者须经过复杂的、多层的流通

① 以上数据参见中国消费者协会官网（www. cca. org. cn）：（1）《2015年全国消协组织受理投诉情况分析》；（2）《2016年全国消协组织受理投诉情况分析》；（3）《2017年全国消协组织受理投诉情况分析》；（4）《2018年全国消协组织受理投诉情况分析》；（5）《2019年全国消协组织受理投诉情况分析》。

环节，买者、使用者与商品制造者间一般没有直接的契约关系。4. 由于生产者、经销者广泛运用各种广告和宣传手段推销商品，使消费者在实际上处于盲目状态，只能任凭其摆布。因此，在现代高度发达的商品经济条件下，生产者与消费者之间的关系已经发生变化，实质上成为一种支配与被支配的不平等关系。”①

消费者权益保护运动便是作为个体和群体的消费者为了与上述不平等关系进行抗争，争取更多的权益和力量而进行的有组织的社会运动。在整个20世纪，尤其是二战以后，消费者权益保护运动表现出三个特征：首先，历时长。经历了20世纪最初60年的消费者“觉醒时期”，终于在1960年开启了消费者权益保护运动的“成就时期”，运动的目标、组织、模式也日渐成熟。其次，范围广。消费者权益保护运动肇始于美国，很快席卷欧洲、日本等发达国家和地区，并逐步对包括我国在内的发展中国家产生深刻的影响。最后，有成效。消费者权益保护运动所表达出来的诉求被世界各国的法律吸收，并形成了一个专门的法律部门——消费者权益保护立法。

消费者撤回权的确立可以说是消费者权益保护运动的重要成就，也是消费者权益保护立法的重要创新。它萌发于欧美发达国家，并逐步为发展中国家所接受并移植。其制度本身也在与商业行为变革的互动中逐步完善。1993年，我国初次制定《消费者权益保护法》时，尚无消费者撤回权的内容。经过20余年的尝试、探索，2013年对《消费者权益保护法》进行大修时，由该法第25条所规定的远程销售中的消费者撤回权制度已经广受关注、反响强烈。

（二）商业行为的创新与扩展

二战结束以来，人类社会进入一个以“和平和发展”为主题的空前繁荣的时代。伴随着新科技革命和全球化趋势，不论是发达国家还是发展中国家的经济都获得了巨大的发展。具体到商业消费领域，人类的商业行为对比之前的所有世纪，已发生了极大的扩展，如阿里巴巴的招股书认为该公司“是一家通过持续推动技术进步，不断拓展商业边界的

① 梁慧星：《消费者运动与消费者权利》，载《法律科学：西北政法大学学报》，1991年第5期，第37页。

企业”。事实上，这种对商业边界的“拓展”并不局限于特定的企业，而是整个商业社会的自发行为。

首先，交易的形式得到了扩展。过去那种面对面的交易形式越来越成为田园牧歌式的经典场景，随着电话、电视特别是互联网技术的普及，带来了以远程购物为代表的远程交易的爆发式增长，堪称交易形式的一场革命。其次，交易的内容得到了扩展。过去买卖、租赁、借贷、承揽等交易类型井然有序却近乎孤立地分别进行着，而随着分期付款买卖，特别是各种形式的消费信贷的兴起，使很多并不富有的人士能够提前购买所需商品。传统的交易类型出现了相互结合乃至融合的趋势，这使得原本不可能发生的交易成为可能，从而进一步促进了经济的发展。最后，交易的标的得到了扩展。价值越来越高、所包含的信息越来越复杂的商品或服务，比如人寿保险、远程金融服务、分时度假、包价旅游、网络租约车、共享单车等，日趋成为普通消费者的交易标的，并且更多的复杂商品或服务正在源源不断被创造出来，以满足市场的需求。但是，交易扩展所带来的消费者权益问题也引起了普遍的担忧。爱尔兰学者阿霍姆·麦克拉弗蒂曾指出：“由于在线交易与生俱来的风险，这类交易需要得到明确具体的认知和有针对性的监管。”①

因此，不断推陈出新的“商业新模式”与不断开疆拓土的“商业新边界”，对法律尤其是私法的发展提出了新的需求。新的法律制度被创设出来，为新的商业行为厘定新规则，而消费者撤回权的产生和发展也是这一系列制度创新过程的一部分。消费者撤回权制度总是与特定的商业模式相联系，除了我国《消费者权益保护法》第25条所规定的远程销售领域，该制度在直销、金融保险、信贷消费、旅游度假等领域亦有广泛应用，发挥着守护消费者权益的重要作用。

（三）国家干预和自由市场的竞争与融合

作为两种重要的经济理论、政策主张和社会思潮，凯恩斯主义和新自由主义在20世纪相继登上历史舞台。前者认为：在市场经济的

① Aonghus Mcclafferty. Effective Protection for the E-Consumer in light of the Consumer Rights Directive? Hibernian Law Journal, No. 85, 2012: p85.

前提下，仅靠私人经济是不能达到经济最大化的，需要国家出面进行干预与调控。这一思想与罗斯福新政的各项措施不谋而合，并为20世纪五六十年代经济繁荣时期各资本主义国家政府所奉行。但面对70年代的经济“滞涨”局面，凯恩斯主义显得无能为力。后者认为：如果没有国家的干预，市场会更有效率，自由是通向经济繁荣的唯一道路。欧美主要国家以这一思想为政策依据，使经济在80年代走出“滞涨”，迎来了新一轮的繁荣时期，直到2007年美国爆发“百年不遇”的次贷危机。经济学家又将这次危机的原因归咎于新自由主义，并重新采用货币量化宽松、政府采购、强化金融管制等国家干预的手段对抗危机。

在上述两种经济思想交替影响的过程中，政府比以往更广泛、更密切地介入到人们的经济生活中。国家的角色从“守夜人”变身为“调节者”或“家长”。作为国家干预经济的手段，以强制性规范为特征的劳动与社会保障法、以反垄断为主要诉求的竞争法、以累进税制和遗产税为代表的税法，在20世纪获得了空前的发展。而传统私法亦经历着“从近代民法向现代民法”的剧烈变革。当然，以上各种立法实践，也收获了来自新自由主义学者严肃而有力的批判①。

消费者撤回权不是孤立出现的法律现象，而是以上人类社会法律制度急剧变革的一部分。撤回权制度也并非冒犯了神圣的契约严守原则的孤例，而是实质正义理念在现代私法的土壤中结出的诸多果实中的一枚而已。上述两种经济思想的交锋，亦毫无悬念地体现在消费者撤回权制度的适用和运行上：以强制性、集中式、“自上而下”为特征的欧盟立法模式规定的撤回权制度，表现出浓厚的家长主义色彩；而以任意性、分散式、“自下而上”为特征的美国立法模式规定的撤回权制度，则散发着强烈的自由主义气息。

① 如：（1）科斯对庇古税的批判，参见《经济学上的灯塔问题》，载［美］罗纳德·哈里·科斯：《企业、市场与法律》，盛洪、陈郁译校，格致出版社、上海三联书店、上海人民出版社2009年版，第181页。（2）我国学者薛兆丰对反垄断法的批判，参见薛兆丰：《商业无边界——反垄断法的经济学革命》，法律出版社2008年版。（3）我国香港地区学者张五常对《劳动合同法》的批判，参见张五常：《新劳动法的困扰》，载《法制资讯》2008年第10期，第39–40页。

三、研究意义与研究思路

（一）研究意义

首先，研究消费者撤回权可以为新型消费者权利的产生及其相关制度的完善提供一个实证样本。1962 年 3 月 15 日，美国总统肯尼迪在“消费者权利咨文”中首次提出的消费者权利仅有四项：（1）安全保障权（the right to safety）；（2）知情权（the right to be informed）；（3）自主选择权（the right to choose）；（4）意见受尊重权（the right to be heard）。此后，消费者权利的种类和范围不断扩张，如我国 1993 年颁布的《消费者权益保护法》将公平交易权、受尊重权、依法求偿权、受教育权等加入消费者权利的范畴。而消费者撤回权的兴起则代表着消费者权利的又一次扩展。因此，研究消费者撤回权，一方面有助于深化对权利形成机制的研究；另一方面，也可以为实现消费者和经营者之间的利益平衡、市场机制与政府干预之间的适度妥协提供理论指引。

其次，为法律移植与法律本土化、中国化的结合提供一个典型范例。消费者撤回权制度肇始于欧美，且经过数十年的发展已经较为完备。同时，在经济全球化深入发展的今天，世界各国的交流日益广泛而深入。适度接受和移植先进国家和地区的消费者撤回权制度无疑是我国消费者权益保护立法之“捷径”。但是，我国的情况又具有不可忽视的特殊性：首先，市场环境、交易成本与欧美日等国家有着较大差别；其次，目前所处的时代已是互联网经济占主导的创新时代，与欧美相关立法诞生的直销时代的商业模式已不可同日而语。因而我国的消费者撤回权立法必须与国情相结合、与时代相适应，注重发挥自主性与创造性，以实现法律移植与法律本土化、中国化的结合。

再次，为家长主义与自由主义的取舍与融合提供一个创新方案。我们究竟需要一个家长主义的强制适用的撤回权制度，还是一个自由主义的约定优先的撤回权制度？是否可以同时发挥理性与市场两者的价值，并互相弥补对方的缺陷？本书所提出的折中、融合方案或许能够成为我国消费者撤回权制度不拘泥于既有欧、美模式的一次新的尝试与探索。

最后，为我国已经颁行的相关立法提供一套系统解释。在 2014 年新《消法》以及 2017 年《暂行办法》实施之后，对消费者撤回权制度的研究重心应当转向对上述法规的解释工作。但对于上述法规在运行过程中涉及的问题，如该制度的适用范围和适用方式、撤回权的行使方式、退货商品的完好性标准、经营者与撤回权相关的信息义务、退货过程中的风险承担等，目前要么论者寥寥，要么没有提供切实可行的解决方案。而本书第四章、第五章即致力于给出我国消费者撤回权制度在运行层面的系统性解释。

（二）研究思路

作为对消费者撤回权制度的一个全面性、系统性的研究，本着从一般原理到具体应用的认知规律，本书遵循“本体论—演化论—价值论—适用论—解释论”的研究思路。“本体论”将要解决的是消费者撤回权的理论定位以及与我国现有法律制度的衔接问题。“演化论”介绍消费者撤回权制度在世界主要国家和地区的产生、引入和发展历程，并对其进行全面比较，解决的是我国法对域外法如何更好地进行借鉴的问题。“价值论”全面总结了消费者撤回权制度的正当性和局限性的理论观点，一方面解决该制度的理论合法性问题，另一方面则提示通过具体规则的设置限制其消极作用。“适用论”致力于进一步勘定消费者撤回权的适用范围和适用方式，解决的是在什么样的特殊场景中应当赋予消费者以撤回权，以及具体场景中的撤回权制度应当以何种方式发挥作用的问题，其核心理念是在家长制保护和市场调节之间取得平衡。“解释论”则是在比较各主要国家和地区撤回权具体规则的基础上，对以新《消法》第25条和原工商总局《暂行办法》为代表的我国现有消费者撤回权制度在运行层面进行系统性解释。需要强调的是，从研究主题出发，在上述每一部分的结尾，本书均立足于我国的制度现状，并运用该方面的理论研究成果，提出相应的法解释学观点和完善立法的建议。

四、研究现状

（一）国外的研究

就笔者收集的外国文献而言，在地域上，关于消费者撤回权研究的中心集中于欧洲；在时间上，以2009年《共同参考框架草案》（Draft Common Frame of Reference，以下简称DCFR）的完成和2011年欧盟《消费者权利指令》（2011/83/EU）的颁布作为一个高峰，而之前若干年已涌现出大量关于该制度的研究成果，这些成果至少在部分意义上为上述两部文件奠定了理论基础。最近的论文则更关注对欧盟指令的评价和提出相应的改进意见。

《共同参考框架草案》① （DCFR）是由来自欧盟各国的法学家起草的关于“欧洲示范民法典”的“学术建议稿”。相关工作始于 1982 年欧洲合同法委员会的组建，并最终完成于 2009 年，是“来自欧盟成员国的所有法域的法学家经历 25 年多通力合作的结果”②。虽然从绝对篇幅来看，关于消费者撤回权的内容不多，但 DCFR 从合同法甚至民法典的层次对该权利进行了界定：（1）在“附录·定义”部分对“撤回”进行了定义；（2）在示范规则第二卷“合同及其他法律行为”的第五章“撤回权”部分对消费者撤回权制度进行了较为详细的规定。同时，本书将要提及的诸位欧洲学者大多参与了 DCFR 的起草工作。

荷兰阿姆斯特丹大学的马可·洛斯教授是研究消费者撤回权的重要学者。他在论文《撤回权》③ 以及专著《欧盟消费者法评论》④ 第三章中以欧盟《消费者权利指令》的出台为背景，对消费者撤回权的特点、发展历程、功能、冷静期的时长和起止、撤回权的滥用、撤回的后果、适用撤回权的例外等具体制度进行了全面详细的研究。

比利时鲁汶大学的艾芙琳娜·特蕾恩教授在论文《撤回权：现行法律原则与 DCFR》⑤ 中以 DCFR 的起草为背景，首先论述了消费者撤回权制度的历史发展与立法目标，随后对现行有效的欧盟法的相关制度进

---

① Christian von Bar, Eric Clive, Hans Schulte-Nölke（Ed.）. Principles, Definition and Model Rules of European Private Law, Draft Common Frame of Reference（DCFR）, Outline Edition, Munich：Sellier Publishing, 2009.

中文版见欧洲民法典研究组、欧盟现行私法研究组：《欧洲示范民法典草案：欧洲私法的原则、定义和示范规则》，高圣平译，中国人民大学出版社 2012 年版。

② 欧洲民法典研究组、欧盟现行私法研究组：《欧洲示范民法典草案：欧洲私法的原则、定义和示范规则》，高圣平译，中国人民大学出版社 2012 年版，第 36 页。

③ Marco B. M. Loos, Rights of Withdrawal, in G. Howell & R. Schulze（Ed.）, Modernising and Harmonising Consumer Contract Law, Munich：Sellier Publishing, 2009：p237.

④ Marco B. M. Loos. Review of the European Consumer Acquis, Munich：Sellier Publishing：2008.

⑤ E. Terryn. Rights of Withdrawal, the Acquis Principles and Draft Common Frame of Reference, in R. Schulze（Ed.）, Common Frame of Reference and Existing EC Contract Law, Munich：Sellier Publishing, 2009：p145.

行了梳理，并指出其中存在的矛盾和漏洞，最后考察了 DCFR 相较于当时的欧盟法有何进步之处。

在 2011 年欧盟《消费者权利指令》颁布后，欧洲学者的研究热情转向对该指令的解读与评估。爱尔兰学者阿霍姆·麦克拉弗蒂在论文《消费者权利指令背景下对网络消费者的有效保护?》① 中分析了网络消费的特点以及保护网络消费者的各种法律措施，尤其是指令中消费者撤回权制度在电子商务中的有效性。他认为，指令确实达到了鼓励跨境交易的目标，但提升消费者保护水平的效果却并不明显。

另一位欧洲学者卡罗琳·科恩在论文《从有约必守和行为经济学文献看〈消费者权利指令〉中撤回权的正当性》② 中主要从行为经济学角度对消费者撤回权制度进行了评估。她指出，一方面，撤回权制度的确可以看作提高消费者保护水平的一种进步；另一方面，指令中撤回权制度的强制性适用方式却产生了一些负面后果。该文还提出了一些强制性撤回权制度的替代措施。

消费者撤回权与交易信息的关系也是欧洲学者关注的话题。英国赫尔大学讲师克里斯蒂安·推格-弗莱斯纳和德国明斯特大学教授瑞纳·舒尔茨在论文《捍卫理性选择：交易信息与撤回权》③ 中详细论述了消费者获得交易信息的制度保障和消费者撤回权功能、适用、撤回期、撤回权的告知和行使等制度；并指出信息保障机制和撤回权都是帮助消费者做出理性决定的重要手段。

对上述话题感兴趣的还有丹麦哥本哈根大学的皮特·罗特副教授，他在论文《信息义务与撤回权》④ 中对欧盟现行的关于经营者信息义务和消费者撤回权的规范之得失进行了评估，并对欧盟相关指令走向统一

① Aonghus Mcclafferty. Effective Protection for the E-Consumer in light of the Consumer Rights Directive? Hibernian Law Journal, No. 85, 2012: p85.

② Caroline Cohen. the Contract Law Principle of pacta sunt servanda and Behavioral Economics Literature in Relation to Justifications for the European Consumer's Right of Withdrawal under Directive 2011/83/EC, Exeter Student Law Review Vol. 2, 2016: p13.

③ Christian Twigg-Flesner, Reiner Schulze. Protecting ration choice: information and the right of withdrawal, in Geraint Howells etc. (Ed.) Handbook of Research on International Consumer Law, Northampton Massachusetts: Edward Elgar Publishing Limited, 2010: p130.

④ Peter Rott. Information obligations and withdrawal rights, in Christian Twigg-Flesner (Ed.), European Union Private Law, Cambridge: Cambridge University Press, 2010: p187.

的趋势进行了展望。而在另一篇论文《论撤回权的统一：德国法能成为欧盟消费者法的一个范例吗?》[①] 中，他以德国法中消费者撤回权制度的产生和发展，尤其是对欧盟相关指令的转化为背景，探讨了与撤回权相关的基本概念、行使撤回权的后果以及撤回对关联合同的影响等问题。

消费者撤回权的正当性问题自然也是欧洲学者研究的重点。德国慕尼黑大学的豪斯特·艾登穆勒教授在论文《为何有撤回权?》[②] 中分别论述了赋予消费者撤回权的三大理由：信息不对称、消费者偏好的外源性扭曲以及消费者偏好的内生性扭曲，并指出目前欧盟将全部领域的消费者撤回权均规定为强制性规范的做法并没有很好地解决上述三个问题。该文还提出了一些增加撤回权制度有效性的建议。

荷兰马斯特里赫特大学的斯密茨教授在论文《改变主意的权利？对强制性消费者撤回权局限性的反思》[③] 中通过对以欧盟为代表的强制性立法模式与以美国为代表的非强制性立法模式进行比较，亦得出与艾登穆勒教授相似的结论。该文还强调了强制性撤回权将导致“挤出效应”(motivation crowding out)，从而对经营者与消费者之间信任建立的过程产生不利影响。

荷兰阿姆斯特丹大学的约西娅·卢扎克副教授的观点却略有不同。她在《是否撤回？远程销售合同中强制性撤回权的评估及其对消费者行为的影响》[④] 一文中结合行为经济学的方法和成果指出，以往的研究对消费者因撤回权而获得的非经济利益评估不足，该权利增加了消费者的快乐感，避免了其不能进行交易所带来的遗憾，对提升消费者福利具有重要意义。

---

① Peter Rott. Harmonising Different Right of Withdrawal：Can German Law Serve an Example for EC Consumer Law? German Law Journal. Vol. 7，No. 12，2006：P1109.

② Horst Eidenmüller. Why Withdrawal Right? European Review of Contract Law，Vol. 7，2011：p1.

③ Jan M. Smits. the Right to change your mind? Rethinking the Usefulness of Mandatory Rights of Withdrawal in Consumer Contract Law，Maastricht European Private Law Institute Working Paper，2011：p1.

④ Joasia A. Luzak. To Withdraw Or Not To Withdraw? Evaluation of the Mandatory Right of Withdrawal in Consumer Distance Selling Contracts Taking Into Account Its Behavioural Effects on Consumers，Centre for the Study of European Contract Law Working Paper No. 4 2013：p1.

美国学者对消费者撤回权制度的研究也多有涉及。一类研究成果注重对美国国内消费者撤回权的具体制度进行考察。如芝加哥洛约拉大学的谢帕德副教授在《至关重要：论消费者在诚实借贷法中的解除权》[①]一文中对信贷消费中的消费者依据《诚实借贷法》享有的撤回权以及相关判例的研究；又如圣迭戈大学的桑多瓦尔·鲁道夫副教授在《关于上门销售中冷静期制度的严肃分析》[②]一文中对美国联邦贸易委员会（Federal Trade Commission，简称 FTC）有关《冷静期规则》（即《关于在家中或其他特定场所交易的冷静期规则》，Rule Concerning Cooling-off Period for Sales at Homes or at Certain other Locations）出台的背景、目的、具体制度及其影响所做的研究。

另一类研究专注于欧美消费者撤回权制度的比较，特别是在适用方式上的差异。美国芝加哥大学的奥姆利·本-沙哈尔和埃里克·A. 波斯纳两位教授在《合同法中的撤回权》[③]一文中，从法律经济学角度对撤回权制度中消费者获得的收益以及经营者的相应损失进行了分析，继而认为，一个经营者有权明示排除消费者撤回权适用的默认性规则比目前欧洲通行的强制性规则更具有经济上的合理性。在奥姆利·本-沙哈尔教授与他的另一位同事奥伦·巴-吉尔教授合写的《消费者保护技术的规范：欧洲消费者合同法批判》[④]一文中，他们更是对欧洲的强制性撤回权规则进行了批评，认为它降低了自由和效率，并最终导致消费者利益的损害。

从笔者所搜集的文献来看，日本学者对消费者撤回权制度的研究重心已经从早年对其正当性的论证转向对《特定商业交易法》相关条款的解释与运用。前者的代表为东京大学河上正二教授的论文《时间名义

① Lea K. Shepard. It's All About the Principal：Preserving Consumers' Right of Rescission under the Truth in Lending Act，North Carolina Law Review Vol. 89，2010-2011：p171.

② Sandoval Rodolpho. A Critical Analysis of the Cooling-off Period for Door to Door Sales，Chicana/o Latina/o Law Review，Vol. 3，1976：p109.

③ Omri Ben-Shahar，Eric A. Posner. the Right to Withdraw in Contract Law，Journal of Legal Studies Vol. 40，2011：p1.

④ Oren Bar-Gill，Omri Ben-Shahar. Regulatory Techniques in Consumer Protection：A Critique of European Consumer Contract Law，Common Market Law Review，Vol. 50，2013：p1.

的监护人：对冷静期制度的考察》[①]，后者的代表则是多部以《特定商业交易法》为内容的专著或教材，如圆山茂夫的《特定商业交易法：理论与实践》[②]；齐藤雅弘、池本诚司、石户谷丰的《特定商业交易法》[③]；后藤卷则、齐藤雅弘、池本诚司的《条解消费者三法》[④] 等。

（二）国内的研究

目前，我国学者对消费者撤回权的研究侧重点大致可以分为四种：(1) 对该制度的全方位研究。这类成果中有目前唯一的研究消费者撤回权的专著——张靖的《我国消费者保护中的冷却期制度研究》；也有的作为专著中某一章节呈现，如于颖的《远程消费者保护机制研究》之第三章、钱玉文的《消费者权利变迁的实证研究》之第二章第二节、詹森林的《民事法理与判决研究：民法总则、债法总论、买卖法及消费者保护法》之第三编等。(2) 围绕制度的正当性和局限性进行的研究。这方面的成果主要以期刊论文或学位论文的方式展现，如孙良国的《消费者何以有撤回权》、张学哲的《消费者撤回权制度与合同自由原则——以中国民法法典化为背景》、白江的《对消费者撤回权立法模式的反思》、徐伟的《重估网络购物中的消费者撤回权》、靳文辉的《消费者撤回权制度的反思与重构——基于法律经济学的分析》等。(3) 通过对国外制度的介绍为我国相关立法提供借鉴。如迟颖的《论德国法上以保护消费者为目的之撤回权》、凌学东的《法国消费者合同撤回权立法及启示》、张靖的《英国冷却期制度的立法探究及启示》、朱涛的《消费者权益保护法第25条之功能属性探析——基于日本经验的启示》、于程远的《消费者撤回权的合理限制——价值补偿与用益返还的双重进路》、卢春荣的《消费者撤回权制度比较研究》等。(4) 对我国具体制度的解释或建议。这方面的学术论文主要有：杨立新的《非传统销售方式购买商品的消费者反悔权及其适用》、孙良国的《消费者撤回权中的利益衡量与规则设计》、张学哲的《论消费者撤回权的构成与行使要

---

① 河上正二：「『クーリング・オフ』についての一考察—時間という名の後見人」，東北大学法学会『法学』60巻6号229頁，1996年。

② 圓山茂夫：『詳解特定商取引法の理論と実務（第2版）』，民事法研究會2010年版。

③ 斉藤雅弘、池本誠司、石戸谷豊：『特定商取引法ハンドブック（第5版）』，日本評論社2014年版。

④ 後藤巻則、斉藤雅弘、池本誠司：『条解消費者三法』，弘文堂2015年版。

件》、葛江虬的《论消费者无理由退货权——以适用〈合同法〉条文之解释论为中心》等。

五、研究方法与理论创新

（一）研究方法

本书是对消费者撤回权制度所进行的综合性研究，亦综合运用了多种法学的研究方法，其中主要的有以下几种。

1. 历史分析法

历史分析法是通过对与消费者撤回权有关的历史资料进行科学的分析，说明该制度在历史上是怎样发生的，又是怎样发展到现在状况的研究方法。其目的是弄清楚消费者撤回权在发生和发展过程中的“来龙去脉”，从中发现问题，启发思考，以便认识现状和启迪未来。

2. 比较分析法

比较分析法是指对不同国家和地区（主要有欧盟、美国、日本和我国台湾地区）的消费者撤回权在适用和运行等方面的具体制度进行比较研究，目的是分析各国（地区）消费者撤回权制度的异同及其成因，以对它们做出评价并供我国在立法、司法过程中借鉴与扬弃。

3. 价值分析法

价值分析法主要是通过分析消费者撤回权的价值属性（包括对于消费者、经营者、市场等方面的功能、作用），来揭示该制度的正当性与局限性及其发生机理，从而为我国消费者撤回权制度的构建实现稳妥的价值选择与利益平衡。

4. 案例分析法

本书在各章节（包括正文和注释）中均收集和精选了多个与消费者撤回权制度有关的案例，并重点分析各个案例在不同理论和立法例中的走向及其对我国相关制度完善的启发。

（二）理论创新

本书的研究之首要创新在于法律解释学方面，即针对我国《消费者权益保护法》第25条及其配套规则等实然法给出了系统性的解释。如：(1) 新《消法》第25条并未规定远程服务领域的消费者撤回权，这并非立法者的“疏忽”，而是基于我国市场现状和技术条件的有意为之；

（2）将撤回权的有效行使方式分为明示的通知方式与默示的行为方式，并提出我国法原则上应均视之为合法有效；（3）将“商品完好”的标准分为行为标准与结果标准，并指出我国法所采用的是两种标准之结合；（4）经营者应当依据不同消费领域负担“共同但有区别”的信息披露义务；（5）对行使撤回权的法律后果进行了全面分析，尤其是针对被我国立法所回避的“用益返还与损失补偿”问题提出了自己的见解；（6）主张商品退回途中的风险应由消费者承担等。上述观点有的为本书所独创提出；有的目前学界论证不详，本书给出了较为详细的探讨。同时，本书还从宏观的立法体系安排到微观的具体制度细节上全方位对我国相关立法的完善提出了中肯的建议。

其次，本书提出了远程销售中消费者撤回权适用方式的“半强制立法模式”，并建议在解释新《消法》第 25 条第 2 款，即“其他根据性质并经消费者在购买时确认不宜退货的商品”的范围时采用这一模式。一般认为，世界范围内的消费者撤回权制度只有以欧盟为代表的强制性立法模式和以美国为代表的任意式立法模式。在解释新《消法》第 25 条第 2 款时，工商总局《暂行办法》采用了前者，某些学者则采用了后者。而本书研究发现，即使在欧洲或美国，适用上的强制性和任意性也不是非此即彼的绝对排斥关系，它们可能相互吸收、融合。由此建议将新《消法》第 25 条第 2 款解释为创新的“半强制立法模式”。该模式的优势在于既保留了对消费者家长主义保护的强制性基因，又为市场调节预留了一定空间。

再次，目前学界对于消费者撤回权的法律性质问题的讨论仍然众说纷纭，虽然“解除权说”的呼声日隆，但对此的详细论证却较为罕见。本书首先对既有的四种学说进行了比较，其次强调了对于消费者撤回权性质的研究应当以对我国现有法律的解释以及相关立法的未来发展为立足点这一创新观点，最后从消费者撤回权的行使方式、法律效果、与现有立法的体系性解释、与合同法理论的兼容程度等方面进行了较为全面的分析，得出我国法宜采用“解除权说”这一结论。

最后，本书通过较为全面地分析与消费者撤回权制度相关的历史资料，指出目前我国相关研究中的两个不确切之处：第一，很多文献认为 1964 年英国《分期付款买卖法》（Hire-Purchase Act）是消费者撤回权在立法上的肇始，但本书指出消费者撤回权作为一项法律制度的起源应当属于1961年奥地利《分期付款法》。该法与1962年瑞士《债法典》第226c条都早于英国相关立法。第二，很多文献认为欧盟的消费者保护相关指令只做出最低限规定，而成员国可以在此基础上制定更严格的消保标准，但本书指出，2011年欧盟《消费者权利指令》（2011/83/EU）已经摒弃了原先的“最低一致”原则，转而采用“全面一致”原则，要求各国标准向欧盟指令完全看齐。另外，以往我国学者对日本消费者撤回权制度的研究较为欠缺，本书通过对日文资料的整理、分析以及与其他国家（地区）立法的比较，在一定程度上弥补了上述研究短板。

第一章　消费者撤回权的基本概念

在开展具体研究之前，本章将阐述消费者撤回权的基本概念，以明确研究主题。从这一基本概念出发，本章明确了两个基本判断：第一，消费者撤回权是一项法定权利，这是从该制度正当性基础得出的必然结论；第二，消费者撤回权是一种特殊的合同解除权，这一法律属性是对该权利的理论认识基础，也是对相关社会关系进行法律调整、对相关主体的权利义务进行设定的基础。

第一节　消费者撤回权的名称

消费者撤回权或类似概念被介绍到国内后，其称谓并不统一。我国学者为这一权利起的名称大致有以下几种：（1）重点以欧盟法、德国法为参照系的学者大多使用“撤回权”这一名称，以对应欧盟法上的“right of withdrawal”“right to withdrawal”“withdrawal rights”和德国法上的“widerrufsrecht”；（2）以英美法为主要研究对象的学者则倾向于使用“冷静期”或“冷却期”的概念，与美国 FTC 的《冷静期规则》中“cooling-off period”相一致；（3）以经济法为立足点的学者大多通俗地将之称为“反悔权”“后悔权”或“无理由退货权”；（4）以金融保险服务为主要研究对象的学者大多遵从原保监会有关规范性文件中“犹豫期”的用法；（5）我国台湾地区学者则一般将其称为“消费者之契约解除权”或“消费者无条件解除权”。从上述几个名称来看，“冷静期”“冷却期”或“犹豫期”的提法并非对一个权利的定义，不符合我国法学设定基本概念的习惯；“反悔权”“后悔权”的名称则显得过于随意且略带贬义色彩，也不宜作为消费者权利的名称；“无理由退货权”中“退货”的提法只能适用于商品买卖而无法涵盖服务消费，失之片面。

目前，我国越来越多的学者倾向于使用“撤回权”这一名称，这也与欧美日的趋势相暗合。美国早期立法和文献通常使用“cancellation right”[①] 来表示消费者撤回权，而在美国学者新近的研究成果中也开始使用“the right to withdraw”[②]。在欧盟早期的指令中，曾使用过“right to renunciation”[③]“right to cancel”[④]“right to cancel or withdraw”[⑤] 等称谓，而在较为晚近的指令，特别是欧盟消费者法改革后实施的《消费者权利指令》（2011/83/EU）中，已经全面统一使用“right of withdrawal”。在日本，原先冷静期和撤回权这两种用语都存在，冷静期这一词语在实务上甚至使用得更为普遍一些。但近年来，尤其是2012年日本消费者法学会研讨会之后，学者们在新近的研究成果中使用撤回权一词的频率明显上升[⑥]。不过，中文“消费者撤回权”这一称谓中的“撤回”与《合同法》第17条“要约可以撤回”以及第27条“承诺可以撤回”中“撤回”存在一词多义现象，在某些场合易引起混淆。故在本书看来，借鉴台湾地区学者的做法，将其称为“消费者无理由解除权”似乎更具有合理性。但名称的选择并非重要的理论问题，合理性也并非考量的第一要素，其更多是一种约定俗成的习惯。不论该制度冠以何名，其意所指的内在成分实则大体相同，并不存在本质上的差异。因此，本书仍将使用主流的“消费者撤回权”这一名称，只是在可能产生歧义时，予以特别说明。

---

① 如：（1）FTC's Cooling-off Rule；（2）California：Consumers' Rights to Cancel Home Solicitation Contracts：Legal Guide K-9.

② Omri Ben-Shahar，Eric A. Posner. the Right to Withdraw in Contract Law［J］. Journal of Legal Studies，2011. Vol. 40.

③ 欧盟关于非营业地合同的85/577/EEC号指令。

④ 欧盟关于分时使用不动产合同的94/47/EC号指令。

⑤ 欧盟关于分时使用不动产合同的94/47/EC号指令。

⑥ 参见朱涛：《消费者权益保护法第25条之功能属性探析——基于日本经验的启示》，载《北京航空航天大学学报》（社会科学版）2017年第5期，第45页。

第二节　消费者撤回权的定义及其说明

一、定义

从笔者搜集的有限资料来看，国外学者很少对消费者撤回权或类似概念进行直接、全面、严谨的定义，更多的是对该权利某几个方面的特征进行描述。如马可·洛斯教授的表述为“撤回权制度赋予消费者单方面的反悔先前的决定，从而终止合同的权利”①。豪斯特·艾登穆勒教授的表述是“（撤回权）赋予消费者在一个确定的期限内可以选择撤回合同的权利。该权利的存在以合同订立的具体场景以及合同的具体类型为条件”②。斯密茨教授则认为“所谓撤回权，是允许合同的一方（通常是消费者）在一段确定的时间内终止合同的权利”③。在奥姆利·本-沙哈尔和埃里克·A. 波斯纳两位教授看来，“消费者撤回权是单方面赋予消费者在合同成立后的一段时间内取消合同的权利。消费者必须返还所购商品或停止接受服务，经营者必须返还价款，但消费者通常需要承担由此带来的商品贬值损失”④。而学者卡罗琳·科恩则将消费者撤回权界定为“一项能够使非营业地交易和远程交易中的消费者在一个确定的时间内无须理由地取消购买商品或服务合同的权利”⑤。

---

① Marco Loos. Rights of Withdrawal, in G. Howell & R. Schulze (Ed.), Modernising and Harmonising Consumer Contract Law, Munich: Sellier Publishing, 2009: p241.

② Horst Eidenmüller. Why Withdrawal Right? European Review of Contract Law, Vol. 7, 2011: p2.

③ Jan M. Smits. the Right to change your mind? Rethinking the Usefulness of Mandatory Rights of Withdrawal in Consumer Contract Law, Maastricht European Private Law Institute Working Paper, No. 1, 2011: p3.

④ Omri Ben-Shahar, Eric A. Posner. the Right to Withdraw in Contract Law, Journal of Legal Studies Vol. 40, 2011: p3.

⑤ Caroline Cohen. the Contract Law Principle of pacta sunt servanda and Behavioral Economics Literature in Relation to Justifications for the European Consumer's Right of Withdrawal under Directive 2011/83/EC, Exeter Student Law Review Vol. 2, 2016: p13.

国内学者对消费者撤回权的定义大多与对该权利性质的认识有关。主张撤回权是独立新型权利的学者往往只对该制度进行特征上的描述，如钱玉文副教授认为该权利是“将消费者反悔权法定化，赋予消费者冷静思考自己消费决策是否正确的反悔期，在反悔期内允许消费者撤回其意思表示”①。主张撤回权是撤销权的学者，如许中缘、魏韬将该权利定义为“消费者在规定的期间，可以单方面撤销合同，并不承担违约责任的权利”②。认为撤回权是解除权的学者，如杨立新教授认为消费者撤回权是“经营者采用网络、电视、电话、邮购以及上门推销等方式销售商品，消费者在实际履行了合同之后的冷静期内，对完好的商品享有的无需说明理由即可予以退货的合同解除权”③。当然，有的学者如于颖博士在下定义时回避了权利性质的问题，将消费者撤回权界定为“某些特定类型合同中的消费者，依法律规定在合同成立后的一定期限内，可以无条件退货并取得退款的权利”④。

在笔者看来，由于各国民法理论和立法体系的不同，且消费者撤回权制度的具体规定也因消费的领域、标的、方式、内容的不同而存在相当的差异，要给消费者撤回权下一个放之四海而皆准的定义即便不是完全不可能，也是相当困难的。同时，定义的思维方式也存在固有缺陷，因为任何复杂对象的定义范围都有一个相对确定的内核以及一圈相对模糊的边缘地带，故定义消费者撤回权的目的可能仅仅在于为接下来的研究提供一个有共识的平台。由此，本书在汲取上述观点的基础上将消费者撤回权定义为：消费者于法律规定的范围内，在一定期限内可以通过自己单方的意思表示且无须说明原因的终止（解除）合同的权利。从以上定义出发，界定消费者撤回权尚有以下六点需要说明：（1）是形成权；（2）是期限权利；（3）是消费者权利；（4）是法定权利；（5）具有无理由性；（6）具有行使上的简便性。

① 钱玉文：《消费者权利变迁的实证研究》，法律出版社 2011 年版，第 108 页

② 许中缘、魏韬：《论民法典视角下消费者的撤回权》，载《河南师范大学学报》（哲学社会科学版）2013 年第 2 期，第 90 页。

③ 杨立新：《非传统销售方式购买商品的消费者反悔权及其适用》，载《法学》2014 年第 2 期，第 31 页。

④ 于颖：《远程消费者保护机制研究》，法律出版社 2013 年版，第 78 页。

二、相关说明

（一）形成权

形成权指的是“由一个特定的人享有的、通过其单方行为性质的形成宣告来实施的、目的在于建立一个法律关系、或者确定一个法律关系的内容、或者变更一个法律关系、或者终止或者废止一个法律关系而导致权利关系发生变动的权利”①。享有形成权，意味着法律赋予主体“一种单方面的法律之力”②。而消费者撤回权便是法律赋予消费者单方面享有的，通过单方行为即可以终止其与经营者之间特定合同关系（也有学者认为是终止消费者指向订约的意思表示），使双方所约定权利义务消灭的权利。而作为合同另一方的经营者是否同意，对消费者行使撤回权并不产生法律上的影响。

（二）期限权利

消费者撤回权有法定的存续期间，本书称之为撤回期，亦有学者称之为冷静期、犹豫期、鉴赏期，比如根据《消费者权益保护法》第25条之规定，我国在远程销售领域的撤回期为7天。该期限在性质上属于除斥期间。消费者必须在法定的期限内行使撤回权，否则权利从实体上消灭。消费者撤回权的期限性体现了消费者与经营者之间利益的平衡。关于撤回期的长度、起算以及与经营者信息义务的关系等具体制度将在本书第五章中论述。

（三）消费者权利

从更广泛的范围来看，消费者撤回权并不是违反契约严守原则的孤例。学者金励甚至认为存在一个“体现法律良性变动的‘局部否诺’体系”③。欧洲各国的法学家在致力于统一欧盟消费者法的过程中，也有一种观点认为撤回权不仅仅是消费者独有的权利，应适用于所有在非

---

① 参见［德］卡尔·拉伦茨、［德］曼弗瑞德·沃尔夫：《德国民法中的形成权》，孙宪忠译，载《环球法律评论》2006年第4期，第491页。

② ［德］迪特尔·梅迪库斯：《德国民法总论》，邵建东译，法律出版社2013年版，第74页。

③ 金励：《消费者商品交易反悔权之研究》，载《重庆交通大学学报》（社科版）2007年第1期，第38页。

营业地进行磋商的合同[①]，在实践中甚至出现了机票超售这样经营者可以对消费者否诺的“国际惯例”[②]。但不论是从历史发展还是制度功能来看，消费者撤回权概念的范畴决定了它是一项消费者所特有的权利，权利主体只能是消费者，适用范围限制在某些特殊类型的消费合同中。该权利是作为保护消费者利益的重要手段而产生的。

（四）法定权利

与消费者撤回权概念密切相关的有以下三种权利形态。第一种通常是指在消费市场中，有些经营者会在没有法律要求的情况下，自我承诺商品售出后，在一定期限内或满足一定条件的情况下，接受消费者的无理由退货并返还价款。此情形下消费者因约定而产生的权利一般被称为“无理由退货权”。第二种是指虽然法律要求在某些情形下赋予消费者取消合同的权利，但交易双方可以通过另行约定排除这样的默认规则，消费者如同意放弃权利则事后不得反悔。我们可以称之为“默认的消费者撤回权”。第三种则是指法律通过强制性规则赋予消费者的权利，消费者撤回权制度必须强制适用，任何如放弃权利、减损权利等不利于消费者的另行约定都是无效的。我们将之称为“强制的消费者撤回权”。

对于是否将以上三种权利形态都纳入消费者撤回权的范畴，存在三种不同的立场：最狭义的观点只认可第三种即“强制的消费者撤回权”。如于颖博士认为“消费者反悔权具有强制性，……如果允许当事人任意排除该项制度的适用，那么这项制度就会沦为虚设，根本达不到保护消费者的立法目的”[③]。最广义的观点则认为以上三种情形都属于消费者撤回权，如荷兰学者斯密茨[④]、美国学者奥姆利·本-沙哈尔和

---

① Christian von Bar, Eric Clive, Hans Schulte-Nölke（Ed.）. Principles, Definition and Model Rules of European Private Law, Draft Common Frame of Reference（DCFR）, Outline Edition, Munich: Sellier Publishing, 2009: p38.

② 当然，根据通说，机票超售仍然属于违约行为，航空公司需要承担违约责任。但在承担违约责任的方式和内容上，作为违约方的航空公司往往比乘客具有更多主动权。

③ 于颖：《远程消费者保护机制研究》，法律出版社 2013 年版，第 80 页。

④ Jan M. Smits. the Right to change your mind? Rethinking the Usefulness of Mandatory Rights of Withdrawal in Consumer Contract Law, Maastricht European Private Law Institute Working Paper, No. 1, 2011: P1.

埃里克·A. 波斯纳[①]、我国学者白江[②]等。第三种是适中的看法，如杨立新教授认为消费者撤回权“是法定权利，而不是约定权利。……尽管法定权利与约定权利都是民事权利，但由于其产生的依据不同，因而在具体适用中有所不同”[③]。德国学者豪斯特·艾登穆勒亦有类似立场[④]。

本书赞同第三种观点，即认为基于法律规定而产生是消费者撤回权的本质属性，凭借该属性足以将基于合同自治而产生的无理由退货权排除出消费者撤回权的范畴。诚然，这两种权利在行使方式上具有相似性，甚至在理论上都可以归入合同解除权之中，且本书对无理由退货制度也将有所涉及，但两者的差异性是明显的。第一，起源不同。无理由退货权作为约定解除权甚至可以追溯到罗马法。古罗马五大法学家之一的保罗在《论告示》第2卷中记述“如果买卖双方达成如下协议：‘出卖之物，如买受人在一定期限之内对其不满意，则可以予以返还’，则可以提起购买之诉”[⑤]。而消费者撤回权则广泛产生于消费者权益保护运动兴起的20世纪。第二，正当性基础不同。虽然从某种意义上消费者撤回权可以看作将无理由退货权从“合同自治”之域转移至“权利法定”之域的产物，但这种“转移”是否具有正当性则构成了本质的不同。正是由于认识到了在某些特定消费场景下，消费者面临着意思不自由、信息不对称、行为不理性、风险不匹配等对合同实质正义的侵蚀，才使消费者撤回权的这种“转移”作为一种消费者保护制度获得了特有的正当性来源。这是消费者撤回权区别于一般意义上合同解除权的独特之处。同时，对于该制度的立法也应当以这种正当性为出发点。相较而言，无理由退货权则属于“普通的”约定合同解除权，它的适用与特定消费场景甚至消费合同无关，意思自治作为其正当性基础，与

① Omri Ben-Shahar, Eric A. Posner. the Right to Withdraw in Contract Law, Journal of Legal Studies Vol. 40, 2011: p1.

② 参见白江：《对消费者撤回权立法模式的反思》，载《法学》2014年第4期，第33页。

③ 杨立新：《非传统销售方式购买商品的消费者反悔权及其适用》，载《法学》2014年第2期，第32页。

④ Horst Eidenmüller. Why Withdrawal Right? European Review of Contract Law, Vol. 7, 2011: p8-10.

⑤ ［古罗马］优士丁尼：《买卖契约》，刘家安译，中国政法大学出版社2001年版，第161页。

其他约定解除权也并无差异。第三，适用法律不同。不论是否置于民法典之中，各国立法一般均制定特别规范对消费者撤回权制度予以调整；而无理由退货权作为一种普通的约定解除权往往只通过一般法进行调整。

至于“强制的消费者撤回权”与“默认的消费者撤回权”，本书认为两者均为基于法律规定而产生的以保护消费者为宗旨的权利，各国（地区）立法也普遍将两者视为同一制度而一体调整，只是法律的调整方式有所不同，故不宜将“默认的消费者撤回权”排除在消费者撤回权概念的范畴之外。

（五）无理由性

“无理由性”是指消费者在行使撤回权时不需要说明理由，只需表达终止合同的意愿即可，这是消费者撤回权最显著的特点之一，所以有的学者也将消费者撤回权称为法定的“无理由退货权”①。当然，消费者决定终止合同总是有自己理由的，只是法律对此并不关心，即消费者退货的理由并不影响其撤回行为的效力。不过，需要强调的是，“无理由”并不等同于“无条件”，消费者行使撤回权一般均需要满足特定的条件，比如根据《消费者权益保护法》第25条之规定，在我国，消费者欲行使远程销售中的撤回权，至少应当满足符合适用范围、在撤回期限内、退回商品完好、无特别约定下承担退货运费等条件。

消费者撤回权的无理由性使其与卖方瑕疵担保责任以及经营者“三包”责任等需要理由的退货制度相区别。根据《民法典·合同编》《产品质量法》《消费者权益保护法》《部分商品修理更换退货责任规定》等法律法规，一般意义上经营者瑕疵担保责任的适用前提是“经营者提供的商品或者服务不符合质量要求”；“三包”制度的适用前提则是特定商品“发生性能故障”；而消费者撤回权的行使不需要任何理由，即使是一个质量完全符合合同约定且性能完好的商品，只要满足法律规定的条件，消费者同样可以进行退货，解除合同。另外，三者的适用范围也不一致，瑕疵担保责任原则上适用于所有商品和服务，“三包”责任则适用于“三包”目录中的商品，而消费者撤回权则适用于法律规定

① 参见：（1）葛江虬：《论消费者无理由退货权——以适用〈合同法〉条文之解释论为中心》，载《清华法学》2015年第6期；（2）汪渊智：《我国消费者无理由退货权的解释论》，载《山西大学学报》（哲学社会科学版）2017年第3期。

的特殊场景下的商品或服务。

（六）救济简便性

作为一项消费者权利，撤回权的突出特点就是行使过程非常简便。首先，无须诉讼或者仲裁这样烦琐的程序，或者说无须法院或仲裁机构这样的公权力介入，只需消费者做出有效的意思表示行为即可。其次，各国法律对于撤回行为的形式要求也越来越宽松，通常来说即使法规中明文规定须采用书面或文本等形式，也应当解释为一种证据方法，而不是成立要件。实践中，消费者采取书面通知、口头通知、直接退货、拒收商品等方式一般都被视为合法有效的行权行为。再次，如因消费者行使撤回权过程中的不当行为而导致经营者受损，消费者所承担责任的形式和内容通常也相对简化。之所以给予消费者如此的便利，主要是因为消费具有日常性，发生纠纷的频率较高，但消费纠纷中争议标的往往价值不大，如果消费者的主张权利的成本过高，或不当行使权利的责任过重，很可能导致其忍气吞声、丧失信心、放弃维权，从而使得撤回权制度的功能无从发挥，甚至产生双输的局面。

第三节　消费者撤回权的性质

消费者撤回权的性质是一个在理论上和实践中争议都很大的问题。在本书看来，纵然因为消费领域的多样性以及各国民法理论和立法传统的差异性，导致了对该权利性质的不同认识，但在梳理相关理论观点和立法例的基础上，本书以对我国立法的解释和展望为立足点，仍可对这一问题做一些建设性的研究。

一、既有观点及其对立法的影响

（一）撤回权说[①]

这里“撤回”一语源自《民法典》第 141 条“行为人可以撤回意

① 需要说明的是，此处使用撤回权之名称，是为了更好对应我国《民法典》对“撤回”一词的理解（似乎也可以称为“拒绝”权），而“消费者撤回权”中的“撤回”是约定俗成的用法。此两处“撤回”含义迥异，请读者明辨。

思表示。撤回意思表示的通知应当在意思表示到达相对人前或者与意思表示同时到达相对人”。其含义为，在某种意思表示等法律行为生效之前使之不发生效力。该说认为消费者撤回权是合同在生效之前使之不发生效力的权利。根据该理论，撤回期内合同不生效，原则上双方都没有履行请求权，撤回期届满后合同才生效。早期的欧洲立法中，秉持撤回权说的例子很多。如瑞士 1962 年《债法典》第 226c 条关于消费者撤回权的表述为“当买方收到经双方签署的合同副本 5 天之后，一个分期付款买卖合同才生效”[①]。又如法国 1971 年关于函授教育合同的 71-556 号法律第 9 条对消费者撤回权的表述为“当事人签署该合同的行为只有在收到合同文本 6 天之后实施，才具有法律效力”[②]。近年来仍有部分立法采纳该说，欧盟关于“分时度假、长期假期产品、转售、互换合同”的 2008/122/EC 号指令第 9 条规定，在撤回期间结束前，消费者向经营者或第三方预先付款、通过提供账户现金等方式设定担保、明确承认债务等提供对价的行为都是被禁止的。

（二）撤销权说

撤销权说认为消费者撤回权的性质是一种合同撤销权。如此，在撤回期内合同处于待定有效的状态，如消费者未有效行使撤回权，则期满后合同转化为自始有效；倘若消费者行使了撤回权，则合同的效力溯及既往的消灭。尹田教授是这一学说的支持者，他认为“由于存在一方反悔的可能性，故合同效力在‘反悔权’有效期间处于不稳定状态。这样，合同的强制力便受到双重的限制：首先，一定期间内，消费者有权不经协商而撤销合同；其次，合同效力只有在反悔期限届满时才得以最后确定”[③]。王洪亮副教授更是明确指出“消费者撤回权并非解除权”而是“类似于撤销权”[④]。根据艾芙琳娜·特蕾恩教授的总结，在英国，

① E. Terryn. Rights of Withdrawal, the Acquis Principles and Draft Common Frame of Reference, in R. Schulze (Ed.), Common Frame of Reference and Existing EC Contract Law, Munich: Sellier Publishing, 2009: p146.

② 李建伟：《法国标准合同制度对消费者权益的保护》，载《湖南省政法管理干部学院学报》2000 年第 4 期，第 50 页。

③ 尹田：《法国现代合同法：契约自由与社会公正的冲突与平衡》，法律出版社 2009 年版，第 155-156 页。

④ 王洪亮：《消费者撤回权的正当性基础》，载《法学》2010 年第 12 期，第 106 页。

法律没有相反规定的情况下，作为基本原则，行使撤回权的后果是仿佛合同从未发生过，合同溯及既往的被消灭，自始无效。如英国1964年《买卖租赁法》第8（1）条规定，当消费者做出撤回时，租售合同或信用消费合同以及相关担保合同自始不发生效力。在比利时，虽有一定争论，但主流观点也遵循撤销权说[①]。

（三）解除权说

解除权说认为消费者撤回权实质上是一种合同解除权。而解除的效果，根据目前的主流学说，是“对于尚未履行的债务自解除时归于消灭，对于已经履行的债务并不消灭，而是发生新的返还债务”[②]。解除制度的启用，实际上是使既有的债之关系转换为清算关系，借此制度而使当事人既存的关系善始善终（虽非通过清偿）。“清算关系”既为原来的债之关系转换而来，实质上是第二次的债之关系[③]。因此，行使撤回权的效果也不是使合同无效，而是在消费者与经营者之间，根据合同解除的规定，建立某种合理的清算关系。在德国“越来越多的学者主张消费者撤回权是解除权的特别类型。合同自始有效，消费者行使撤回权后，合同关系转化为类似合同的返还之债”[④]。由此，2002年完成“债法现代化”的《德国民法典》将消费者撤回权和退还权列入“合同的解除”一节，该法典2014年之前的版本甚至直接规定“对于撤回权和退还权，以无其他规定为限，相应的适用关于法定解除的规定”。日本《特定商业交易法》在第9、24条等撤回权条款中也普遍存在“契約の解除”这样的用法。我国台湾地区《消费者保护法》第19条亦规定消费者行使撤回权的效果是“解除契约，无须说明理由及负担任何费用或对价”。我国学者杨立新教授、刘俊海教授、徐海燕教授、葛江虬博士

① E. Terryn. Rights of Withdrawal, the Acquis Principles and Draft Common Frame of Reference, in R. Schulze (Ed.), Common Frame of Reference and Existing EC Contract Law, Munich: Sellier Publishing, 2009, P167-168.

② 韩世远：《合同法总论（第三版）》，法律出版社2011年版，第526页。

③ 参见韩世远：《合同法总论（第三版）》，法律出版社2011年版，第541页。

④ 王洪亮：《消费者撤回权的正当性基础》，载《法学》2010年第12期，第106页。

等也直接将消费者撤回权归入合同解除权[①]。

（四）经济法上新型权利说

根据该学说对消费者撤回权性质的理解，在理论上应当抛弃民法的传统观念，以经济法的视角审视这项独特的权利。学者金励认为消费者撤回权“已经跨越了合同传统概念的分水岭，是对民法确认的权利范畴的一次冲击。法定民事权利固有的域里暂时没有消费者商品交易反悔权的恰当位置”[②]。钱玉文副教授也认为消费者撤回权“不能容纳于民事权利范畴内，而是消费者享有的一项新型权利而进入经济法领域”[③]。由此，该说将消费者撤回权界定为一种新型的消费者权利，应当从社会利益或者国家干预等宏观视角来寻找消费者撤回权的正当性依据，其实质是消费者知情权、选择权的延伸，其具体法律制度则可以不拘泥于民法传统理论，而基于现实的需要径直规定。

二、法理思考

（一）界定消费者撤回权性质的意义

在本书看来，学术界对消费者撤回权性质的研究之所以存在如此大的分歧，原因是多方面的：首先，消费者撤回权制度有自身特殊的目的和宗旨，而无论哪种经典的民法理论框架对其解释时都不能完全契合，从而有必要对现有的理论框架进行一定变异和改造。其次，各国民法理论和立法实践本身对于合同的效力、合同的解除效果等问题的认识就有很大的差异，企图在纷繁的各国制度中抽象出消费者撤回权的统一法律属性确实勉为其难。如争论已久的消费者撤回权有无溯及力的问题[④]，

① 参见：（1）杨立新：《非传统销售方式购买商品的消费者反悔权及其适用》，载《法学》2014 年第 2 期，第 33 页；（2）刘俊海、徐海燕：《论消费者权益保护理念的升华与制度创新——以我国〈消费者权益保护法〉修改为中心》，载《法学杂志》2013 年第 5 期，第 31 页；（3）葛江虬：《论消费者无理由退货权——以适用〈合同法〉条文之解释论为中心》，载《清华法学》2015 年第 6 期，第 107 页。

② 金励：《消费者商品交易反悔权之研究》，载《重庆交通大学学报》（社科版）2007 年第 2 期，第 40 页。

③ 钱玉文：《消费者权力变迁的实证研究》，法律出版社 2011 年版，第 110 页。

④ Christian Twigg-Flesner, Reiner Schulze. Protecting ration choice: information and the right of withdrawal, in Geraint Howells etc. (Ed.) Handbook of Research on International Consumer Law, Edward Elgar Publishing Limited, 2010, P154-155.

与其说是对撤回权性质认识的差异，不如说是由各国民法对于合同解除效果模式的不同规定导致的。再次，消费者撤回权的适用方式和结果有必要存在某些差异性，以适应现代消费的多样性特征，而某些学说“一刀切”的规则不一定能在每一个具体的消费领域内实现最合理的结果。

因此，由于在整体上界定消费者撤回权的性质是“很困难的”和“不合理的”，故对于消费者撤回权性质的研究应当立足于对我国现有法律的解释以及相关立法的未来发展。其主要意义在于：（1）与民事基本法《民法典》相协调。正如学者许中缘、魏韬所言：“中国民法典的制定既要考虑到宏构民事法律各个部门的框架，又要虑及与各个部门的协调，同时也需要考虑到各个民法制度已经随着社会的发展‘变异’的内容”①。因此不论关于消费者撤回权的内容是否纳入《民法典》中，该制度应当与《民法典》在理论上形成和谐、自洽的关系。（2）对现有法律进行合理的解释，对法律漏洞进行有效的补充。例如，退货的费用和风险由哪方承担，商品的贬值和已经付出的服务是否以及如何进行补偿？这些具体问题的解答不应仅仅出自权宜，亦当是对消费者撤回权的性质进行合理的界定后的必然结果。（3）在日新月异的商业创新中，对消费者撤回权的性质进行统一界定可以在现有法律存在滞后或漏洞时，直接适用一般法的规定，从而全方位保护消费者的正当权益。

（二）从应然角度看我国法中消费者撤回权的性质

首先，“撤回”权说因存在固有不足而无法对我国消费者撤回权的性质做出合理解释。遵循该说则使消费者在撤回期内无法收货，经营者禁止收款。在大多数场景下，这既不能保护消费者利益，也不符合经营者利益；并且人为地降低了交易的便捷性以及商品流转的速度，在经济上亦得不偿失。

其次，“经济法上新型权利说”的意义在于认识到了消费者撤回权在诸多方面与传统意义上的民事权利相比，存在明显的特殊性，从而提示立法者应当对撤回权制度的特殊性予以特别的关注。该说的不足在于视角较为单一，没有考虑到消费者法的私法属性，割裂了其与传统合同

---

① 许中缘、魏韬：《论民法典视角下消费者的撤回权》，载《河南师范大学学报》（哲学社会科学版）2013 年第 2 期，第 93 页。

法的天然联系，只见消费者撤回权与传统民事权利之异，却不见两者之同；不利于与现有民法理论以及《民法典》相协调。新型权利与传统理论形式上的“背离”完全可以通过发展法律、创造性地解释法律等方法予以弥补。同时，该说缺少系统的理论支撑，对消费者撤回权之具体制度，如适用范围、法律效果、行使方式等缺乏相应的解释说明，故恐难以为今后的立法、司法特别是填补法律漏洞提供更多的理论依据。

再次，在撤销权说和解除权说两者中，本书倾向于解除权说。第一，消费者撤回权的行使方式更类似于解除权，消费者行权不需要像通常行使撤销权那样进行诉讼或仲裁，只需要按照一定的方式做出意思表示即发生效力。第二，更为关键的是，将合同解除的效果适用于消费者撤回权时，会得到更为合理的法律效果。根据一般理论，合同被撤销的效果是效力溯及既往的消灭，因合同而取得的财物根据不当得利规则进行返还，因此撤回期内经营者占有消费者价款之利息也应当返还；服务合同被撤回时消费者应当按照市场价值对经营者已经提供服务的部分进行补偿，本书认为上述结论均不甚合理。同时，合同无效或被撤销的后果属于强制性规则，当事人基本没有意思自治的空间。而合同解除的效果是使既有的债之关系转换为清算关系，故撤回导致的相互返还并不必然适用不当得利规则，可以设计具体的返还规则，克里斯蒂安·推格-弗莱斯纳和瑞纳·舒尔茨称之为“更具有弹性”[①]。这样就为具体场景中的合理性、当事人的意思自治、法律政策等因素发挥作用提供了可能性。因此，考虑到交易双方的利益平衡，经营者可以不予返还价款之利息。而服务之补偿标准宜首先按照合同约定的价格计算，但如果价格过高，再按照市场价值计算。且应当允许提供服务的经营者通过在格式条款中规定合理的“取消费”的方式计算补偿，以体现当事人意思自治和效率价值。这种自治也为消费者撤回权制度的发展开创了新的思路，如我国在远程销售中施行的“半强制性立法模式”。第三，解除权说更有利于消费者撤回权与我国《民法典》等既有立法进行统一解释。我国法上的撤销权须因法律规定而产生，而《民法典》并未为“消费者

① Christian Twigg-Flesner, Reiner Schulze. Protecting ration choice: information and the right of withdrawal, in Geraint Howells etc. (Ed.) Handbook of Research on International Consumer Law, Northampton Massachusetts: Edward Elgar Publishing Limited, 2010: p152.

撤回权是一种撤销权”提供足够的条文根据，而解除权说却有法条基础——根据《民法典》第563条第5项，“法律规定的其他情形”可以产生法定解除权[①]。第四，解除权的定位能够将消费者撤回权和约定的无理由退货权相协调，前者属于法定解除权，而后者则属于约定解除权，以正确反映两者的定位与异同。

撤销权说的一个主要观点是“事实上‘冷却期的设立是因为消费者在无准备的情况下签订合同，这样会造成消费者意思表示不完全’，即防止消费者意思表示的瑕疵，而各国法律大多把意思表示有缺陷的合同列入可撤销的合同，鲜有将其列入可以单方面解除合同的情形的”[②]。消费者撤回权与撤销权“在功能上是一致的，都是为了保护自由意思的形成”[③]。马可·洛斯教授也谈到，撤回权也许就是合同的形式自由与实质自由不一致的又一个例证，就像错误、欺诈等为人所熟知的制度工具一样[④]。必须承认，以上论点具有一定的说服力，且对于消费者撤回权适用范围的谨慎确定，防止其过度扩张具有方法论上的指导意义。不过诚如本书第三章所述，消费者撤回权除了纠正意思表示不自由的功能之外，还具有平衡信息不对称、对不满意的风险进行保险、缓解非理性消费等三大功能。从消费者主权理论出发，撤回权可以认为是在消费者之消费目的不能实现时，赋予其对该消费合同的解除权，而意思表示不自由只是其不能实现合同目的的原因之一。另外，学者葛江虬也指出“撤销权救济的未必是意思瑕疵，比如赠与人的任意撤销权和债权人撤销权；而法定解除权也未必只能因履行障碍而产生，比如《合同法》第268条规定的定作人解除权[⑤]与第410条规定的委托人或受托人任意

---

① 参见葛江虬：《论消费者无理由退货权——以适用〈合同法〉条文之解释论为中心》，载《清华法学》2015年第6期，第107页。

② 董新凯、夏瑜：《冷却期制度与消费者权益保护》，载《河北法学》2005年第5期，第55页。

③ 王洪亮：《消费者撤回权的正当性基础》，载《法学》2010年第12期，第105页。

④ Marco Loos. Rights of Withdrawal, in G. Howell & R. Schulze (Ed.), Modernising and Harmonising Consumer Contract Law, Munich: Sellier Publishing, 2009, p241.

⑤ 目前规定在《民法典》第787条，笔者注。

解除权[①]。因此，对于撤销权或解除权的判断，还是应当落脚于法律的具体规定"[②]。

撤销权说的另一个观点是"消费者撤回权适用于已履行完毕合同。……合同解除权适用于未履行完毕的合同"，而合同撤销权也"适用于已经生效，并且履行完毕的合同"[③]。在本书看来，以上观点有刻舟求剑之嫌。一方面，解除权并非只能适用于未履行完毕的合同，比如约定解除的场合"甚至可以约定合同履行完了以后仍可以解除合同（比如买回）等"[④]。另一方面，消费者撤回权亦完全可以解释为——当撤回期届满，经营者的等待义务履行完毕后，该消费合同才完全、真正的履行完毕。

最后，需要说明的是，虽然消费者撤回权在法律性质上宜归入法定合同解除权，但相较于普通意义上的解除权，其在产生原因、行使规则、行使结果等方面具有不少的特殊性。如撤回通知一般采取"发出主义"的生效原则，与《民法典》第565条所规定的普通解除权之"到达主义"并不一致；又如消费者行使撤回权后的补偿规则，也与民法经典理论中的解除之效果存在差异。这些特殊性大多反映了消费者撤回权的功能和宗旨，宜通过特别规则予以明确规定。

第四节　消费者撤回权的体系归属及对我国立法的建议

从共性上来说，消费者撤回权作为一种特殊的合同解除权无疑可以归属于民法体系。一种新型权利从应然的"法权关系"上升为现实的法定权利，离不开立法的"权利确认"。而"权利确认虽然要服从于政

① 目前规定在《民法典》第933条，笔者注。

② 葛江虬：《论消费者无理由退货权——以适用〈合同法〉条文之解释论为中心》，载《清华法学》2015年第6期，第107页。

③ 许中缘、魏韬：《论民法典视角下消费者的撤回权》，载《河南师范大学学报》（哲学社会科学版）2013年第2期，第91页。

④ 韩世远：《合同法总论（第三版）》，法律出版社2011年版，第508页。

治、经济和文化体制的走向，但应有权利本身的历史必然性和客观现实性，及其对权利确认过程的无可置疑的制约性，则特别要求理性的立法者，必须遵循权利的确认规则及其衡平逻辑”[①]。而消费者撤回权便是“现代民法因应现代市场发展以及弱者保护思潮所构造的新制度”[②]。

从个性上来说，消费者撤回权作为一种新型的消费者权利亦可以归属于经济法体系。消费者撤回权虽然来源于民法上的权利，但在正当性基础、适用范围、行使方式、行使效果等方面无不彰显出不同于普通合同解除权的特殊性。这种特殊性是商业发展的结果，是社会变迁的结果，也是消费者权利意识觉醒的结果。甚至可以说，正是这些特殊性体现了权利的宗旨，发挥了制度的功能。

消费者撤回权的这种双重属性在立法上应有所反映。首先，应当在消费者撤回权与我国《民法典》之间建立协调的对应关系。虽然消费者撤回权是一种合同解除权，但其与普通解除权的行使后果存在差异，因而宜在《民法典》第566条“合同解除后，尚未履行的，终止履行；已经履行的，根据履行情况和合同性质，当事人可以请求恢复原状或采取其他补救措施，并有权要求赔偿损失”条款之后再增设一款“法律另有规定的除外”，以容纳单行法中的撤回权条款。其次，撤回权立法应重视对商业实践中形成的特殊规则的总结，尽量通过细致具体的特别规则对该制度进行调整。

---

① 眭鸿明：《权利确认与民法机理》，法律出版社2003年版，第78页。

② 张学哲：《论消费者撤回权的构成与行使要件》，载《华东政法大学学报》2011年第1期，第51页。

第二章　消费者撤回权制度的历史与现状

从历史的维度看，消费者撤回权是一项年轻的权利，从第一篇探讨它的论文问世至今只有百余年的岁月，从第一部规定它的立法诞生至今也不过半个世纪的光阴。但如今它已经发展成为一项较为完备的法律制度，其对消费者保护的广度和深度都得到了不断扩展。从地域的维度看，消费者撤回权制度肇始于欧美等发达经济体，但很快被亚洲等后发国家和地区所借鉴，并由此形成了不同的立法模式和制度特点。

本章讨论的是消费者撤回权制度在欧盟及其成员国、美国、日本、我国（包括台湾地区）是如何发生或引入的，以及目前在这些法域中相关法律制度的基本情况。同时，通过对上述内容的比较分析，以期为我国的消费者撤回权制度在“立法模式的选择、借鉴”和“立法体系中的归属”这两个宏观问题上提供有建设性的看法。

第一节　欧洲法

欧洲是消费者撤回权思想和制度的发源地。“欧盟现代私法体系最重要的进步也许就是在消费者权益保护法领域中确立了统一的消费者撤回权和相关的冷静期制度”①。从历史上看，欧洲相关立法大致可以分

① Marco B. M. Loos. Review of the European Consumer Acquis，Munich：Sellier Publishing，2008：p80.

为前欧盟指令的各国特别立法时期和欧盟指令颁行后各国将其转化为国内法时期两个阶段。从现状看，目前欧盟关于消费者撤回权制度的立法有欧盟指令、各国的国内法和暂不具有效力的各种“软法”三种形式。

一、前欧盟指令时期（20 世纪 60、70 年代）

根据现有文献，消费者撤回权的思想萌芽于 19 世纪末。1891 年，德国学者菲利普·黑克在 *Deutschen Juristentages*（《德国法学家》）杂志上撰文，建议赋予分期付款买卖的买受人对合同进行反悔的权利。黑克认为，在此情形下，消费者在心理上是弱势的，他们被当下的享受所吸引，而对相应的未来的义务却估计不足①。1931 年，又有奥地利学者建议赋予上门交易且使用信用支付方式的消费者在三天之内撤回要约或合同的权利②。但这两项建议均未被当时的立法所采纳。

随着商业模式、社会思潮、消费者运动等方面的发展，消费者撤回权思想的种子终于在 20 世纪 60 年代如雨后春笋般在西欧各国立法中破土而出。最早在立法中引入消费者撤回权的是上门交易和分期付款交易领域。在奥地利，1931 年的建议于 1961 年被该国《分期付款法》所采纳。在瑞士，1962 年该国《债法典》第 226c 条规定“当买方收到经双方签署的合同副本 5 天之后，一个分期付款买卖合同才生效”③。在英国，1962 年由消费者保护委员会提交的 *Molony Report* 报告中建议应当赋予上门交易中的消费者 72 小时的冷静期④。随后，该国于 1964 年对 1938 年《分期付款买卖法》进行修订时，将消费者撤回权制度引入该法。相关内容主要如下：（1）撤回权适用于买方在“适当交易地点”

---

① Ph. Heck. Verhandlungen des 21. Deutschen Juristentages，1891，2nd vol，p180-182. 转引自：E. Terryn. Rights of Withdrawal，the Acquis Principles and Draft Common Frame of Reference，in R. Schulze（Ed.），Common Frame of Reference and Existing EC Contract Law，Munich：Sellier Publishing，2009：p145.

② E. Terryn. Rights of Withdrawal，the Acquis Principles and Draft Common Frame of Reference，in R. Schulze（Ed.），Common Frame of Reference and Existing EC Contract Law，Munich：Sellier Publishing，2009：p146.

③ E. Terryn. Rights of Withdrawal，the Acquis Principles and Draft Common Frame of Reference，in R. Schulze（Ed.），Common Frame of Reference and Existing EC Contract Law，Munich：Sellier Publishing，2009：p146.

④ 参见于颖：《远程消费者保护机制研究》，法律出版社 2013 年版，第 81 页。

（一般指经营者的经营场所）以外的地方签订的总价超过30英镑的分期付款买卖合同；（2）买方可以在收到合同文本之日起4天内撤回交易。1974年，英国《信用交易法》（Consumer Credit Act）对撤回权制度进行了一定的修正：（1）撤回权仍然适用于在交易相关方营业场所以外的地点签订的信贷合同，但取消了须超过30英镑的条件；（2）撤回权不适用于以土地作为抵押或为购买土地提供“过桥贷款”的信贷合同；（3）冷静期延长到收到合同文本之日起5天或合同签订之日起14天。在法国，1971年7月12日关于函授教育合同的71-556号法律第9条规定，当事人签署该合同的行为只有在收到合同文本6天之后实施，才具有法律效力①。1972年1月3日关于“上门交易与家庭储蓄”的法律第21条规定，在一定条件下，当事人有权在签署一项储蓄计划后15日之内，做出撤销的决定②。此后，1972年12月22日关于“上门交易与家庭推销”的72-1137号法律以及1978年1月10日关于“某些借贷交易”的78-22号法律，也规定了消费者在一定期限内有权撤回合同③。

德国民法对包括我国在内的各大陆法系国家的民法理论和民事立法产生了深远的影响，故该国消费者撤回权制度值得重点加以考察。这一时期，德国以特别立法的形式在三个领域确立了消费者的撤回权：（1）上门销售外国公司股份领域。20世纪60年代，许多外国公司，特别是一些信誉不佳的公司，在德国市场上通过上门推销的方式销售本公司的股票。立法者认为，在这种情况下，买卖双方的谈判地位不平等，买方因对订约没有心理准备而遭受不利，因此赋予买方撤回权。于是，1969年颁布的《外国公司股票销售法》第11条规定，当买受人在出卖人或者其经纪人通常的营业场所以外的地方，通过口头交涉的方式被诱

① 参见李建伟：《法国标准合同制度对消费者权益的保护》，载《湖南省政法管理干部学院学报》2000年第4期，第50页。

② 尹田：《法国现代合同法：契约自由与社会公正的冲突与平衡》，法律出版社2009年版，第153页。

③ 参见凌学东：《法国消费者合同撤回权立法及启示》，载《比较法研究》2015年第4期，第172页。

使作出买受承诺的，那么买受人可以撤回其承诺意思表示[①]。1970 年初颁布的《投资公司法》第 23 条也规定，如果私人在卖方或者中介方的固定营业场所之外，被说服而通过口头协议同意购买外国投资股份，则该私人买方享有撤回权[②]。上述两部法律目前已经失效，相关内容规定在 2003 年生效的《投资法》中[③]。(2) 信用消费领域。1974 年修订的《分期付款买卖法》赋予了分期付款买受人撤回权，使得黑克近百年前的建议得以施行。该法第 1b 条第一款规定，只有当买受人未在一周之内以书面形式撤回其订立合同的意思表示时，该意思表示始生效[④]。1991 年，德国为了贯彻欧共体《消费信贷指令》而颁布的《消费信贷法》不仅取代了《分期付款买卖法》，还将撤回权适用于所有消费者信贷。2002 年，经过"债法现代化"的《德国民法典》第 355 条至 359 条又取代了包括《消费信贷法》在内的四部特别立法，将消费者撤回权制度在民法典层次进行了统一。(3) 远程教育领域。1976 年颁布的《远程教育法》第 4 条规定，消费者被授予撤回合同的权利，期限是收到第一批教学资料后两周。目前，这部特别立法仍然有效，并未整合进《德国民法典》。

纵观消费者撤回权制度在欧洲发展的早期历史，不难发现以下两个特点：首先，各国立法者对该权利可能对传统民法理论的冲击保持着一种谨慎的心态。多国的相关立法并未直接使用"撤回权"或"反悔权"的提法，而是采用一种让合同在经过一定期限后再生效的方式意图使这种冲击得到缓和。其次，各国多采用特别立法的形式，消费者撤回权仅仅是一种解决特定领域中特殊问题的手段。其原因正如德国法学家莱茵哈德·齐默曼所评论的："那时又不可能设计出完善且持久的最终规则，所以，针对社会变革的法律问题就应留待特别立法去解决。换言之，……法理基础尚不确定，无法纳入民法典；而绝不能把民法典也设

① 迟颖：《论德国法上以保护消费者为目的之撤回权》，载《政治与法律》2008 年第 6 期，第 79 页。

② 张学哲：《消费者撤回权制度与合同自由原则——以中国民法法典化为背景》，载《比较法研究》2009 第 6 期，第 63 页。

③ P. Rott. Harmonsing Different Right of Withdrawal：Can German Law Serve as an Example for EC Consumer Law? German Law Journal. Vol. 7，No. 12，2006：p1110.

④ 参见迟颖：《论德国法上以保护消费者为目的之撤回权》，载《政治与法律》2008 年第 6 期，第 80 页。

想为一个永远的‘建筑工地’。”[①]

二、欧盟指令（1985—2014）

在欧盟法的法律渊源中，指令（Directives）是最为独特的一种立法形式。它是由欧洲议会、欧盟部长理事会和欧盟委员会以全部或部分成员国为对象做出的，并要求成员国通过国内程序将其内容转换为国内立法，以履行其所承担条约义务的立法性文件[②]。大约与欧盟各成员国政府在同一时期，欧盟自身也发现消费者保护是一个可以大有作为的领域。自 1979 年以来，欧盟（欧共体）[③] 在消费者领域已经颁布了大约 30 个指令，其中大约一半指令影响了合同法[④]。在这些指令中，包含消费者撤回权内容的有 11 个，其中目前有效的指令有 6 个，涉及非营业地合同、远程购物和金融服务合同、人寿保险、消费信贷、不动产的分时使用等领域。表 2－1 列出了这些指令颁布的时间、所规范的领域以及大致的修正和更替情况。（阴影部分为现行有效的指令）

首次引入消费者撤回权的是 1985 年颁布的关于非营业地交易的第 85/577/EEC 号指令，用以规制在欧洲各国泛滥一时的上门销售中的“压迫式推销”。该指令第 5 条规定：消费者在收到经营者关于撤回权的告知后，享有一个不少于 7 天的撤回期，期间内可以依据国内法规定的程序取消（cancel）合同。1997 年颁布的关于远程交易的第 97/7/EC 号指令的目的主要不是协调各成员国的立法，而是通过推动新技术和新装备的应用来促进欧盟统一市场的形成[⑤]。该指令第 6 条规定：消费者在任何远程合同中都享受至少 7 个工作日的撤回期间，消费者需要承担的唯一费用是退回商品所产生的直接费用。同一时期，欧盟还陆续颁布了关于不动产分时使用合同的第 94/74/EC 号指令（10 天撤回期

---

① ［德］莱茵哈德·齐默曼：《德国新债法：历史与比较的视角》，韩光明译，法律出版社 2012 年版，第 241 页。

② 范明志：《欧盟合同法一体化研究》，法律出版社 2008 年版，第 26 页。

③ 鉴于研究对象和篇幅所限，本书不拘泥于欧盟和欧共体的区分。

④ 参见［德］莱茵哈德·齐默曼：《德国新债法：历史与比较的视角》，韩光明译，法律出版社 2012 年版，第 179 页。

⑤ E. Terryn. Rights of Withdrawal, the Acquis Principles and Draft Common Frame of Reference, in R. Schulze (Ed.), Common Frame of Reference and Existing EC Contract Law, Munich: Sellier Publishing, 2009: p150.

间）、关于远程金融服务的第 2002/65/EC 号指令（14 天撤回期间，涉及人寿保险和个人养老金业务的远程合同为 30 天撤回期间）和关于人寿保险的三个指令（其中最新的 2002/83/EC 号指令规定的撤回期间为 14-30 天）。

表 2-1　包含消费者撤回权内容的欧盟指令

<table>
<tr><th>时间
领域</th><th>1985</th><th>1990</th><th>1992</th><th>1994</th><th>1997</th><th>2002</th><th>2008</th><th>2011</th><th>2014</th></tr>
<tr><td>非营业地合同</td><td>85/577/EEC①</td><td></td><td></td><td></td><td></td><td></td><td></td><td rowspan="2">2011/83/EU③</td><td></td></tr>
<tr><td>远程合同</td><td></td><td></td><td></td><td></td><td>97/7/EC②</td><td></td><td></td><td></td></tr>
<tr><td>分时度假</td><td></td><td></td><td></td><td>94/47/EC④</td><td></td><td></td><td>2008/122/EC⑤</td><td></td><td></td></tr>
</table>

---

① 85/577/EEC 号指令全称为《欧共体委员会 1985 年 12 月 20 日关于非营业地合同的消费者保护指令》（Council Directive 85/577/EEC of 20 December 1985 to protect the consumer in respect of contracts negotiated away from business premises）。

② 97/7/EC 号指令全称为《欧洲议会和欧盟理事会 1997 年 5 月 20 日关于远程合同消费者保护的指令》（Directive 97/7/EC of the European Parliament and of the Council of 20 May 1997 on the protection of consumers in respect of distance contracts）。

③ 2011/83/EU 号指令全称为《欧洲议会和欧盟理事会 2011 年 10 月 25 日关于消费者权利及修正理事会 93/13/EEC 和 1999/44/EC 号指令、废止 85/577/EEC 和 97/7/EC 号指令的第 2011/83/EC 号指令》（Directive 2011/83/EU of the European Parliament and of the Council of 25 October 2011 on consumer rights, amending Council Directive 93/13/EEC and Directive 1999/44/EC of the European Parliament and of the Council and repealing Council Directive 85/577/EEC and Directive 97/7/EC of the European Parliament and of the Council）。

④ 94/47/EC 号指令全称为《欧洲议会及欧盟理事会 1994 年 10 月 26 日关于在某些方面保护不动产分时使用合同的买受人的第 94/47/EC 号指令》（Directive 94/47/EC of the European Parliament and of the Council of 26 October 1994 on the protection of purchasers in respect of certain aspects of contracts relating to the purchase of the right to use immovable properties on a timeshare basis）

⑤ 2008/122/EC 号指令全称为《欧洲议会和欧盟理事会 2009 年 1 月 14 日关于在某些方面保护分时度假、长期假期产品、转售、互换合同之消费者的第 2008/122/EC 号指令》（Directive 2008/122/EC of the European Parliament and of the Council of 14 January 2009 on the protection of consumers in respect of certain aspects of timeshare, long-term holiday product, resale and exchange contracts）。

（续表）

<table>
<tr><th>领域 \ 时间</th><th>1985</th><th>1990</th><th>1992</th><th>1994</th><th>1997</th><th>2002</th><th>2008</th><th>2011</th><th>2014</th></tr>
<tr><td>人寿保险</td><td></td><td>90/619/EEC[1]</td><td>92/96/EEC[2]</td><td></td><td></td><td>2002/83/EC[3]</td><td></td><td></td><td></td></tr>
<tr><td>远程金融服务</td><td></td><td></td><td></td><td></td><td></td><td>2002/65/EC[4]</td><td></td><td></td><td rowspan="2">2014/17/EU[6]</td></tr>
<tr><td>信贷消费</td><td></td><td></td><td></td><td></td><td></td><td></td><td>2008/48/EC[5]</td><td></td></tr>
</table>

---

① 90/619/EEC 号指令全称为《欧共体委员会 1990 年 11 月 8 日关于协调相关法规，落实便利自由提供服务的直接寿险及修正 79/267/EEC 指令的指令》（Council Directive 90/619/EEC of 8 November 1990 on the coordination of laws, regulations and administrative provisions relating to direct life assurance, laying down provisions to facilitate the effective exercise of freedom to provide services and amending Directive 79/267/EEC）。

② 92/96/EEC 号指令全称为《欧共体委员会 1992 年 11 月 10 日关于协调相关法规，落实便利自由提供服务的直接寿险及修正 79/267/EEC 和 90/619/EEC 指令的指令》（Council Directive 92/96/EEC of 10 November 1992 on the coordination of laws, regulations and administrative provisions relating to direct life assurance and amending Directives 79/267/EEC and 90/619/EEC (third life assurance Directive)）。

③ 2002/83/EC 号指令全称为《欧洲议会和欧盟委员会 2002 年 11 月 5 日关于人寿保险的第 2002/83/EC 号指令》（Directive 2002/83/EC of the European Parliament and of the Council of 5 November 2002 concerning life assurance）。

④ 2002/65/EC 号指令全称为《欧洲议会和欧盟理事会 2002 年 9 月 23 日关于消费者金融服务远程销售及修正 90/619/EEC 指令、97/7/EC 指令和 98/27/EC 指令的指令》（Directive 2002/65/EC of the European Parliament and of the Council of 23 September 2002 concerning the distance marketing of consumer financial services and amending Council Directive 90/619/EEC and Directives 97/7/EC and 98/27/EC）。

⑤ 2008/48/EC 号指令全称为《欧洲议会和欧盟理事会 2008 年 4 月 23 日关于消费者信用合同及废止欧共体委员会第 87/102/EEC 号指令的第 2008/48/EC 号指令》（Directive 2008/48/EC of the European Parliament and of the Council of 23 April 2008 on credit agreements for consumers and repealing Council Directive 87/102/EEC）。

⑥ 2014/17/EU 号指令全称为《欧洲议会和欧盟委员会 2014 年 2 月 4 日关于消费者居住地不动产信用协议及修正 2008/48/EC 指令、2013/36/EU 指令和 1093/2010 号欧盟条例的指令》（Directive 2014/17/EU of the European Parliament and of the Council of 4 February 2014 on credit agreements for consumers relating to residential immovable property and amending Directives 2008/48/EC and 2013/36/EU and Regulation (EU) No 1093/2010）

然而，上述包含消费者撤回权的早期指令在实践中却陷入了以下两方面的困境。首先，指令在使用的术语、适用范围、撤回期间的长度、行使撤回权的后果、违反指令的法律责任等方面的规定都存在显而易见的差异。这种一致性的缺乏给当事人以及法院在适用相关法律时带来了诸多混乱和不确定性。比如，在 Travel Vac SL v. Antelm Sanchis 一案[①]的审理中，欧洲法院（ECJ）发现自己不得不面临 85/577/EEC 和 94/47/EC 这两个在消费者撤回权的规定上并不相同的指令均适用于本案的窘境。其次，早期指令在各成员国之间采取的是“最低一致”原则。换言之，指令一般仅做出最低标准的底线性规定，成员国可以在此基础上制定更高标准的规则。比如 97/7/EC 号指令规定远程销售中的撤回期为 7 个工作日，但若干欧盟成员的国内法都对此进行了延长：意大利为 10 天；德国、瑞典、丹麦、芬兰、葡萄牙为 14 天[②]。然而这一看似合理的安排却在实践中招致诸多非议。正如英国学者克里斯蒂安·推格-弗莱斯纳和丹尼尔·梅特卡夫所指出的，成员国各行其是的国内法使得消费者指令成为 27 套不同规则的拼凑[③]。这导致整个欧盟监管框架的分散，给企业带来了巨大的合规成本。针对上述两大困境，一场旨在消除“现存的法律碎片化”，并对消费者撤回权制度进行“全面统一”的欧盟消费者法改革如火如荼地开展起来，其间形成了《欧洲合同法及其既有法律回顾：迈向进步》协调书（European Contract Law and the Revision of the Acquis：the Way Forward）和《对既有消费者法回顾的绿皮书》（Green Paper on the Review of the Consumer Acquis of 8 Feb. 2007）

---

① 【案情简介】1996 年 9 月 14 日，西班牙消费者 Antelm Sanchis 先生与 Travel Vac 公司在该公司的非营业地订立了一份分时使用不动产合同。合同约定，顾客有权在其签署后七天内通过正式文件取消合同，但必须向 Travel Vac 公司支付总价的 25% 作为补偿。Antelm Sanchis 先生于合同订立后第三天口头通知取消合同。而 Travel Vac 公司却起诉要求他支付尾款。欧洲法院认为，本案适用关于非营业地合同的 85/577/EEC 号指令，而该指令不允许经营者向消费者收取行使撤回权的违约金，故判决 Antelm Sanchis 先生胜诉。Travel Vac SL v. Antelm Sanchis, Case C-423/97, ECR［1999］I-2195, no. 23, ECJ 22 April 1999。

② Jan M. Smits. the Right to change your mind? Rethinking the Usefulness of Mandatory Rights of Withdrawal in Consumer Contract Law, Maastricht European Private Law Institute Working Paper, No. 1, 2001: p4.

③ Christian Twigg-Flesner, Daniel Metcalfe. the proposed Consumer Rights Directive-less haste, more thought? European Review of Contract Law, February 2009: p368-369.

等两份重要文件。

这场改革的成果主要体现在以下三个方面：首先，在非营业地合同和远程合同两个领域实现了较为全面的统一。千呼万唤始出来的《消费者权利指令》（2011/83/EU）取代了包括85/577/EEC和97/7/EC在内的四个关于消费者权益保护的指令[①]，在术语、撤回期间的长度（14天）、撤回期间在特殊情况下的计算、撤回的后果、相关费用的承担等方面均实现了统一。其次，《消费者权利指令》在成员国之间摒弃了“最低一致”原则，转而采用“全面一致”原则。该指令第4条明确规定“除本指令另有规定外，成员国不得在其国内法中保留或引入与本指令中的规定不同的条款，不论是更严格或更宽松的条款，以确保消费者保护水平的一致性”。再次，在较为广泛的领域实现了有限的统一。鉴于服务的性质和由此带来的规制内容上的特殊性[②]抑或是由于“疏忽”[③]，关于分时使用不动产、远程金融服务、消费信贷等方面的指令并没有与《消费者权利指令》进行彻底的整合。但在撤回期间的长度这个最直观的要素上，新一代的2008/122/EC、2002/65/EC、2008/48/EC等三个指令均将其修正为与《消费者权利指令》相一致的14天。另外，值得注意的是：第一，关于人寿保险的第2002/83/EC号指令规定的撤回期间为14~30天，是各欧盟指令中的例外。第二，第2002/65/EC号指令和第2008/48/EC号指令在2014年被第2014/17/EU号指令部分修正，后者第14条规定了信贷提供者对用居住地房屋进行抵押以融资的消费者告知其撤回权等信息的具体方式。综上，考虑到欧盟统一内部市场的立法初衷，以《消费者权利指令》在局部领域内的全面统一和其他指令在广泛领域的对于撤回期间的局部统一为标志，欧盟统一消费者撤回权制度体系目前仅仅实现了阶段性成果。

① 另外两个指令是：1993年的《消费者合同不公平条款指令》（93/13/EEC）和《消费者商品的销售和担保指令》（99/44/EC）。

② E. Terryn. Rights of Withdrawal, the Acquis Principles and Draft Common Frame of Reference, in R. Schulze (Ed.), Common Frame of Reference and Existing EC Contract Law, Munich: Sellier Publishing, 2009: p151.

③ Marco Loos. Rights of Withdrawal, in G. Howell & R. Schulze (Ed.), Modernising and Harmonising Consumer Contract Law, Munich: Sellier Publishing, 2009: p272.

三、指令在欧盟成员国内的转化（以法、德为例）

欧盟指令虽然设置了一个全体成员国必须达到的目标，但是如何达到却由成员国通过制定各自的国内法决定。法国和德国是欧盟中经济规模最大的两个成员国，同时作为大陆法系的代表性国家，其民法制度对同为大陆法系的我国产生过深刻的影响。在消费者撤回权方面，如上文所述，在欧盟指令出台之前，两国立法均处于“一事一法”的特别立法阶段。而在欧盟指令大规模出台之后，两国对于欧盟指令的转化却各具特色，分述如下。

法国在将欧盟指令转化为国内法的过程中，消费者撤回权方面的立法体现出以下两个特点：首先，在体系上，消费者撤回权由以《消费法典》（第93-949号法律）为代表的特别法进行规范，民法典和商法典中并无涉及。早在1993年7月26日，《消费法典》已经对消费者撤回权进行了初步的统一和整合。为了转化欧盟在消费者保护方面的指令，法国于2010年对《消费法典》进行了修正。目前该法典规定了远程销售产品和非金融服务（第L121-20条）、远程金融服务（第L121-20-12条）、上门交易（第L121-25条）、分时使用财产和长期度假产品（第L121-69条）、消费信贷（第L311-14条）、不动产租售和附销售承诺的租赁（第L312-27条）等交易中的消费者撤回权[①]。另外，法国《保险法典》第L112-2-1条、第L112-9条、第L132-5-1条分别规定了远程经营保险、上门交易保险和人寿或储蓄保险情形下消费者享有为期14~30天的撤回权；法国《劳动法典》第L6353-5条规定实习期员工享有为期10天的撤回权[②]。其次，在理论上，虽然部分条款使用了“消费者享有14天整的期间行使撤回权”这样的表述，但仍然保留了大量“犹豫期”的表述。如关于上门交易的第L121-26条规定“在L121-25条规定的犹豫期到期之前，任何人不得以任何名义或任何方式直接或间接地要求客户或者从客户那里得到任何回报或承诺，也不得实施任何

① 参见孙平编译：《法国消费法典》，中国政法大学出版社2012年版，第26-46页、第121-130页。

② 参见凌学东：《法国消费者合同撤回权立法及启示》，载《比较法研究》2015年第4期，第175、172页。

性质的服务”。又如关于消费信贷的第 L311-14 条规定“在借入人接受合同后的 7 天内，出借人不得以任何形式或名义向借入人或为借入人利益做出任何支付，而借入人也不得以任何形式或名义向出借人做出任何支付”。以上表述说明在法国立法者看来，“犹豫期”内的合同并不生效。

相较于法国，德国立法则体现出以下两个特点：首先，在体系上，将几乎全部关于消费者撤回权的规定均纳入民法典调整。这一整合分为两步：首先是在 2000 年，为了统一既有的消费者撤回权立法以及转化欧盟 97/7/EC 号指令，德国立法者废除了《消费信贷法》《上门交易法》《分时使用住宅法》《远程销售法》四部特别立法，将撤回期间、经营者告知义务、撤回的后果等内容统一规定在《德国民法典》第 361a 条和第 361b 条中[①]。在随后的 2002 年，主要在转化《消费者商品的销售和担保指令》（99/44/EC）的要求下，百年以来“对德国民法典影响最为广泛、彻底的一项改革开始生效，即《债法现代化法案》”[②]。德国债法现代化之后，《德国民法典》中关于消费者撤回权的规定数易其稿，2014 年最新版的《德国民法典》第 355 条取代了原文本第 361a 条和第 361b 条，对消费者撤回权做出了统一的总括性规定。同时，第 356 条（上门交易、远程交易）、第 356a 条（分时居住、长期度假产品）、第 356b 条（消费信贷）等条款分别规定了这一权利适用的交易类型。其次，在理论上，纵观《德国民法典》各版本之规定，仍可得出其法律性质更接近于合同解除权之结论。譬如，该法典 2014 年版第 355 条规定撤回的法律效果是“消费者和经营者不再受其旨在订立合同的意思表示的约束”[③]，这表明撤回期间内合同的效力状况更接近于“有效”；而 2014 年之前的版本甚至明确规定“对于撤回权和退还权，以无其他规定为限，相应的适用关于法定解除的规定”[④]。2014 年，主要在转化《消费者权利指令》的要求下，《德国民法典》对消费者撤回

① P. Rott. Harmonising Different Right of Withdrawal：Can German Law Serve an Example for EC Consumer Law？German Law Journal. Vol. 7，No. 12：p1111.

② ［德］莱茵哈德·齐默曼：《德国新债法：历史与比较的视角》，韩光明译，法律出版社 2012 年版，第 1 页。

③ 陈卫佐译著：《德国民法典（第 4 版）》，法律出版社 2015 年版，第 130 页。

④ 杜景林、卢谌：《德国民法典评注：总则·债法·物权》，法律出版社 2011 年版，第 174 页。

权制度做了较大修正，修正后的第357条放弃了将消费者撤回权的行使效果与解除权相联系的做法，单独、直接、详细地规定了撤回权的法律效果。尽管形式上与解除权进行了脱钩，但德国多数学者认为“可以肯定的是撤回权依旧是一个从效果上看与解除权近似的形成权，而德国立法者依旧将撤回权编纂于‘消费者合同的解除、撤回权’这一标题下，由此足见其态度”①。

四、《共同参考框架草案》（DCFR）与《欧洲统一货物买卖法》（CESL）

在欧洲一体化的进程中，部分法学家和政治家认为“仅仅通过欧共体条约中统一大市场的法律要求和欧洲共同体（及后来的欧洲联盟）委员会所颁发的指令（Directive）及欧洲理事会的条例无法满足欧盟日新月异的发展要求。即使是日益完备的国际私法也同样无法为频繁的成员国之间的贸易及投资提供充分的法律框架和保障。……统一欧洲合同法的思想和立法建议首先跃上统一欧洲私法的日程”②。《共同参考框架草案》（DCFR）和《欧洲统一货物买卖法》（Common European Sales Law，以下简称CESL）便是欧盟合同法一体化进程中两份重要的文件。前者最终完成于2009年，是由来自欧洲各国的法学家们起草的关于“欧洲示范民法典”的“学术建议稿”。后者出台于2011年，是欧盟委员会提交欧洲议会和理事会审议的一部供“货物买卖”的当事人选择适用的“软法”的法案；由于遭到欧盟理事会多数成员的反对，该法案目前并未生效。

DCFR和CESL均对消费者撤回权从合同法角度做了较为全面的规定。DCFR在附录中对“撤回”进行了定义，在第二卷（合同及其他法律行为）第五章通过8个条文规定了撤回权的适用范围、行使与效力、撤回期间、告知义务、关联合同等内容③。而CESL第17条规定了非营

① 于程远：《消费者撤回权的合理限制——价值补偿与用益返还的双重进路》，载《法学》2016年第9期，第97页。

② 范明志：《欧盟合同法一体化研究》，法律出版社2008年版，第69-70页。

③ Christian von Bar，Eric Clive，Hans Schulte-Nölke（Ed.）. Definition and Model Rules of European Private Law，Draft Common Frame of Reference（DCFR），Outline Edition. Munich：Sellier Publishing，2009：p201-205.

业地合同和远程合同的经营者有告知消费者享有撤回权的义务；第40~48条分别规定了撤回权的适用范围、行使方式、撤回期、撤回的法律后果、关联合同等内容[①]。由于CESL“在很大程度上取材于学术界努力的成果，即《共同参考框架草案》”[②]，所以两部文件关于消费者撤回权的规定颇有相似之处，如都规定了消费者撤回权条款具有强制性，不允许当事人排除或减损其效力；又如都规定撤回期均为14天。

两部文件的差别主要有如下四点：第一，在适用范围上，DCFR规定的是非营业地合同和分时度假合同，而CESL基于其“货物买卖法”的性质将撤回权适用于非营业地合同和远程合同。第二，根据DCFR的规定，涉及不动产权利的合同（不动产租赁除外），即使在营业场所之外订立，也不适用消费者撤回权［第2-5：201条第（2）款（c）项］，而CESL中并无此类规定。第三，对于原本可以适用撤回权，但是应消费者的明确要求，在撤回期间内经营者已经开始履行的服务合同，DCFR规定其不能撤回［第2-5：201条第（3）款（b）项］；CESL则规定其可以撤回，但消费者应当为已经履行的部分支付相应的合理补偿（第45条第5款）。第四，DCFR规定经营者应当在消费者行使撤回权之后30日内退款［第2-5：105条第（3）款］，而根据CESL的规定为14天（第44条第1款）。相较而言，CESL的规定对于消费者一方更为宽松有利。

第二节 美国法

美国在联邦层级关于消费者撤回权制度的立法目前仅有两部，即消费信贷领域的《诚实借贷法》（Truth in Lending Act，以下简称TILA）和上门销售领域的FTC《冷静期规则》。但美国消费者在无因退货领域

---

① European Commisson. Proposal for a Ragulation Of European Parliament and of the Council on a Common European Sales Law，2011/11/10.

② 余履雪：《欧盟私法的统一：存异与求同之间》，载《武大国际法评论》2014年第2期，第152页。

实际享有的权利却丝毫不逊于欧洲，这主要归因于美国消费者撤回权制度的两个特点：第一，美国州立法中存在大量的相关规定；第二，作为法定消费者撤回权的有力补充，美国零售商通过合同约定广泛给予了消费者不同程度的无因退货权。

一、联邦立法之一：消费信贷与《诚实借贷法》(TILA)

“在现代美国崛起的整个时期，消费信贷减轻了人们因为生活方式或社会网络的变化而遭遇的艰辛，成了一个流动社会的工具。有了它，人们才得以实现——在单纯物质意义上的——移民梦。”① 由于很早就意识到信用消费在美国社会中的重要作用，美国在消费信贷领域形成了数量繁多的法律。目前，这些法律几乎都被编纂在联邦关于消费信贷的基本法律——《消费信用保护法》（Consumer Credit Protection Act，以下简称 CCPA）中。该法由一系列单行法构成，而 1968 年 5 月 29 日生效的《诚实借贷法》（TILA）是它的第一编。美国联邦最早的有关消费者撤回权的规定就诞生于此。1969 年，美国联邦储备委员会（Federal Reserve Board，FRB）根据 CCPA 的授权②制定了 TILA 的实施条例，这就是著名的 Z 条例（Regulation Z）。在该条例中，有关消费者撤回权的规定得以细化。此后，包括 TILA 及 Z 条例在内的 CCPA 进行了频繁的修订，其中，1980 年生效的《诚实借贷简化与改革法案》（Truth in Lending Simplification & Reform Act）对原 TILA 中有关消费者撤回权的内容做了较大程度的修正③。而目前最新的一处修订来自 2010 年生效的《多德·弗兰克华尔街改革和消费者保护法案》（Dodd-Frank Wall Street

---

① ［法］罗莎-马里亚·杰尔皮、［法］弗朗索瓦·朱利安-拉布吕耶尔：《消费信贷史：理论与实践》，江红译，商务印书馆 2014 年版，第 119 页。

② 根据 2010 年生效的美国《多德·弗兰克华尔街改革和消费者保护法案》，从 2011 年 7 月 21 日开始，美联储（FRB）不再行使制定 TILA 实施条例的权力，该权力被授予消费者金融保护局（CFPB）。

③ 《诚实借贷简化与改革法案》对消费者撤回权的修正有两处：（1）将消费者的“住所”的范围从不动产扩大到包括活动住宅在内的主要住所；（2）将债权人归还消费者款项或财产的期限由 10 天延长到 20 天。

Reform and Consumer Protection Act)①。此外，由于美国的判例法传统，法院在该领域的判例也当然地成为消费者撤回权领域法律制度的一部分。

关于消费者撤回权的内容并不是 TILA 及 Z 条例的主要部分，但却颇具特色：第一，在适用范围上，撤回权适用于债权人对消费者的住所或准备用作住所的不动产（《诚实借贷简化和改革法案》第 612 条将其扩大到房车等活动住宅）设置了抵押权的消费信贷合同，原则上对信贷的用途没有要求。但在以下两类交易中不适用消费者撤回权：（1）住宅按揭交易（即贷款的用途就是获得该住所的所有权）；（2）债务人与债权人之间的债务重组［TILA 第 125（a）条］。实践中，手头不宽裕的消费者通常借助此种贷款进行修缮或装修房屋②。第二，在撤回期限上，以交易完成、本法所要求披露的信息送达、撤回权通知书③送达这三个时间点中较迟的那个为基准日，消费者可以在基准日之后的第三个工作日的午夜前以通知方式取消交易［TILA 第 125（a）条］。第三，Z 条例对债权人应向消费者"披露的信息"和撤回权通知书的内容做了详细的规定，前者应当包括年利率、财务费用、还贷时间表等；而撤回权通知书则应当告知消费者以下五项内容：（1）债权人对其主要住所拥有抵押权；（2）其有权撤回这项交易；（3）如何行使撤回权；（4）撤回的后果；（5）撤回权行使的期限［12 CFR 226. 15（b）］。第四，如果债权人没有将"要求披露的信息"或撤回权通知书送达消费者，或者送达的信息不准确，消费者在交易完成后的三年内均有权行使撤回权［15 USCA 1635（f）］。第五，本法中的消费者撤回权规则并不是强制性条款。消费者出于"善意的个人金融急需"，在签署了放弃撤回权的声明并对这种个人金融急需进行说明的情况下，经债权人同意可以放弃该权利并立刻得到贷款［TILA 第 125（d）条］。

2007 年爆发的次贷危机使人们反思包括 TILA 在内的美国消费信贷

① 《多德·弗兰克华尔街改革和消费者保护法案》第 1414 条规定由消费者住所担保的住房抵押贷款或开放式消费者信贷计划不得在事前强制要求仲裁或使用其他非司法手段解决争议。

② 参见张为华：《美国消费者保护法》，中国法制出版社 2000 年版，第 63 页。

③ 如果使用纸质撤回权通知书，债权人必须向每个消费者送达两份撤回权通知书副本；如果使用电子撤回权通知书，债权人只需向每个消费者送达一份撤回权通知书。

法律制度在极端情况下的有效性。现行 TILA 中的消费者撤回权制度至少在以下两个方面存在一定的紧张关系：首先，TILA 的立法目的与撤回权的宗旨之间存在不协调。TILA 的立法目的非常明确，即通过强制性要求债权人对交易条件进行清楚而明确的信息披露，从而保障消费者自由选择的权利，并不在交易的结果上偏袒消费者，因为“如果销售条件不合适，买方就不会成交”①。而 TILA 中的消费者撤回权却旨在给予消费者一个重新思考和评估的机会，以尽量避免他们因为经济陷入困境而失去家园的结果。其次，撤回期延长制度与撤回权行使结果制度之间存在冲突。根据芝加哥洛约拉大学的谢帕德副教授的研究，尽管抵押贷款公司的合规部门仔细检查相关文件中的错误和遗漏，但 80% 的贷款合同仍然无法满足 TILA 的信息披露要求②。这将使得债权人不得不面对最长达三年之久的法律关系的不确定。然而，消费者却并非总能因此而受益，因为根据美国普通法以及 Yamamoto v. Bank of New York③ 的判例，消费者撤回合同时应当使法律关系恢复原状，即必须向债权人归还所贷的净借入资金（无需支付利息等财务费用）。一般说来，这有利于消费者而不利于债权人。但在 2007 年次贷危机导致的房地产市场大萧条中，房屋价值大幅缩水到净借入资金以下，深陷债务泥潭的消费者无法通过再融资甚至出售房屋的方式筹集应当归还银行的资金。因此，他们撤回合同的诉讼请求将被法院驳回，他们的住所也将被债权人优先受偿，并承担继续归还剩余本息的义务。在此情况下，撤回权对于消费者并无实际意义。

---

① ［法］罗莎-马里亚·杰尔皮、［法］弗朗索瓦·朱利安-拉布吕耶尔：《消费信贷史：理论与实践》，江红译，商务印书馆 2014 年版，第 123 页。

② Lea K. Shepard. It's All About the Principal：Preserving Consumers' Right of Rescission under the Truth in Lending Act，North Carolina Law Review Vol. 89，2010-2011：p175.

③ 【案情简介】消费者 Yamamoto 起诉纽约银行，以被告未能向其提供“撤回权通知”以及提供的评估费用不准确为由，要求解除贷款合同并赔偿损失。地区法院后查明，即使允许 Yamamoto 解除合同，他也无法向被告归还净借入资金，故在没有查明被告是否违反 TILA 的情况下，驳回了原告的诉讼请求。随后，Yamamoto 提出上诉，美国联邦第九巡回法庭维持了一审判决。Yamamoto v. Bank of New York，329F. 3d 1167（9th Cir. 2003）。参见：Lea K. Shepard. It's All About the Principal：Preserving Consumers' Right of Rescission under the Truth in Lending Act，North Carolina Law Review Vol. 89，2010-2011：p200-201.

二、联邦立法之二：上门销售与 FTC《冷静期规则》

上门销售这种商业模式早在北美殖民地时期就广泛存在，曾为地广人稀环境下的美国早期居民带来许多生活上的便利。但时至 20 世纪中叶，上门销售所暴露出的问题日渐突出。根据当时学者的实证研究，消费者抱怨的主要问题有：（1）推销员上门后的欺骗性销售；（2）关于商品及其价格的误导性称述；（3）压迫式营销；（4）质次价高；（5）不请自来的推销员对家庭生活的滋扰①。因而，美国关于上门交易的早期立法如《小贩管理规范》（“hawker and peddler” statutes）和《绿河条例》（“Green River” ordinance）“不再能很好地保护消费者了”②。同时司法也陷入一定程度的迷茫，某些法院适用《统一商法典》（Uniform Commercial Code）中的显失公平原则，判定对消费者的压迫式营销合同无效，但其他法院却否认压迫式销售能够否定合同的效力③。1967 年，参议员马格努森在美国国会首次提出赋予上门销售中的消费者以冷静期的议案，引发了激烈的争论。当时，联邦贸易委员会（FTC）就是该议案坚定不移的支持者。从 1967 年开始，FTC 通过发布行政命令的方式，要求以家庭缝纫机公司（Household Sewing Machine Company, Inc）为代表的多家直销企业给予在家中达成合同的消费者三天冷静期，期间内消费者可以取消合同。最终在 1972 年，FTC 根据国会授权颁布了《关于在家中或其他特定场所交易的冷静期规则》（以下简称《冷静期规则》）④。

《冷静期规则》于 1973 年 11 月 1 日正式生效，后分别于 1988 年、1995 年和 2015 年进行了修正。整部规则由以下四个部分构成：（1）定义；（2）规则；（3）州立法和市政条例的效力；（4）例外规定。《冷静期规则》的主要内容和特色有以下六点：第一，冷静期设定为 3 个工

---

① Project. The Direct Selling：An Empirical Study，UCLA. Law. Review Vol. 16，1969：p890.

② Dugan A J. Consumer Protection：The Proposed Cooling-off Period，Valparaiso University Law Review Vol. 2，1967-1968：p338.

③ Dugan A J. Consumer Protection：The Proposed Cooling-off Period，Valparaiso University Law Review Vol. 2，1967-1968：p338.

④ Sandoval Rodolpho. A Critical Analysis of the Cooling-off Period for Door to Door Sales，Chicana/o Latina/o Law Review，Vol. 3，1976：p113-114.

作日（16 CFR 429. 1）。第二，在适用范围上，规则适用于对于商品或服务的买卖、租售[①]或租赁交易，该交易由经营者及其代理人主动提出，并在经营者的非营业场所与买方签订合同。因此，适用的地点既包括消费者的住所，也包括消费者暂时性停留的该经营者的非营业场所，如酒店或汽车旅馆的客房、露天市场、餐厅、消费者的工作单位等。同时，如果交易在消费者的住所进行，交易的标的物应在 25 美元以上，而如果交易在其他非营业场所进行，交易的标的物则应在 130 美元以上［16 CFR 429. 0（a）］。当然，《冷静期规则》也规定了不适用本规则的 8 种例外情形（具体参见本书第四章）［16 CFR 429. 0（a）（1）–（6），16 CFR 429. 3］。第三，非常详细地规定了经营者义务。如交易前经营者应向消费者告知的内容详细到提供文本的份数、所用语言、具体文字内容甚至连字号都有严格的规定（16 CFR 429. 1）。第四，在与州法等地方立法的关系上，《冷静期规则》仅在与地方立法直接抵触时具有优先效力，地方立法可以做出更加有利于消费者的规定，这似乎与早期的欧盟指令存在某种相似性（16 CFR 429. 2）。第五，对合同语言的要求。由于美国是一个移民国家，《冷静期规则》要求经营者在书面合同以及收据上应使用与消费者口头协商时一致的语言（如口头协商时使用西班牙语，书面合同及收据也应使用西班牙语）［16 CFR 429. 1（a）］。第六，《冷静期规则》是不是强制性规则？似乎具有探讨的空间。虽然规则严禁经营者在合同中通过约定对某个判决的承认或买方放弃取消合同权利的声明等形式规避冷静期制度［16 CFR429. 1（d）］，但是如果消费者出于对某种商品或服务的善意的急需，并向经营者提供单独的手写且注明日期的对于这种急需的说明，可以要求经营者立刻履行合同并放弃自己取消合同的权利［16 CFR 429. 0（a）（3）］。

2013 年，4 个消费者团体、2 个经营者团体、1 家小型企业和 1 位

---

① 【租售（lease）】其原理就是把购买的物品作为贷款的担保。借款人签约定期支付一定款项，而这笔款项就被视为使用这一物品的租金。一般需要首期支付定金，款项全额支付之前，卖主仍是物品的合法所有者。参见［法］罗莎–马里亚·杰尔皮、［法］弗朗索瓦·朱利安–拉布吕耶尔：《消费信贷史：理论与实践》，江红译，商务印书馆 2014 年版，第 118 页。

消费者个人[1]就《冷静期规则》的修改向FTC发表了自己的建议：第一，《冷静期规则》应当保留。第二，将冷静期的适用范围扩大到下列三个领域：（1）临时性场所的汽车销售；（2）任何场所的二手车销售；（3）在线发薪日贷款[2]。第三，将在卡车上销售容易变质的食品排除冷静期制度的适用范围。第四，将标的物价值的限额从25美元以上提高到130美元以上以反映通货膨胀。第五，明确禁止经营者通过仲裁条款或者与消费者订立独立的合同等方式规避冷静期的适用。第六，增加消费者可以通过电话方式取消合同的内容。第七，权利告知书中的字体应当从最低10号字提高到最低12号字。FTC对上述建议一一做出了回应：目前，对《冷静期规则》进行上述第二至第七项的修改总体上并无必要[3]。尽管如此，2015年1月6日，FTC还是对《冷静期规则》进行了一个微小的修正：将在消费者住所之外的非营业场所进行交易的标的物价值的适用范围从25美元以上提高到了130美元以上。

三、州立法

虽然美国联邦关于消费者撤回权的立法数量较少，适用范围也较为有限，但是美国各州的立法中关于这种权利却有着丰富而各具特色的规定。从历史上看，最早将消费者撤回权引入美国的就是密歇根州于1965年以及宾夕法尼亚州于1966年对于“分期付款的装修合同”中消费者撤回权的规定。1967年，加利福尼亚州对于舞蹈教学合同，马萨诸塞州对于发生在非营业地的分期付款买卖合同也规定了消费者撤回权[4]。以上州立法均早于联邦的TILA。美国关于消费者撤回权的州立法从内容上看，大致可以分为两种类型。

① 消费者团体包括：the National Consumer Law Center，Consumer for Auto Reliability and Safety，Consumer Federation of America，Consumer Union；经营者团体包括：the Direct Selling Association，the National Automobile Dealers Association；企业代表：Fabian Seafood Company；消费者代表：Helen Yohanek.

② 【在线发薪日贷款（Online Payday Lending）】指的是小额的、短期的、无抵押的、在线申请的贷款，与借款人的发薪日并没有直接联系，虽然通常发薪日贷款的申请要求消费者提供工资和被雇佣纪录。在美国，这种贷款的利息通常被限制在36%～40%。

③ Proposed Rules. Federal Register，2013（Vol. 78，No. 12）：p3855-3864.

④ Byron D. Sher. The “Cooling-off” Period in Door-to-door Sales，UCLA. Law Review Vol. 15，1967-1968：p719.

第一种是对联邦立法或者没有强制力的各种“示范法”的转化。比如，各州关于非营业地交易的立法就主要来源于对 FTC《冷静期规则》的转化。《冷静期规则》仅在与地方立法直接抵触时具有优先效力，地方立法可以做出更加有利于消费者的规定。因而，大多数州立法做出了与《冷静期规则》类似的规定，伊利诺伊州、纽约州的冷静期同样为 3 个工作日，也有部分州立法给予了消费者更宽松的待遇，加利福尼亚州规定消费者在非营业地交易中有 10 天的冷静期。又如，根据美国的立法体制，关于保险的立法权属于州，因此美国并无统一的联邦保险立法[①]。在人寿保险领域，大多数州立法都来自对美国保险监管人协会（National Association of Insurance Commissioners，简称 NAIC）制定的 NAIC 示范规则的转化。因此，大多数州立法与 NAIC 示范规则保持了一致，赋予投保人 10 天的犹豫期（free-look provision），而佛罗里达州则慷慨地把这一期间延长到 20 天[②]。再如，由于美国 1979 年、1983 年分时度假示范法和 2003 年分时度假示范法指导原则规定的冷静期为 7 日、5 日、5 日，因此大多数州的规定亦为 5 日或 7 日[③]。

第二种是各州在联邦立法和“示范法”的调整领域之外制定的消费者撤回权法律。这类规定有三个特点：首先，适用广泛。比如在纽约州，消费者在购买汽车、通过电话与专业卖家订立合同、租售或购买小块的土地、订立通过信用卡支付的合同、参加健身俱乐部、订立应急服务合同、订立约会服务合同等交易中均享有撤回权[④]。即使是在经营者的实体店中购物，如果商品没有使用或者损坏，消费者也可以在 30 天内退货[⑤]。又如在加利福尼亚州，消费者撤回权的范围还包括职业介绍服务、牙医服务、家庭装修、法律顾问服务等。其次，撤回期长度不统一。与欧洲致力于该期间的统一不同，美国州立法中撤回期的长度上的

---

① 参见何勤华、魏琼：《西方商法史》，北京大学出版社 2007 年版，第 513 页。

② Report of the Committee on Life Insurance Law, 16 Forum 48 1980-1981: p75.

③ 张靖：《我国消费者保护中的冷却期制度研究》，法律出版社 2014 年版，第 142 页。

④ Jan M. Smits. the Right to change your mind? Rethinking the Usefulness of Mandatory Rights of Withdrawal in Consumer Contract Law, Maastricht European Private Law Institute Working Paper, 2011. No. 1: p5.

⑤ Omri Ben-Shahar, Eric A. Posner. the Right to Withdraw in Contract Law [J]. Journal of Legal Studies, 2011. Vol. 40: p144.

差异大量存在，甚至显得有些混乱。比如在加利福尼亚，最短的撤回期仅为24小时（适用于法律文档助理服务、非法滞留时的助手服务等），较长的有30日（适用于网络、电话销售），其他期间有3个自然日和3、4、10、15个工作日等①。再次，对于部分领域的消费者撤回权，经营者可以通过醒目的方式公布自己的退货政策，从而排除州法的适用。如纽约州对于实体店销售中30天撤回期的规定就属于这类可以被排除的任意性条款。

四、作为约定权利的无理由退货权

一个不容忽视的现象是，美国绝大多数零售商在没有法律强制要求的情况下，以格式条款的形式，给予消费者约定意义上的退货的权利。广泛的无理由退货权是美国消费者保护制度的一大特色。根据美国芝加哥大学的奥姆利·本-沙哈尔（Omri Ben-Shahar）和埃里克·A. 波斯纳（Eric A. Posner）两位教授的考察，事实上，美国几乎所有的零售商店都允许客户退货，只是具体的退货政策有所不同：有的退货期限较短，有的则相当长；有的退回现金，有的只能退回抵用券；有的完全免费，有的需要支付运费或重新上架的费用②。2004年针对美国消费者的一项调查显示，91%的消费者认为商家的退货政策对他们决定在何处进行采购非常重要（尽管只有约25%的客户有过退货经历）③。无理由退货政策仿佛是一个口口相传的广告，彰显了商品的品质和商家的信誉④。

以美国目前最大的零售超市沃尔玛（Wal-Mart）为例，该公司为实体店交易和在线交易的消费者提供了相同的退货政策，这些政策大致如下：（1）大多数商品在收到90天内均可以退货。（2）少数商品，如电

---

① 参见加州消费者事务部官网：Consumer Transactions with Statutory Contract Cancellation Rights：Legal Guide K-6. http：//www. dca. ca. gov/publications/legal_ guides/k-6. shtml/

② Omri Ben-Shahar，Eric A. Posner. the Right to Withdraw in Contract Law，Journal of Legal Studies Vol. 40，2011：p122.

③ Jason Scott Johonson. the Return of Bargain：an Economic Theory of How Standard-form Contracts Enable Cooperative Negotiation Between Businesses and Consumers，Michigan Law Review Vol. 104，2006：p874.

④ Caroline Cohen. the Contract Law Principle of pacta sunt servanda and Behavioral Economics Literature in Relation to Justifications for the European Consumer's Right of Withdrawal under Directive 2011/83/EC，Exeter Student Law Review Vol. 2，2016：p23.

脑及其配件、手机、数码相机、打印机等电子产品只能在收到后14天或15天内退货。(3)退货的商品必须符合一定的要求，如所有退货商品的原厂包装应当保留，书籍应当没有被使用和做标记，音乐光盘、电影光盘、软件应当没有被拆封。(4)对于少数商品消费者可能会承担退货的运输费用，如价格超过300美元的珠宝、大型家具、户外游乐设施等。(5)对于极少数商品，如易腐食品、药品、礼品卡等，不接受退货。此外，也许是对抗来自电商的竞争，近年来，沃尔玛还通过“满意保证”策略在退货方面赋予其实体店的一线员工一定的自由裁量权，因而大量并不符合上述要求的商品（如超过退货期限、无法提供收据）事实上也可以进行退货并全额得到退款①。在退货期限方面，美国另一家同时提供实体店和在线购物服务的零售业巨头塔吉特（Target）执行与沃尔玛相同的90天政策。而美国最大的购物网站亚马逊（Amazon）的退货期限为30天。

欧洲也普遍存在着作为约定权利的消费者撤回权。根据马斯特里赫特大学的斯密茨（Jan M. Smits）教授对随机选取的荷兰32家各类零售商退货期限的调查，在网络零售商方面，大多数执行14天的强制性规定，也有不到一半的商家将其延长到30天；在实体店方面，虽然没有相关的强制性要求，但大多数商家仍然给予消费者退货权，各商家的退货期限根据其采用的频率依次为：14天、30天、8天。另外，有一家商店不设置退货期限，还有一家商店则不接受消费者的无理由退货②。可见，虽然实体店销售不受《消费者权利指令》中撤回权条款的直接调整，但14天作为一个“锚点”或指引，对实体店制定退货期长度也产生了不小的影响，这不利于鼓励商家提供更长的冷静期。相较而言，美国的商家给予消费者的退货期限更长，退货制度也更灵活。

① Jason Scott Johonson. the Return of Bargain: an Economic Theory of How Standard-form Contracts Enable Cooperative Negotiation Between Businesses and Consumers, Michigan Law Review Vol. 104, 2006: p874.

② Jan M. Smits. the Right to change your mind? Rethinking the Usefulness of Mandatory Rights of Withdrawal in Consumer Contract Law, Maastricht European Private Law Institute Working Paper, 2011, No. 1: p7.

第三节 日本法

日本在20世纪60年代进入经济高速增长时期，大众消费亦获得长足发展。但随着资本的高度积累、企业垄断和市场竞争的加剧，单纯追求经济利益而严重损害消费者权益的事件层出不穷[①]。因此，日本的消费者保护立法有着鲜明的现实回应导向。这一理念也反映在立法体系中。首先，虽然有一部《消费者基本法》（『消費者基本法』）[②] 作为中心，但其他立法显得相对复杂而琐碎，基本上属于“一事一法”，如以消费合同为主要调整对象的日本国会制定的法律就有《消费者合同法》（『消費者契約法』）、《特定商业交易法》（『特定商取引に関する法律』）、《分期付款销售法》（『割賦販売法』）等。其次，除了国会立法外，还存在大量行政法规（政令）、部门规章（省令）、规范性文件（通達）与之相配套，如《特定商业交易法》的配套规则就有日本政府颁布的《〈特定商业交易法〉实施条例》，经济产业省颁布的《〈特定商业交易法〉实施细则》，内阁办公室秘书长、消费者厅次长、经济产业省大臣商务顾问发布的《关于加强〈特定商业交易法〉实施的意见》等各级规范。具体就消费者撤回权而言，日本在1972年修订《分期付款销售法》时首次引进了这一制度[③]。该法第35条规定，在店铺外的分期付款交易等情形中，消费者可以自收到相关文件之日起8天内撤回合同。而1976年制定的《访问销售法》（『訪問販売法』）在2000年修正并更名为《特定商业交易法》后，相对集中地规定了访问销售、通

① 杨立新、陶盈：《日本消费者法治建设经验及对中国的启示》，载《广东社会科学》2013年第5期，第227页。

② 1968年颁布时名为《消费者保护基本法》，2004年修法后更名为《消费者基本法》。有学者认为，此次更名主要是出于消费者不再只是被政府庇护的对象，而是权利的主体，表明了对消费者的“行政保护”开始向“行政支援”转变。参见杨立新、陶盈：《日本消费者法治建设经验及对中国的启示》，载《广东社会科学》2013年第5期，第228页。

③ 圓山茂夫：『詳解特定商取引法の理論と実務（第2版）』，民事法研究會2010年版，第157頁。

讯销售、电话推销、特定持续性服务[①]、多层次直销、以提供业务为条件的销售[②]、访问收购等七种特定交易中的撤回权制度。

一、《特定商业交易法》

《特定商业交易法》及其前身《访问销售法》也是对现实回应的产物。20世纪70年代，恶劣推销、上门销售、邮寄销售甚至传销等多种多样的无店铺营销方式导致了大量消费纠纷[③]，如不法商贩上门兜售劣质商品；一些厂家利用邮购消费者不能事先对商品进行检验、挑选的特点，邮售劣质商品[④]。甚至出现“百科全书”案、APO公司案、Holiday Magic公司案、“天下一家会”案[⑤]等群体性消费者受损事件。对此，1974年，日本经济企划厅国民生活审议会在一篇题为《消费者受损害的现状与对策》的备忘录中提出“特殊销售形式的公平性”问题，并将建立“冷静期”制度作为力争实现立法的重要针对性措施。当时的通商产业省（现经济产业省）对此也持积极支持的态度。

1976年，《访问销售法》得以颁布并实施，该法赋予访问销售的消费者为期4天和多层次直销的购买者为期14天的撤回权[⑥]。然而，当时的《访问销售法》仍存在以下不足：（1）撤回权的适用范围较窄，随着新的营销方式的不断涌现有必要将其扩展到新的领域；（2）撤回权的标的仅限于“商品”之销售，并不适用于权利或服务交易；（3）撤回权所适用的“商品”必须由行政法规之目录正向指定，目录之外的商品则无法适用；（4）对经营者违反信息告知义务的制裁非常轻，仅

---

① 如美容、婚姻介绍、各种学习班等。

② 【以提供业务为条件的销售】指以提供收入机会为名，诱导消费者先行缔结合同购买某商品或者接受某有偿服务后再为消费者提供可以获得收入业务的行为。

③ ［日］井上框子、［日］町村泰贵、［日］今井弘道、赵莉：《法哲学观点看日本消费者问题及立法之解决》，载《金陵法学评论》，2007年秋季卷，第158页。

④ 参见李昌麒、许明月编著：《消费者保护法（第四版）》，法律出版社2014年版，第16页。

⑤ 在这其中，“天下一家会”事件造成的影响最为严重。1967年在熊本县上益城甲作町，一个叫内村建一的人建立了一家叫“天下一家会”的组织，又名“第一相互经济研究所”。该会以“投资2080日元，吸收4名子成员，最终可获得102.4万日元”为口号，全盛时期蛊惑了将近2%的日本人口（180万会员）。

⑥ 後藤卷則、斉藤雅弘、池本誠司：『条解消費者三法』，弘文堂2015年版，205-210頁。

限于行政处罚；（5）撤回期长度较短，消费者行权比较仓促。针对上述以及其他问题，《访问销售法》颁布后进行了多达11次的修正[①]，并于2000年更名为《特定商业交易法》。

我们来看2012年修正的最新版本，日本《特定商业交易法》一方面借鉴了欧美的立法经验，比如：（1）将法律的调整标的（包括撤回权的适用范围）从“商品”之销售扩展到“劳务”以及“权利”之提供（不过，条文上仍然保留了访问“销售”、通讯“销售”等名称）；（2）废除由行政法规正向规定适用标的的做法，改采负面清单之方式，以法律法规列出排除适用的商品、权利与劳务；（3）为经营者设定了严格的信息告知义务，经营者如怠于或错误交付相关文件，可能导致撤回期不算的严厉后果；（4）将访问销售、通讯销售、电话推销、特定持续性服务的撤回期原则上延长至8天，将多层次直销、以提供业务为条件的销售的撤回期延长至20天。

另一方面，《特定商业交易法》又具有鲜明的日本特色。首先，在适用的交易类型上，除了较为传统的访问销售、通讯销售、电话推销，还针对日本商业业态的特点规定了特定持续性服务、多层次直销、以提供业务为条件的销售、访问收购等交易中的撤回权。同时，该法第9条还将访问交易中撤回权的适用场景扩展到一定条件下的经营者营业场所之内（参见本书第四章）。甚至，在该法第40条和第58条规定的多层次直销和以提供业务为条件的销售中，不论买受人是否属于消费者，即使其以营利为目的采购商品，均依法适用撤回权的相关规定。其次，在适用方式上，撤回权在绝大部分交易类型中均为强制适用，如第9条规定在访问销售中“违反前款的特别约定，如对申请人（买受人）不利，视作无效”。但通讯销售却是一个例外，该法第15条虽然也赋予通讯销售的消费者为期8天的撤回权，但紧接着又规定“若销售商在广告中显示了关于撤回申请的特别约定，则不受此限”。可见该条款属于任意性规范，撤回权在通讯交易中只是默认适用。究其原因，日本经济产业省认为：“通讯交易与访问交易等不同，消费者的自主性受损的程度小，所以作为强行规定设置所谓的冷静期制度的做法并不恰当。该规定是为

① 这11次修正分别发生于：1984年、1988年、1996年、1999年、2000年10月、2000年11月、2002年、2003年、2004年、2008年、2012年。

了让消费者利益与企业的负担保持平衡。”① 以日本最大的购物网站之一日本亚马逊（Amazon. co. jp）为例，该公司自营业务的退货政策较之《特定商业交易法》中默认条款的特别之处主要有：（1）撤回期一般为30天，超过30天，退款金额将减少20%；（2）未使用且未开封时，全额退还商品货款（含税）；已开封时，退还商品货款（含税）的50%。最后，在访问销售领域引入了“过量合同”的解除权。由于日本老龄化日益严重，有不良商贩趁机诱使高龄老人购买大量不需要的商品。对此，该法第9条规定，访问销售中消费者购买的商品、权利和劳务明显超过其日常生活所需的正常分量，且经营者知晓的，原则上消费者可以在合同订立之日起1年内解除该合同。由于“过量合同”解除权设置了“过量”“经营者知晓”作为行权条件，因此严格来说并不符合消费者撤回权无理由性的特征。然而其与消费者撤回权又具有大量类似之处：第一，消费者通常只需举证符合外在条件（如让独居老人购买了10床被子等）即可主张解除合同，其行使简便性与撤回权相似；第二，除了长达1年的除斥期间之外，“过量合同”解除权的行使程序和后果等均准用消费者撤回权的规定。

二、其他法规

根据日本学者圆山茂夫的归纳，除了《特定商业交易法》所规定的访问交易、通讯交易、电话推销、特定持续性服务、多层次直销、以提供业务为条件的销售、访问收购之外，在日本其他法律中，规定了消费者撤回权或类似无条件退款机制的情形还包括：（1）《分期付款销售法》规定店铺外的分期付款交易中的消费者有为期8天的撤回权；（2）《宅地建筑物交易业法》规定店铺外的住宅建筑物交易中的消费者有为期8天的撤回权；（3）《保险业法》规定投保人有为期8天的撤回权；（4）“规范高尔夫球场等相关会员合同的法律”规定入籍会员有为期8天的撤回权；（5）“与特定商品委托保管合同相关的法律”规定保管之委托人有为期14天的撤回权；（6）“与商品投资事业限制相关的法律”规定投资者有为期10天的撤回权；（7）《不动产特定共同事业

① 消費者庁取引・物価対策課・経済産業省商務情報政策局消費経済対策課編：特定商取引に関する法律・解説（平成28年版），第117頁。

法》规定投资者有为期8天的撤回权；（8）“特定定价权等业务的限制相关的法律”规定零售权销售合同的当事人有为期8天的撤回权；（9）“与有价证券投资顾问业务限制相关的法律”规定投资顾问业务的投资者有为期10天的撤回权；（10）“与海外商品市场期货交易相关的法律”规定海外期货交易的投资者有为期14天的撤回权[①]。

第四节　我国台湾地区法

根据台湾地区学者朱柏松的研究，“由于长期戒严体制的存在，消费者保护运动几乎一次也未曾在台湾地区发生过。关于消费者保护之理论及其立法，不但未曾以严谨态度为深刻而且周延的探讨，甚至还曾遭逢政府有意无意的打压与冷落”[②]。因而，台湾地区消费者权益保护立法相对滞后，而仅靠《民法》调整消费关系，许多规定均已无法适应现阶段社会之需要，对于消费者保护亦长期未设立特别规范[③]。

一、《消费者保护法》

台湾地区《消费者保护法》历经近11年的酝酿和审议后，才终于在1994年1月11日获得“三读”通过，并于同年1月13日公布实施。作为台湾地区第一部包含消费者撤回权制度的法律，它规定了消费者于“邮购买卖”和“访问买卖”两种情形下，在收到商品七日内，有权无须理由和费用地解除合同。该法随后分别于2003年1月22日和2015年6月17日进行了两次修正。同时，台行政机构还分别于1994年11月2日、2003年7月8日和2015年12月31日针对不同版本的《消费者保护法》制定了相应的《消费者保护法实施细则》。上述三次对该法的修正均涉及消费者撤回权，其具体内容的变化见表2-2所列。

① 参见圆山茂夫：『詳解特定商取引法の理論と実務（第2版）』，民事法研究會2010年版，第157頁。

② 朱柏松：《消费者保护法论（增订版）》，翰芦图书出版有限公司1999年版，第320页。

③ 周宇：《消费者保护之研究》，台湾学生书局1977年版，第182页。

表2-2 我国台湾地区各版本《消费者保护法》中消费者撤回权规定之对照

	1994年版	2003年版	2015年版
适用范围	第2（八）条邮购买卖：指企业经营者以邮寄或其他递送方式，而为商品买卖之交易形态。 第2（九）条　访问买卖：指企业经营者未经邀约，而在消费者之住居所或其他场所从事销售，而发生之买卖行为	同前	第2（十）条　通讯交易：指企业经营者以广播、电视、电话、传真、型录、报纸、杂志、网际网路、传单或其他类似之方法，消费者于未能检视商品或服务下而与企业经营者所订立之契约。 第2（十一）条　访问交易：指企业经营者未经邀约而与消费者在其住居所、工作场所、公共场所或其他场所所订立之契约
经营者的告知义务	第18条　企业经营者为邮购买卖或访问买卖时，应将其买卖之条件、出卖人之姓名、名称、负责人、事务所或住居所告知买受之消费者	同前	第18条　企业经营者以通讯交易或访问交易方式订立契约时，应将下列资讯以清楚易懂之文句记载于书面，提供消费者：一、企业经营者之名称、代表人、事务所或营业所及电话或电子邮件等消费者的迅速有效联络之通讯资料。二、商品或服务之内容、对价、付款期日及方式、交付期日及方式。三、消费者依第十九条规定解除契约之行使期限及方式。四、商品或服务依第十九条第二项规定排除第十九条第一项解除权之适用。五、消费申诉之受理方式。六、其他“中央主管机关”公告之事项。经由网际网路所为之通讯交易，前项应提供之资讯应以可供消费者完整查阅、储存之电子方式为之

（续表）

	1994 年版	2003 年版	2015 年版
撤回权的行使	第 19 条　邮购或访问买卖之消费者，对所收受之商品不愿买受时，得于收受商品后七日内，退回商品或以书面通知企业经营者解除买卖契约，无须说明理由及负担任何费用或价款。 邮购或访问买卖违反前项规定所为之约定无效。 契约经解除者，企业经营者与消费者间关于回复原状之约定，对于消费者较民法第二百五十九条之规定不利者，无效	基本同前，增加一款：于以邮购买卖或访问买卖所为之服务交易，准用之	第 19 条　通讯交易或访问交易之消费者，得于收受商品或接受服务后七日内，以退回商品或书面通知方式解除契约，无须说明理由及负担任何费用或对价。但通讯交易有合理例外情事者，不在此限。 前项但书合理例外情事，由“行政院”定之。 企业经营者于消费者收受商品或接受服务时，未依前条第一项第三款规定提供消费者解除契约相关资讯者，第一项七日期间自提供之次日起算。但自第一项七日期间起算，已逾四个月者，解除权消灭。 消费者于第一项及第三项所定期间内，已交运商品或发出书面者，契约视为解除。 通讯交易或访问交易违反本条规定所为之约定，其约定无效。 消费者依第十九条第一项或第三项规定，以书面通知解除契约者，除当事人另有个别磋商外，企业经营者应于收到通知之次日起十五日内，至原交付处所或约定处所取回商品。 企业经营者应于取回商品、收到消费者退回商品或解除服务契约通知之次日起十五日内，返还消费者已支付之对价。契约经解除后，企业经营者与消费者间关于回复原状之约定，对于消费者较民法第二百五十九条之规定不利者，无效

不难看出，台湾地区《消费者保护法》中消费者撤回权制度的发展有三个趋势：第一，适用范围由商品买卖扩大到服务消费。1994 年初版的《消费者保护法》第 19 条最初的表述为“邮购或访问买卖之消费者，对所收受之商品不愿买受时……”，可见消费者撤回权的适用范围仅限于“商品”之“买卖”。“服务”二字，则完全不见于法条之上。对此，多位台湾学者建议于修法时，将服务纳入撤回权保护的范围，不致有所疏漏①。故 2003 年版增设第 19 条第 2 款规定：“于以邮购买卖或访问买卖方式所为之服务交易，准用之。”从而使得服务可以参照适用商品买卖的规定。而在 2015 年 6 月 17 日颁布的该法最新版本中，第 19 条已修正为“通讯交易或访问交易之消费者……”，以“交易”代替“买卖”，从而将服务直接纳入消费者撤回权的适用范围。第二，扩大了经营者的信息义务的范围，并规定了违反信息的法律后果。最新版的《消费者保护法》第 18 条将原先较为笼统的告知事项做了更加细致的列举，并针对通过互联网进行销售的情况做了特别规定，同时规定经营者如未履行告知义务，撤回期可能被延长到四个月。第三，在消费者撤回权的行使程序、效力等方面进行了更加细化的规定。

二、其他法规

除了《消费者保护法》所规定的通讯交易和访问交易外，在台湾地区相关法律规定和行政命令中，规定了消费者撤回权或类似无条件退款机制的情形还包括：（1）信用卡合同（持卡人收到所申请信用卡之日起 7 日内且未使用可以撤回）；（2）生前殡葬服务合同（合同订立之日起 14 日内可以撤回）；（3）纳骨塔位使用权买卖合同（合同订立之日起 14 日内且未使用塔位可以撤回）；（4）个人人寿保险合同（被保险人可随时撤回）；（5）健身中心合同（合同生效后 7 日内且未使用设施或课程可以撤回）。

---

① 参见：（1）朱柏松：《消费者保护法论（增订版）》，翰芦图书出版有限公司 1999 年版，第 321 页。（2）詹森林：《民事法理与判决研究：民法总则、债法总论、买卖法及消费者保护法》，北京大学出版社 2005 年版，第 371–372 页。

第五节 我国法

我国的市场经济虽然起步较晚但发展迅速。进入21世纪以来我国在新经济，尤其是互联网经济方面，已经能够与美国并驾齐驱。而同时期的我国消费者撤回权立法却显得较为保守、谨慎。立法者在商业实践中自发形成的约定无理由退货机制的基础上，通过层次较低的立法在多个领域进行了一系列低调的尝试和扩展。直到近年来修正《消费者权益保护法》才使得消费者撤回权制度成为社会焦点。

一、初次尝试

根据多位学者的考证①，我国最早的关于消费者撤回权的立法是1996年辽宁省人大通过的《辽宁省实施〈中华人民共和国消费者权益保护法〉规定》。根据该规定第12条，“消费者对购买的整件商品（不含食品、药品、化妆品）保持原样的，可以在7日内退货；经营者应当退回全部货款，不得收取任何费用。”该规定有如下三个特点：首先，缺乏上位法根据。当时《消费者权益保护法》等全国性立法中并没有撤回权的规定，全国人大及其常委会也并未授权辽宁省可以对此做出变通。其次，适用范围过于宽泛。只要是“消费者购买整件商品”的合同，不论其交易方式如何原则上都可以适用，只是将食品、药品、化妆品等交易标的排除。再次，作为地方立法，效力层级、范围以及影响力均非常有限。

以上规定在2004年《辽宁省消费者权益保护规定》实施后被废止。对于消费者撤回权条款被删除，时任辽宁省人大常委会法制委员会副主任委员的王鸿图解释：“《消法》和相关法律中都没有‘无因退货’的

---

① 参见（1）金励：《消费者商品交易反悔权之研究》，载《重庆交通大学学报》（社科版）2007年第1期，第38-42页；（2）钱玉文：《消费者权利变迁的实证研究》，法律出版社2011年版，第112页；（3）杨立新：《非传统销售方式购买商品的消费者反悔权及其适用》，载《法学》2014年第2期，第30-38页。

规定，对退货的规定难以做出准确和可操作的表述，实践中会有不同的认识。”① 很多学者对此表达了惋惜之情②，但笔者认为这是一次大胆但缺乏体系和理论支撑的不算成功的立法尝试。

二、谨慎扩展

在初次尝试失败之后，我国立法者对于消费者撤回权的立法探索仍然没有止步，并且逐渐领悟了该制度真正的立法动因，即应当与特殊的交易方式或领域相联系。之后立法中的消费者撤回权均仅适用于某一特殊领域的消费合同。

在访问交易领域，首先由个别地方性法规引入了消费者撤回权。如《上海市消费者权益保护条例》（2003）第 28 条规定：“经营者上门推销的商品，消费者可以在买受商品之日起七日内退回商品，不需要说明理由，但商品的保质期短于七日的除外。商品不污不损的，退回商品时消费者不承担任何费用。”其次是 2005 年实施的国务院《直销管理条例》第一次在行政法规层次规定了消费者撤回权。该条例第 25 条规定：“直销企业应当建立并实行完善的换货和退货制度。消费者自购买直销产品之日起 30 日内，产品未开封的，可以凭直销企业开具的发票或者售货凭证向直销企业及其分支机构、所在地的服务网点或者推销产品的直销员办理换货和退货；直销企业及其分支机构、所在地的服务网点和直销员应当自消费者提出换货或者退货要求之日起 7 日内，按照发票或者售货凭证标明的价款办理换货和退货。……”

在远程交易领域，截至《消费者权益保护法》修正之前，仅有几部层次较低、效力不高的规范性文件涉及消费者撤回权的内容。如《四川省消费者权益保护条例》（2007）第 10 条规定：“消费者通过邮购、电视电话销售、网络销售、上门推销等无店铺销售形式购买商品的，在取得商品七日内未开封的，可以无理由退货。但商品的保质期短于七日的除外。”此外，2011 年商务部出台的《第三方电子商务交易平台服务规范》第 6 条第 5 款提出：“鼓励平台经营者设立冷静期制度，允许消

---

① 金励：《消费者商品交易反悔权之研究》，载《重庆交通大学学报》2007 年第 1 期，第 38–42 页。

② 李岳武、高东海：《立法倒退不利于消费者保护》，载《新京报》2004 年 6 月 8 日。

费者在冷静期内无理由取消订单。”

在保险合同领域，原保监会最早于2000年的《关于规范人身保险经营行为有关问题的通知》中引入了“犹豫期”这一概念，其实质就是保险消费者的撤回权。此后，原保监会在其发布的部门规章和行政规范性文件中对犹豫期制度不断进行完善。目前有效的于2011年实施的《关于规范人身保险业务经营有关问题的通知》第四条规定如下：“（一）‘犹豫期’是从投保人收到保险单并书面签收日起10日内的一段时期。（二）投保单或保险条款中应载明投保人在犹豫期内的权利，保险公司销售人员展业时以及保险公司向投保人、被保险人发送保单时，应对犹豫期内的权利进行说明。（三）在犹豫期内，投保人可以无条件解除保险合同，保险公司除扣除不超过10元的成本费以外，应退还全部保费，并不得对此收取其他任何费用。保险公司对投资连结保险投保人在犹豫期内解除保险合同的费用扣除应当符合《人身保险新型产品信息披露管理办法》的有关规定。”根据原保监会制定的《人身保险保单标准化工作指引（试行）》《健康保险管理办法》《人身保险新型产品信息披露管理办法》等规章和行政规范性文件，目前保险犹豫期制度的适用范围包括保险期间一年以上的人身保险、投资连结保险、万能保险和分红保险①。另外，根据原保监会、银监会联合下发的《关于进一步规范商业银行代理保险业务销售行为的通知》第三条，从2014年4月1日起，商业银行代理销售的保险期间超过一年的保险产品，应在合同中约定15个自然日的犹豫期。

在包价旅游领域，2013年10月1日实施的《旅游法》（2016年、2018年两次修正）第65条规定：“旅游行程结束前，旅游者解除合同的，组团社应当在扣除必要的费用后，将余款退还旅游者。”虽然该条文“只是从旅游者解除合同后的效果角度进行规定，没有直接涉及旅游者是否具有任意解除权的问题”②，但根据目前理论界的有力解释，“本条规定即属于法律赋予旅游者，在无须征得旅行社同意的情况下，享有

① 马辉：《保险合同犹豫期制度的完善》，载《上海金融》2012年第5期，第85页。

② 朱晶晶：《旅游合同解除制度的体系性解释》，载《旅游学刊》2014年第7期，第99页。

单方面解除包价旅游合同的权利”①。该法的颁行并未如同时期的《消费者权益保护法》的修正一样得到消费者的广泛关注和欢迎。其主要原因在于法律未对旅游消费者解除合同时组团社可以扣除的“必要的费用”做出限制，旅行社往往通过格式合同将其设定在很高的水平上，从而使得消费者的这种本就模棱两可的权利更处于有名无实的状态。同时，《旅游法》第35条规定：“旅行社不得以不合理的低价组织旅游活动，诱骗旅游者，并通过安排购物或者另行付费旅游项目获取回扣等不正当利益。旅行社组织、接待旅游者，不得指定具体购物场所，不得安排另行付费旅游项目。但是，经双方协商一致或者旅游者要求，且不影响其他旅游者行程安排的除外。发生违反前两款规定情形的，旅游者有权在旅游行程结束后三十日内，要求旅行社为其办理退货并先行垫付退货货款，或者退还另行付费旅游项目的费用。”此条款也被认为与消费者撤回权有关。但本书认为，由于该条款设置了旅行社及其从业人员有违法行为这一“退货”“退还”的前提，并不符合无理由或无理由性的特征，在理论上更接近于合同撤销权的扩张，故不属于消费者撤回权制度。

另外，部分地方工商行政管理部门发布的行政规范性文件中也存在消费者撤回权的内容②，虽然这些规范性文件并不具有法律的效力。

总的来说，我国在《消费者权益保护法》修正之前的消费者撤回权立法有三个特点：第一，立法层次较低，仅有的法律——《旅游法》中关于消费者撤回权的规定并不明确；另有一部行政法规——《直销管

---

① 李飞、邵琪伟主编：《中华人民共和国旅游法释义》，法律出版社2013年版，第161页。

② 如北京市工商局于2002年颁布的《北京电子商务监督管理暂行办法》第26条规定：“非因质量问题且尚未使用过的商品，消费者可在收到商品之日起七日内更换或退货。更换或退货中发生的运输、包装、邮寄等有关费用由消费者承担。有下列情形之一的，经营者可免除无条件退货责任：（一）商品价格因市场因素而下降，且不能为经营者所控制；（二）易于复制的有形商品；（三）应消费者特殊需求而特定制作的商品；（四）报纸和期刊；（五）鲜活商品；（六）数字化商品（有严重错误或含有计算机病毒等破坏性程序的除外）。前款所称数字化商品是指：在网上以授权使用方式进行交易，通过网络传递的电子书刊、影音资料和软件等商品。”

又如浙江省工商局于2007年颁布的《流通领域食品销售者经营行为规范指引》第11条规定：“实施无理由退（换）货，在合理期限内，消费者能够提交购货发票或消费凭证，并且所退（换）的商品不影响第二次销售的质量要求的，应予全额退款或者予以更换。”（该条文已在2009年的修订中被删除）

理条例》；其他绝大多数为地方性立法、部门规章，甚至是行政规范性文件。第二，基本上是“一事一法”，尚不存在类似欧洲的所谓消费者撤回权立法的统一的现象。第三，条文设计比较简单，相关概念和术语的使用也比较混乱。这都体现出新制度初创（或最初引入）时期实验性立法的特征：一方面，我国积累的商业实践经验还不足以归纳出严谨且合适的制度；另一方面，相关理论准备也不足。因此相对而言，我国这一时期的消费者撤回权立法相较于社会需求并不十分缺乏，并且其适用范围一直在谨慎地扩展着。

三、立法焦点

近年来，随着《消费者权益保护法》修法工作的进行，我国是否应当以及如何建立消费者撤回权制度成为包括法律界、商业界特别是零售从业者、广大消费者在内的全社会共同关注的焦点。《消费者权益保护法修正案（草案）》分别于2009年11月以及2013年4月两次向社会公开征求意见，反响强烈。在一个互联网经济飞速发展、立法民主化稳步推进的国家，这也是非常自然的事情。

2013年10月25日，第十二届全国人民代表大会常务委员会第5次会议通过了《关于修改〈中华人民共和国消费者权益保护法〉的决定》，修正后的《消费者权益保护法》于2014年3月15日起实施。该法第25条规定：“经营者采用网络、电视、电话、邮购等方式销售商品，消费者有权自收到商品之日起七日内退货，且无需说明理由，但下列商品除外：（一）消费者定作的；（二）鲜活易腐的；（三）在线下载或者消费者拆封的音像制品、计算机软件等数字化商品；（四）交付的报纸、期刊。除前款所列商品外，其他根据商品性质并经消费者在购买时确认不宜退货的商品，不适用无理由退货。消费者退货的商品应当完好。经营者应当自收到退回商品之日起七日内返还消费者支付的商品价款。退回商品的运费由消费者承担；经营者和消费者另有约定的，按照约定。”这是我国第一次由最高立法机关在全国性的法律中明确地规定了消费者撤回权，虽然其适用范围仅包括远程购物领域。

《消费者权益保护法》实施后，各方对第25条的理解和适用还存在一定的分歧，比如其是否为强制性规范；根据性质不适用之商品的具体范围和确定方法；如何认定商品“完好”等。为了回应上述问题，

2017年1月6日，原国家工商行政管理总局公布了《网络购买商品七日无理由退货暂行办法》，对网购中不适用退货商品的范围、商品完好的标准、退货的程序、相关信息的告知、法律责任等内容做了较为详尽的规范，从而使得消费者撤回权制度具有更强的可操作性。该办法于2017年3月15日实施。2020年10月23日，鉴于国务院机构改革和《电子商务法》的颁布实施，继续履行国家工商行政管理总局职能的国家市场监督管理总局对《暂行办法》又进行了相应的修订。

此外，我国消费者撤回权制度的发展并未止步于远程购物领域。由中国证券投资基金业协会起草的于2016年7月15日实施的《私募投资基金募集行为管理办法》设置了投资冷静期制度，该办法第29条规定："……基金合同应当约定给投资者设置不少于二十四小时的投资冷静期，募集机构在投资冷静期内不得主动联系投资者。（一）私募证券投资基金合同应当约定，投资冷静期自基金合同签署完毕且投资者交纳认购基金的款项后起算；（二）私募股权投资基金、创业投资基金等其他私募基金合同关于投资冷静期的约定可以参照前款对私募证券投资基金的相关要求，也可以自行约定。"

综上所述，我国目前有效以及进入相关程序但尚未生效的涉及消费者撤回权的全国性立法以及规范性文件见表2-3所列。

表2-3　我国目前有效以及进入相关程序但尚未生效的涉及消费者撤回权的全国性立法以及规范性文件

领域	文件名称	制定主体	文件性质	效力状况	实施时间	撤回期长度	消费者义务
直销	直销管理条例	国务院	行政法规	有效	2005.12.1	30日	产品未开封，有发票
远程购物	消费者权益保护法	全国人大常委会	法律	有效	2014.3.15	7日	商品应当完好，承担退货运费
	网络购买商品七日无理由退货暂行办法	原国家工商行政管理总局	部门规章	有效	2017.3.15	7日	

（续表）

领域	文件名称	制定主体	文件性质	效力状况	实施时间	撤回期长度	消费者义务
保险	关于规范人身保险业务经营有关问题的通知	原保监会	行政规范性文件	有效	2011.7.1	10日	保险公司有权扣除不超过10元的成本费
	关于进一步规范商业银行代理保险业务销售行为的通知	原保监会、银监会	行政规范性文件	有效	2014.4.1	15个自然日（适用于商业银行代理销售的保险期间超过一年的保险产品）	
私募投资基金	私募投资基金募集行为管理办法	中国基金业协会	行业自律规范	有效	2016.7.15	私募证券投资基金不少于24小时；私募股权投资基金、创业投资基金等其他私募基金也可以自行约定	
包价旅游	旅游法	全国人大常委会	法律	有效	2013.10.1	旅游行程结束前	组团社可以扣除必要的费用

四、约定先行

与美国、欧盟类似，随着市场经济的不断发展，我国也出现了通过经营者与消费者的约定而产生的无理由退货权。早期的例子如1995年美国安利（Amway）公司第一次在直销领域将“无因退货制度”引入了中国。又如1997年中保寿险（现中国人寿）广州分公司率先在保险合同中设定10天“反悔期”。近年来，我国电子商务的飞速发展以及该领域的激烈竞争促使作为约定权利的消费者撤回权得到了极大的扩展，“国内网上商业零售市场B2C，不论是第三方平台型，还是自营型，基本都已确立了7日无条件退货制度。如2012年交易规模占网上B2C零售市场52.1%的天猫商城，向消费者承诺‘7天无条件退换货’。交易规模占比22.3%，市场份额排名第二的京东商城，也明确实行7日内无条件退货”[①]。在消费者权益保护法修正之前，乐蜂网的无理由退货期限甚至达到45日[②]。

这些约定的权利为法定的消费者撤回权的创设和实施奠定了坚实的基础。当某个行业或领域的发展走过这样一个临界点——大多数经营者与消费者都认可并约定消费者合同撤回权时，立法便将该权利从“合同自治”之域移至“法定权利”之域。而那些没有达到这个临界点的领域，比如二手车[③]，甚至传统百货业，即使存在某些经营者通过约定给予消费者无理由退货的权利，立法者并不贸然将其纳入“法定权利”的范围。这体现了我国立法者总体上谨慎与保守的立法思路。

目前，我国政府正在大力倡导、鼓励推广线下实体店自愿给予消费者无理由退货权。2021年3月15日，国家市场监督管理总局与中央广播电视总台联合发出倡议，倡议广大实体店经营者自愿参与“七日线下购物无理由退货承诺”活动，积极完善售后服务体系，希望实体店经营者积极行动起来，主动承诺，认真践诺，为营造安全放心的消费环境、增强消费对经济发展的基础性作用作出贡献。这项倡议分为四个方面内容：（1）自愿承诺。秉承“自愿承诺、承诺即受约束”的原则，鼓励实体店经营者承诺实行七日无理由退货。同时，鼓励经营者承诺更长时

① 全国人大常委会法制工作委员会民法室编：《消费者权益保护法立法背景与观点全集》，法律出版社2013年版，第250页。

② 全国人大常委会法制工作委员会民法室编：《消费者权益保护法立法背景与观点全集》，法律出版社2013年版，第250页。

③ 瓜子二手车直卖网曾宣称“14天无理由退车”，但不久后，退车的范围更改为仅限重大事故车，且须通过专业的检测机构（国家认可的具有专业鉴定资质的第三方鉴定评估机构或所购车辆品牌4S店或保险公司）对所购车辆进行检测，出具检测报告（保险公司仅指定损报告）确定所购买的车辆为重大事故车，方可以提出退车申诉。参见：李铎、陈克远：《瓜子二手车承诺打脸，14天无理由退车改为14天可退》，载《北京商报》2016年1月13日。

间的无理由退货。(2) 履行承诺。承诺的经营者应当严格履行退货承诺，对消费者的合理诉求不拖延，及时办理退货，及时向消费者返还已支付的商品价款，提高消费者满意度。(3) 主动公示承诺的经营者应当在营业场所醒目位置，向消费者公示本店无理由退货规则；在销售商品过程中，主动向消费者说明。(4) 经营者履行承诺的情况，接受相关部门的监管和社会公众的监督。苏宁易购、国美、沃尔玛、便利蜂、一得阁、日日顺、立昇、京东商城等企业已经率先响应做出承诺。

第六节 比较及对我国立法的启示

一、欧美制度比较

诚然，欧洲和美国消费者撤回权制度有着不少的相似性，比如两者的宗旨都包括在特定的交易领域内保护整体上较为弱势的消费者。又如两者的法律规范对权利行使的方式和后果、经营者相应的义务和责任等细碎的内容都有比较全面的规定，从而都具备较强的可操作性。但通过本章的分析，欧美消费者撤回权制度在以下三个方面也存在着显著的差异。

首先，在立法过程的推进方向上，欧洲是“自上而下”的，而美国则偏向于“自下而上”。在经历了相对短暂的各国分别发展的初创时期之后，欧洲消费者撤回权立法的推进主要沿着以下路径：在“上层”，欧盟在众多领域“慷慨地”制定了数量可观的涉及消费者撤回权的指令，并且这些欧盟指令在形式和内容上不断统一；在“下层”，欧盟成员国国内法对有关欧盟指令的不断吸收与转化。相较而言，美国的消费者撤回权立法在“上层”(联邦层面) 并不多，一直停留在早期的非营业地交易和消费信贷两个领域；该国消费者撤回权制度的重心一直“下沉”在的州立法中，甚至通过市场机制留给作为个体的经营者和消费者自行约定。

其次，在立法的体系上，欧洲追求统一和集中，美国则表现出分散和多样性的特征。欧洲早期相关法律的碎片化使得许多消费者在远程

（跨境）交易面前踌躇不前，欧盟远程（跨境）交易的潜力很大程度上未被开发[①]。因此，在欧洲有65%的消费者团体，75%的经营者以及20个欧盟成员国支持欧盟消费者撤回权立法的统一[②]。目前这种统一立法已初见成效。第一，欧盟指令在非营业地合同和远程合同两个领域实现了具体制度的全面统一，在其他领域也实现了将撤回期统一为14天。第二，新近的《消费者权利指令》在成员国之间摒弃了“最低一致”原则，转而采用“全面一致”原则。第三，涉及消费者撤回权的欧盟指令的数量也因为统一的趋势而减少到6部。在成员国立法层面，各国也倾向于将多部指令集中转化进消费者法甚至更为基本的民法典中，取代之前数目繁多的特别法。而美国的相关立法却比较分散，仅有的2部联邦立法所规制的领域泾渭分明，并由不同的机构负责实施和解释。州立法在适用范围、撤回期长度、法律效力等方面的规定也非常多样。

再次，在法律的强制性和指导思想上，欧洲立法几乎全部是强制性规范，国家（包括欧盟）公权力干预经济生活的色彩比较浓厚。“体现了立法者对处于‘弱势地位’的消费者的更充分的保护、国家公权力对契约自由原则的更多限制以及欧洲大陆国家在传统上对‘公平’（或更确切地说 是对‘平均’）的更多追求。”[③] 在美国立法方面，第一，不论是TILA还是FTC《冷静期规则》，均规定了在某些特殊条件下，消费者可以放弃撤回权以换取经营者的立即履行，可见其强制性是打了折扣的。第二，大量的美国的州立法更是采取任意性规范，允许销售者通过明示的方式对消费者撤回权的规定予以排除适用。第三，经营者广泛赋予消费者约定意义上的无理由退货权，并成为美国宽松、自由的商业文化的一部分，反倒使得法定消费者撤回权的作用空间非常有限。学者白江认为“这种立法模式更多地体现了对市场机制的信任和尊重以及对效率的追求”[④]。

---

① Caroline Cohen. the Contract Law Principle of pacta sunt servanda and Behavioral Economics Literature in Relation to Justifications for the European Consumer's Right of Withdrawal under Directive 2011/83/EC，Exeter Student Law Review Vol. 2，2016：p13.

② Marco B. M. Loos. Review of the European Consumer Acquis，Munich：Sellier Publishing，2008：p14.

③ 白江：《对消费者撤回权立法模式的反思》，载《法学》2014年第4期，第35页。

④ 白江：《对消费者撤回权立法模式的反思》，载《法学》2014年第4期，第35页。

二、日本、我国台湾地区制度比较

将同属于东亚的日本和我国台湾地区消费者撤回权制度相比较，不难发现两地立法存在如下共同之处：首先，在立法体制上，两地都采用相对集中立法，由一部法律（在日本为《特定商业交易法》，在台湾地区为《消费者保护法》）相对集中地规定与日常消费相关性最高且定型化程度最高的交易领域的消费者撤回权制度。而较为特殊、消费者偶尔为之领域中的撤回权则由其他法律法规予以规制。其次，在制度渊源上，两地最初的规范以及之后的发展一方面来自对欧美立法，尤其是同属大陆法系的欧盟立法的借鉴；另一方面来自对本国或本地区商业实践，尤其是消费纠纷的回应。再次，在制度演进上，最初的适用范围均比较狭窄，具体规则也都较为粗糙，而经过多次修法，目前两地撤回权制度的适用范围（交易领域、适用客体）均逐步扩大，具体规则也逐渐细化，可操作性有了显著提高。最后，在政府参与上，行政立法都发挥了较大作用。比如在日本除了《特定商业交易法》外，还存在《〈特定商业交易法〉实施条例》《〈特定商业交易法〉实施细则》《关于加强〈特定商业交易法〉实施的意见》等行政立法或规范性文件与之配套。又如我国台湾地区对于通讯交易中不适用撤回权制度的合理例外由台行政机构定之。

论及两者的不同，在本书看来，日本的撤回权制度由于起步较早、政府重视等原因，较之我国台湾地区更为成熟完善。首先，台《消费者保护法》将适用范围局限在通讯交易和访问交易领域，尚属于对欧盟指令的萧规曹随，而日《特定商业交易法》已经针对日本商业业态和消费纠纷的特点将其扩展至特定持续性服务、多层次直销、以提供业务为条件的销售、访问收购等交易领域。其次，日本法还发展出“营业场所内”访问交易的撤回权、“过量合同”的解除权等新制度，在理论和实务上都颇具突破性。再次，由于日本立法的法律条款较多、配套规范较完善，法律条款的可操作性以及法律后果的可预测性较之我国台湾地区也更强。然而，也应当指出，日本法的以上优势在很大程度上是通过冗长、复杂的法律文本以及36年（1976—2012）多达11次的频繁修改获得的，这对于普通消费者学法、用法以及法律的稳定性是不利的。

三、我国立法模式的选择

（一）对域外法的借鉴

在传统上，我国受欧洲大陆法系的影响更大，故法学界对消费者撤回权的研究以介绍欧洲的经验和理论为主。但笔者认为，欧洲目前自上而下、集中式、强制性规范的立法模式有其特有而强烈的动因——将欧盟二十多个独立的国家整合为统一的欧洲大市场的需要。在此背景之下，消费者撤回权的立法初衷可能会被弱化，不论这种初衷是消费者保护还是更一般的交易公平。在欧洲内部，这样的立法模式也存在反对的声音。根据皮特·罗特副教授的研究，这种立法模式有两个缺陷：首先，对于原本消费者保护水平较高的地区（如斯堪的纳维亚半岛国家），强制性统一指令反而会降低其保护水平。其次，这样的法律缺少弹性，很难被修改以适应新的市场环境或解决潜在的问题①。就市场环境而言，我国是一个体量庞大的单一市场，不存在欧洲统一内部市场的政策诉求，这点与美国更具有相似性。同时，我们正身处信息革命的浪潮之中，新的技术、新的思想及其带来新的商业模式正日新月异地发展着，新型消费纠纷也不断出现，这又与日本先前立法和修法的社会背景相似。因而，笔者主张一方面对外国的经验特别是美国、日本立法模式进行更深入的研究；另一方面对市场调节机制，包括但不限于默认适用的消费者撤回权、鼓励建立无理由退货制度等内容，给予更大的关注与信任。

（二）纳入民法典或维持《消法》调整的选择

《中华人民共和国民法典》已于2021年1月1日起实施。由于消费者撤回权的正当性很大程度上源于民法基本理论，且前有德国将其纳入民法典统一调整的先例，不少学者主张我国消费者撤回权制度未来亦应规定在《民法典》中。如张学哲副教授认为："……撤回权制度，最终要与民法典达成内在统一的体系，但从法律适用的方便与简洁、各项消费者撤回权本身的体系化、撤回权与民法固有制度如解除权等的关联

① Peter Rott. Information obligations and withdrawal rights, in Christian Twigg-Flesner (Ed.), European Union Private Law, Cambridge: Cambridge University Press, 2010: p199.

看，在将来的立法中，将消费者撤回权纳入民法典之中，应是更佳的选择。”① 学者许中缘、魏韬也认为：“将消费者的撤回权纳入民法典会增进民法典的内部和谐。”②

而本书认为，目前我国不宜将消费者撤回权制度纳入《民法典》调整。首先，“纳入民法典”说在本质上仍然属于欧洲集中式、强制性规范的立法模式，并不完全契合我国国情和时代对法律的要求。其次，至少从表面上看，民法的一般原则与作为特别法的撤回权制度在理念上存在一定的紧张关系，虽然在理论上两者完全可以协调，但是考虑到目前我国的自由市场经济尚未发展完善，合同自由、契约严守等形式正义尚且欠缺，实无必要加入实质正义的制度徒增《民法典》的复杂性。再次，由于商业形态的不断创新，新型的侵害消费者权益的方式也层出不穷，故撤回权制度需要随时调整适用范围、适用方式、行使规则、法律后果等，频繁修改势必会严重影响《民法典》的稳定性。最后，不将消费者撤回权纳入《民法典》有助于将其限制在消费者法范围内，从体系上防范该权利的不当扩张。

故本书主张：借鉴日本和我国台湾地区的做法，将与日常消费相关性较高且定型化程度较高的交易领域中消费者撤回权制度规定于《消费者权益保护法》（以下简称《消法》）中，而对于较为特殊、消费者偶尔为之领域中的撤回权则通过其他特别法律法规予以规制，即以《消法》为基础建立相对集中的立法模式。由此观之，我国《消法》目前仅规定了远程购物中的消费者撤回权，调整范围明显较窄，今后可将访问交易、直销等一并纳入。

---

① 张学哲：《消费者撤回权制度与合同自由原则——以中国民法法典化为背景》，载《比较法研究》2009 年第 6 期，第 73 页。

② 许中缘、魏韬：《论民法典视角下消费者的撤回权》，载《河南师范大学学报》（哲学社会科学版）2013 年第 2 期，第 93 页。

第三章 消费者撤回权制度的正当性与局限性

"名不正，则言不顺。"正当性问题始终是研究消费者撤回权制度过程中面临的重大基础性问题。该制度在发展的过程中始终伴随着各种对其正当性的困惑和质疑。这些声音有的来自传统民法理论："难道说符合所有成立与生效要件的合同，对消费者真的不具有任何约束力？倘若如此，法律人耳熟能详的'契约即是当事人间的法律'格律，其威力又何存？"① 更多的则来自新兴的法律经济学，部分学者认为消费者撤回权存在限制自由、损害效率、导致逆向选择等诸多弊端。以上现状一方面凸显了对消费者撤回权正当性问题进行研究的重要性，另一方面提醒我们不能忽视其可能的局限性。此外，消费者撤回权的正当性不仅是一个关系到该制度能否自圆其说并论证其性质、功能、价值的重要理论问题，还与消费者撤回权的适用范围、适用方式、成本负担等具体法律规范的设定有着密切的联系，因此这也是一个重要的实践问题。

第一节 正当性问题：学者观点及其评价

一、外国学者的观点

荷兰阿姆斯特丹大学的马可·洛斯教授认为，消费者撤回权的功能

① 张学哲：《消费者撤回权制度与合同自由原则——以中国民法法典化为背景》，载《比较法研究》2009 年第 6 期，第 62 页。

有以下四点：（1）保护消费者免受侵略性的商业实践。特别是在上门销售和分时度假合同中，经营者诱导消费者在没有了解相关信息的情况下，做出未经深思熟虑的决定，而撤回权则使消费者可以在平和的环境中重新思考。（2）消除跨境（远程）交易障碍。这些障碍包括：对经营者的顾虑，对不能亲见的商品之描述是否可靠的顾虑，以及对商品是否符合其要求的顾虑。而消费者的上述顾虑会因有权在撤回期内检视并退回商品而消解。（3）促进网络合同的达成。其理由及论证过程与上述跨境（远程）交易相似。（4）帮助消费者理解复杂的合同，尤其是信用消费等与金融服务有关的合同。在这类合同中，消费者被赋予撤回权借以有机会征询专业人士的独立建议，并更好地评估该服务是否适合自己并满足自己的需求①。

德国慕尼黑大学的豪斯特·艾登穆勒教授认为，消费者撤回权正当性的论据有以下三点：（1）在以远程销售为代表的情形下，消费者与经营者之间关于商品的信息不对称可能导致市场失灵，而撤回权能够起到弥合这种不对称的作用。（2）在以上门销售为代表的情形下，消费者的偏好会被惊讶、时间压力、心理陷阱、难以终止谈判等外源性因素所扭曲，而这种扭曲能够在冷静期中得到纠正。（3）在以分时度假、消费信贷为代表的情形下，合同的复杂性和长期性会激发消费者过于乐观、过于依赖现有信息等非理性因素，从而产生偏好的内源性扭曲，同时此类合同往往使消费者背上沉重的金融负担，故法律也应当赋予其深思熟虑并寻求专业人士帮助的机会②。

比利时天主教鲁汶大学的艾芙琳娜·特蕾恩教授认为，消费者撤回权旨在确保合同中消费者的同意是“知情的、自由的和经过深思熟虑的”。它适用于立法者假定消费者的同意没有满足上述条件的情况。在这些情况下，形式上的合同自由无法为合同公正提供足够的保证。具体而言，这些情况又分为两类：（1）“心理瑕疵”，在此情形下消费者面临侵略性的销售实践从而无法做出适当的决定。（2）“信息瑕疵”，这

① Marco Loos. Rights of Withdrawal, in G. Howell & R. Schulze (Ed.), Modernising and Harmonising Consumer Contract Law, Munich: Sellier Publishing, 2009: p245-249.

② Horst Eidenmüller. Why Withdrawal Right? European Review of Contract Law, Vol. 7, 2011: p6-15.

种情形是由于合同条款的复杂性或者合同订立方式的特殊性使得消费者很难获取做出明智决定所需的相关信息[①]。

在英国赫尔大学讲师克里斯蒂安·推格-弗莱斯纳和德国明斯特大学教授瑞纳·舒尔茨看来，消费者撤回权的目标是减少当事人双方有关订立合同的理性抉择的差距。“因而，它限制了有约必守原则，但与此同时保护了实质意义上的契约自由”。至于这种“差距”产生的原因，两位学者认为其主要来自经营者和消费者之间的信息不对称，而撤回权可以给予一方多余的时间来克服这种信息上的弱势。同时，他们还指出，消费者撤回权存在与否很大程度上独立于个案中信息不对称是否实际发生，只要满足法律规定的场景，这种不对称就推定发生[②]。

美国芝加哥大学的奥姆利·本-沙哈尔和埃里克·A. 波斯纳两位教授主要从法律经济学角度进行了论证，认为消费者撤回权的正当性源自它是“一种能够让消费者了解他们所购买的商品又能保护卖方以避免商品贬值损失的折中模型”，并强调这种正当性是“基于商业交易的一般特征，而不是出于传统的消费者保护的观念”。因此，只有消费者通过撤回权获得的收益大于经营者的相应损失或者消费者能够对这些损失进行补偿时，消费者撤回权才是正当的。但由于上述收益和损失都很难精确计算，所以，一个经营者有权明示排除消费者撤回权适用的默认性规则比目前欧洲通行的强制性规则更具有经济上的合理性[③]。

日本东京大学的河上正二教授认为，只有自律的个人根据自己的自由决定达成的成熟共识才能称为“合同”，并对当事人有约束力。从社会角度，冷静期制度旨在给处于弱势立场的人提供特别保护；但从私人自治角度，该制度只不过是帮助个人实现本来的自主性判断。正如没有

---

① E. Terryn. Rights of Withdrawal, the Acquis Principles and Draft Common Frame of Reference, in R. Schulze (Ed.), Common Frame of Reference and Existing EC Contract Law, Munich: Sellier Publishing, 2009: p149.

② Christian Twigg-Flesner, Reiner Schulze. Protecting ration choice: information and the right of withdrawal, in Geraint Howells etc. (Ed.) Handbook of Research on International Consumer Law, Northampton Massachusetts: Edward Elgar Publishing Limited, 2010: p145-146.

③ Omri Ben-Shahar, Eric A. Posner. the Right to Withdraw in Contract Law, Journal of Legal Studies Vol. 40, 2011: p1.

充分判断力的人通过法定代理人的判断，即可表达有效的意愿一样，冷静期制度通过“时间的经过”，让消费者恢复冷静，并重新斟酌自己的行为，这样则有可能充分表达自己的意愿。撤回权等于在一定条件下赋予了“时间”以“监护人”地位，可以成为消费者判断力、信息能力不足的纠正措施。因此，该制度不应仅仅定位为针对特殊情况的例外性立法，而应当与合同法的一般理论相结合①。

二、中国学者的观点

张学哲副教授认为，以“普通消费者所具有的一般性弱势，来说明消费者撤回权的正当性，不仅在说服力上有欠力度，而且更可怕的危险在于会导致消费者撤回权的泛滥……消费者撤回权的主旨，在于保障消费者在订立合同时真正的意思自愿，所维护的乃是实质的意思自由”②。因此，消费者撤回权应当仅限于有限的几种情形：第一种是比较简单的交易类型，其特点在于特别的销售形式，如上门交易和远程交易形式。在上门交易中，“消费者缺乏足够的机会，在合同订立前对各种报价进行比较。他因此需要一个机会，能够在合同签订后再次对交易进行思考，并在掌握充分信息的基础上独立做出决定”。而在远程交易中，“消费者在发出其合同意思表示时，无法亲眼看到商品或仔细了解服务的质量”，且“常常由于缺乏一般的‘商店’氛围所提供的‘警告性形式’，而无法就合同对自己的约束力进行准确判断”。第二种是内容比较复杂的、同时从经济上来说对于消费者比较重要的合同。属于这一类的有远程金融服务合同、不动产部分时段使用权合同和消费者信贷合同。“在此合同类型中，赋予消费者撤回权的目的在于，在一个对消费者来说相当重要的合同中，由于合同对象是非标准化的、通常很复杂的法律产品，消费者在订立合同时，难以对其全面予以了解，从而撤回权可以保护消费者在受到诱惑，还未认真思考的情况下过急或草率地签订

---

① 河上正二:「『クーリング・オフ』についての一考察—時間という名の後見人」，東北大学法学會『法学』60卷6号229頁，1996年。

② 张学哲：《消费者撤回权制度与合同自由原则——以中国民法法典化为背景》，载《比较法研究》2009年第6期，第70页。

合同，使其从合同约束中解脱出来”①。

王洪亮教授也有相似的见解，认为“消费者撤回权的正当性基础并非因为‘消费者是弱者’或者‘保护消费者’，而在于其意思形成阶段的意思不自由。意思不自由包括精神上弱势造成的意思不自由和信息上弱势造成的意思不自由两种情况。消费者意思不自由的问题不能通过错误、欺诈等制度予以解决，且不适宜通过事后救济方式予以解决，而应采取事先预防的方法予以解决。通过给定撤回权期间，使消费者真正考虑并形成真实意思”②。

孙良国教授在分析了马可·洛斯和豪斯特·艾登穆勒的观点的基础上，提出关于“撤回权正当性的系统解释”。首先，从内部看，消费者撤回权的正当性源自对可能受到侵害的消费者的决定自由的保护：（1）消费者的决定自由经常受到误导性、侵犯性以及其他不公平商业实践的不良影响，因而撤回权的救济具有捍卫消费者理性做出决定的目的。（2）从整体看，消费者已被无处不在、无孔不入的现代传媒、销售方式影响，消费者偏好的形成就有问题，故法律赋予其撤回权以校正这种内生的被扭曲的偏好。（3）民法的平等原则要求赋予撤回权以矫正不平等事实所产生的权利义务失衡，因此，撤回权以及消费者保护与民法的平等原则并不矛盾。（4）法律无法区分在具体的交易中消费者决定自由是否实际受到侵害。其次，从外部看，消费者撤回权能够实现效率：（1）撤回权给经营者施加完整披露信息的义务。（2）撤回权使经营者和生产者改进商品质量，尽可能增加消费者满意度。最后，既有的法律规则不能实现对消费者决策自由的保障③。

根据于颖博士的归纳，适用消费者撤回权的领域有两大类型：一类是消费者处于信息劣势的合同，如网络购物、电视购物等远程消费合同；另一类是消费者处于心理劣势的合同，如上门销售合同、直销和传销合同等非营业场所合同。而引入消费者撤回权的价值就在于：首先，该制度通过对信息不对称、情景垄断和消费者不理智的纠正，可以实现

---

① 张学哲：《消费者撤回权制度与合同自由原则——以中国民法法典化为背景》，载《比较法研究》2009年第6期，第65-66页。

② 王洪亮：《消费者撤回权的正当性基础》，载《法学》2010年第12期，第96页。

③ 参见孙良国：《消费者何以有撤回权》，载《当代法学》2011年第6期，第105-112页。

"实质正义的价值目标"。其次，它还可以实现保护弱者、促进经济发展的"社会功能目标"①。

张靖副教授则从制度价值角度分析了消费者撤回权的正当性问题。她认为消费者撤回权有三个价值目标：（1）实质公平。消费者撤回权"加强对处于弱势地位的消费者权益的保护，并对经济强势主体的行为和状态严加约束和控制……最终矫正消费者和经营者之间的实质不平等，更好地促进双方的利益平衡，实现公平交易"②。（2）效率。消费者撤回权"给予消费者提供充分、及时的有效的保护，能够消除在消费环节、消费领域出现的停滞、扭曲，从而最终达到增加生产、促进经济健康发展的目的"。同时，该制度"以效率作为重要的价值目标也是即时解决消费纠纷，减少交易成本和节约社会资源的必然要求"③。（3）契约自由。消费者撤回权"为受害的当事人提供了退出的机会，使之能够摆脱固有契约的约束。虽然这是一种实现契约自由的消极方式，但却是符合私法自治之本性的，也是自由的本性使然，是实现一种真正意义上的契约自由"④。

三、评析

以上罗列了中外十二位学者的观点，基本上构筑了目前研究消费者撤回权正当性问题的基本理论框架。笔者将其归纳为三个角度：（1）对消费者订立合同时的意思表示是否自由、真实、理性进行研究，绝大多数学者均认为由于某些特殊消费场景（如经营者不公平的商业行为、信息不对称、合同复杂难懂）的制约，消费者的意思表示很可能出现某种瑕疵，且依据现有的法律制度很难进行救济，而消费者撤回权正好可以胜任这一使命，这是从制度功能的角度进行的研究。（2）从人或主体的角度，对消费者这一群体在某些特殊消费场景中是否以及何种程度上处于弱势地位进行研究，虽然部分学者坚持认为消费者的弱势地位不能证明撤回权的正当性，但亦有部分学者将其

① 参见于颖：《远程消费者保护机制研究》，法律出版社 2013 年版，第 89–94 页。
② 张靖：《我国消费者保护中的冷却期制度研究》，法律出版社 2014 年版，第 66 页。
③ 张靖：《我国消费者保护中的冷却期制度研究》，法律出版社 2014 年版，第 69 页。
④ 张靖：《我国消费者保护中的冷却期制度研究》，法律出版社 2014 年版，第 76 页。

作为该制度正当性的来源或支撑。（3）此外，部分学者还对消费者撤回权的收益和成本问题进行了研究，从法律经济学角度证明或证伪其合理性，或据此设计撤回权的具体制度。当然，部分学者从有利于跨境交易或培育新型消费方式的角度进行的分析可以认为是该角度研究的一个推论。

通过以上三个角度，目前学术界对消费者撤回权正当性的理论研究基本已经建立在一个有一定共识的平台之上，笔者无力且无意另起炉灶创设全新的研究框架。所以本书接下来的重点，是试图发现目前研究框架内的少许缺陷与不足，并提出自己的观点和认识，以期达到为此平台添砖加瓦的功效。笔者认为，这些不足主要包括：首先，从某种程度上看，研究过于“就事论事”，须知撤回权制度并非冒犯了神圣的契约严守原则的孤例，而是实质正义理念在现代私法的土壤中结出的一个果实而已。消费者撤回权制度有着深厚的理论基础，而目前的研究对此关注不够。故本章第二节将对消费者撤回权的各种理论依据逐一进行论述，试图从更为宏观、普遍的角度寻找这一制度在整个理论体系中的定位和价值，进而对其合理性和局限性做出更为全面的分析。其次，从另一个方面看，研究又显得不够“就事论事”，特别是对于特定场景如何影响消费者的意思表示以及如何造成买卖双方的信息不对称这两个核心问题，论证往往显得简单、笼统、宽泛。因此在本章第三节中，笔者将对具体情境中消费者的信息获取、意思形成，乃至意思表示受影响的不同机理分别加以研究。再次，对消费者撤回权的局限性缺乏应有的关注。法学研究不应只满足于对现有法律的解释，还应有对法律进行评价以及指引未来立法的功能，更何况从本书第二章的叙述中可知，世界范围内消费者撤回权的立法模式并非独一无二，故对于相关立法的合理性亦有检讨的必要。因而本章第四节将尤其关注消费者撤回权的弊端和局限性。最后，行为经济学的兴起为研究消费者撤回权的正当性和局限性问题开辟了一条新的途径，该学科的研究成果为消费者撤回权制度的存废提供了诸多正面或反面的依据。但学者们尤其是国内学者对此的关注和研究还不够。因此本章也将从行为经济学角度考察消费者撤回权制度的正当性，并对上述“正面”或“反面”的依据进行较为详细的论述。

第二节　消费者撤回权的理论依据

作为一项新兴的权利，消费者撤回权并不是建立在“空中楼阁”之上的立法时尚，其有着深厚的理论基础。本书将该制度的理论依据归纳为以下四个方面：（1）合同实质正义理论；（2）消费者主权理论；（3）行为经济学理论与法律家长主义理论；（4）大数法则与类型化思维。

一、合同实质正义理论

（一）从形式正义到实质正义

20 世纪以来，民法发生了被称为“从近代民法到现代民法”① 的重大变革，而合同法领域正是这场变革的“风暴核心”。根据日本学者内田贵教授的研究，“近代合同法是一定的历史条件下诞生的特殊的规范体系，它将与合同相伴的社会关系排除出法的世界，使之抽象化为规则，并以此达到形式上的合理性（法上的形式主义）”②。因此，近代合同法的正义观被后世称为“形式正义”。在这种正义观看来，契约严守原则或许就是合同正义最重要的内容了，它要求当事人必须严格遵守并履行一个合法有效的合同。正如《法国民法典》第 1134 条所述：“依法成立的契约，在缔结契约当事人间有相当于法律的效力。前项契约，仅得依当事人相互的同意或法律规定的原因取消之。”

但合同形式正义的观念是建立在一系列经济、政治和理论基础之上的。具体而言，包括：（1）经济上有一个完全自由的市场；（2）理论上经济人与抽象平等人格假设的完全成立；（3）政治上严格排斥国家

---

① 参见：（1）梁慧星：《从近代民法到现代民法——二十世纪民法回顾》，载《中外法学》1997 年第 2 期，第 19–30 页。（2）［德］卡尔·拉伦茨：《德国民法通论（上册）》，王晓晔、邵建东、程建英、徐国建、谢怀栻译，法律出版社 2013 年版，第 65–93 页。

② 内田貴：『契約の時代——日本社會と契約法』，東京：岩波書店 2000 年版，第 60–61 頁。转引自韩世远：《合同法总论（第三版）》，法律出版社 2011 年版，第 24–25 页。

干预的私法自治空间。然而，上述合同形式正义的基础在 20 世纪均发生了一定的变化。首先，随着各主要工业国由自由竞争时代进入垄断阶段，完全自由的市场丧失了。其次，随着行为经济学的发展和“从契约到身份”的“反向”运动[①]的出现，主体在社会地位以及经济、信息、决策能力等方面的差距日益得到法律的认可，合同形式正义的理论基础也不再稳固了。再次，国家介入私法领域事务成为常态。英国学者阿狄亚教授指出：“即使一个交易对双方当事人都有利，如果存在超过私人所得的外部经济效果，它将是不合社会公共利益的……社会完全有权禁止这些合同”[②]。国家以社会公共利益为由对个人的自由和利益进行干预，出现了所谓“从个人本位到社会本位”的转变。这一转变在合同法的立法和司法中均有所体现[③]，且不能不对合同形式正义的政治基础产生相应的影响。

取而代之的是现代民法对合同实质正义的追求。在本书看来，所谓合同实质正义是指，现代民法将原本被法律判断拒之门外的身份、场景、动机、合同对第三人的影响等因素纳入考量的范围，更加注重主体的个性化和意思的实质化，更加关注个体的特殊性和个案的妥当性，更加强调社会利益和个体决策之间的平衡。对此，现代私法一方面通过诚实信用、公序良俗、公平等价等原则对合同自由、契约严守等原则进行一定的限制；另一方面，则建立了诸如加重强势者的义务（如信息披露、格式条款限制）和责任（如惩罚性赔偿），单方面授予弱势者权利（如买卖不破租赁、消费者权利）等特殊规则。

（二）消费者撤回权是合同实质正义的体现

消费者面对经营者，尤其是特定领域或采用特定营销方法的经营者，在心理准备、信息获取、谈判掌控和理性决策等方面，处于与合同形式正义所假设的抽象平等假设大相径庭的弱势地位。此时，法律有必要从“把人看作理性的、有意志的、坚强而聪明的存在加以对待的方

① 参见［美］伯纳德·施瓦茨：《美国法律史》，王军译，中国政法大学出版社 1997 年版，第 211-213 页。

② ［英］P. S. 阿狄亚：《合同法导论（第五版）》，赵旭东等译，法律出版社 2002 年版，第 19 页。

③ 参见李永军：《合同法（第二版）》，法律出版社 2005 年版，第 63-72 页。

法，转变成主要把人看作弱者、愚蠢的存在而加以对待”①，故应当在消费合同中创设“消费者的具体人格”并给予倾斜保护。而消费者撤回权便是一项体现倾斜保护消费者理念的制度，通过单方面授予消费者特殊的权利，从而“创设一种相对的力量”用以“提高市场弱者地位，增强其实现自己意思能力……”② 另外，如果将经济政策目标的达成视为一种社会公共利益，消费者撤回权还被赋予了排除远程跨境消费障碍，统一市场，提升消费者对新商业模式的信心的使命。综上，合同实质正义是消费者撤回权制度得以正当化的理论支撑之一。

二、消费者主权理论

（一）“一切生产的最终目的都是为了满足消费者”

作为一个经济学概念，消费者主权是指“消费者在决定某个经济体系所生产的商品类型和数量上所起的决定性作用。生产者生产什么、生产多少、如何生产最终要取决于消费者在其货币支付能力范围内的意愿和偏好。消费者根据自己的意愿和偏好到市场上选择自己所需要的消费品，从而把自己的意愿和偏好传达给生产者。而生产者则按照消费者的意愿和偏好组织生产，为消费者提供所需要的商品。也就是说，在生产者和消费者的相互关系中，消费者是起支配作用的一方，生产者应当按照消费者的意愿来进行生产”③。生产者或经营者——包括企业家、投资人、雇主和雇员，他们的一切活动都是手段而非目的。生产和经营活动只因消费者的选择购买才有价值。

之所以称为消费者“主权”，是为了与政治上的“民主”相呼应，既然政治上国民当家作主，在经济生活层面上，也理当由作为国民的一个侧面——广大消费者行使最终决定权。消费者主权可以用一个比喻来说明：消费者在市场上每花一元货币就等于投出一张选票，消费者喜欢某种商品，愿意花钱购买它，就等于是向该商品的生产者投了一票。生

① ［日］星野英一：《私法中的人——以民法财产法为中心》，载星野英一：《现代民法基本问题》，段匡、杨永庄译，上海三联书店 2012 年版，第 87 页。

② ［德］迪特尔·梅迪库斯：《德国民法总论》，邵建东译，法律出版社 2013 年版，第 362 页。

③ 秦鹏、黄学彬：《消费者主权质疑——一种环境伦理下的人文思考》，载《社会科学研究》2006 年第 1 期，第 32–33 页。

产者只有使自己的商品适合消费者的需要，消费者才会投他的票。否则他的商品就会滞销，他就会亏本。众多的生产者正是通过消费者在市场上的“货币选票”，了解其意愿和偏好，以此为依据调整和组织生产，从而满足消费者的需要并获得自己的利润①。

消费者主权的思想源远流长，亚当·斯密的“无形之手”理论可以认为是它的发端。其后，马歇尔、凯恩斯等著名经济学家在著作中均强调消费对于生产的重要作用，前者指出“一切需要的最终调节者是消费者的需要”②；后者认为“一切生产的最终目的都是为了满足消费者”③。最终，自由主义经济学家哈耶克系统地阐述了消费者主权理论，在《通往奴役之路》（1944）、《自由宪章》（1960）、《法律、立法和自由》（1973）等著作中，全面论证了消费者在决定商品生产的种类和数量上怎样起着“至高无上”的决定作用④。

（二）消费者撤回权与消费者主权

消费者主权理论之所以能够成为消费者撤回权的理论依据，主要是基于以下两个原因：首先，消费者主权是消费者法所追求的价值之一，应当作为有关市场经济法律制度的基本价值来定位。“作为一个法学范畴，消费者主权就其本身来说不是权利，而是法律所追求的价值目标之一，是与消费者利益相关的法律制度设计的基本出发点。”⑤ 这一法律价值，部分通过市场经济的自发运行而达到，既包括商家宣称的“顾客就是上帝”的营销理念，也包括作为约定权利的无理由退货制度；而另外部分则通过制定保障消费者权利的法律制度得以实现，如消费者撤回权制度。其次，消费者撤回权制度有助于消除实现消费者主权的障碍。根据学者孙明贵、王滨的研究，“消费者嗜好的自律性是消费者主权实现的条件之一。……而现代社会妨碍消费者嗜好自律性实现的最大障碍

① 参见秦鹏、黄学彬：《消费者主权质疑——一种环境伦理下的人文思考》，载《社会科学研究》2006 年第 1 期，第 33 页。

② ［英］阿佛里德·马歇尔：《经济学原理（上卷）》，朱志泰译，商务印书馆 1981 年版，第 111 页。

③ ［英］约翰·梅纳德·凯恩斯：《就业、利息和货币通论》，高鸿业译，商务印书馆 2009 年版，第 90 页。

④ 张严方：《消费者保护法研究》，法律出版社 2003 年版，第 19 页。

⑤ 李昌麒、许明月：《消费者保护法（第四版）》，法律出版社 2014 年版，第 69 页。

是生产者与消费者之间信息的不对称性"[①]。此外，消费者在某些场景下的“意思表示不自由”和“不理性行为”也破坏了消费者嗜好的这种自律性，而消费者撤回权制度旨在消除上述障碍，使消费者的需求和偏好能够更加自由、畅通地得到表达，从而实现消费者主权。

从消费者主权理论出发，笔者认为有三个推论需要强调：首先，消费者是价格的最终承担者，如果消费者撤回权导致交易价格大幅提高，这实际上会剥夺很多消费者的交易机会[②]。其次，消费者既是“整体的消费者”又是“具体的消费者”，在构建消费者撤回权相关制度时，应兼顾不同类型、不同偏好消费者的利益，并兼顾消费者的短期利益和长期利益。最后，消费者撤回权制度应当尊重市场经济的客观规律，故而以成本收益分析为代表的经济分析方法在研究该制度时具有不可替代的重要意义。

三、行为经济学理论与法律家长主义理论

（一）行为经济学与法律家长主义对传统理论的突破

行为经济学是利用实验心理学方法研究人类的经济行为，从而获得规律性认识的学科。该学科由美国加利福尼亚大学心理学教授丹尼尔·卡尼曼和斯坦福大学心理学教授阿莫斯·特维尔斯基共同发展到顶峰[③]。他们的研究结论相当具有颠覆性：众所周知，长期以来古典经济学理论是建立在“经济人假设”的基本前提之上的。所谓“经济人假设”，是指抽象的“人”在经济上具有三个特点：完全理性、完全意志力、完全自利。而行为经济学却通过实验认为，现实中的人并不是“经济人假设”可以完全概括的，人的属性要丰富得多，人的行为要复杂得多，并由此确立了“三个有限”（有限的理性、有限的意志力、有限的自利）的观念。

由于以“意思自治”为代表的民法基本原则亦是建立在“经济人

---

① 孙明贵、王滨：《消费者主权的经济含义与实现途径》，载《经济问题探索》2008年第2期，第167页。

② 参见孙良国：《论新〈消费者权益保护法〉中的主要规制技术》，载《当代法学》2014年第4期，第80页。

③ 参见徐国栋：《民法私法说还能维持多久——行为经济学对时下民法学的潜在影响》，载《法学》2006年第5期，第3页。

假设”的基础之上的，所以如果行为经济学的观点言之有理，那么传统民法理论遭受冲击也是必然的结果。徐国栋教授在探讨这一学说对法律主体制度的影响时写道：“不难看出，上述头两个‘有限’正是未成年人和精神病人的属性，经过行为经济学家的工作，它们成了所有的人的属性，剩下的法律后果只能是全体人与未成年人和精神病人在法律处遇上的同化，完成一场从‘父亲’到‘儿子’的运动。在这个表述中，‘父亲’指强而智的人；‘儿子’指弱而愚的人。”① 而对于民法理论如何应对来自行为经济学的冲击这一问题，徐国栋教授所开具的药方就是法律家长主义：“以不对称家长制来取代传统民法理论所持的意思自治原则、打破本来就不符合事实的民法私法说谬见，是未来中国民法理论的必然选择。”②

所谓法律家长主义（Paternalism），又称法律父爱主义，是一个存在诸多误解和歧义的概念，但事实上它既不是“封建家长制”的同类物，更与“专制政府”风马牛不相及。美国加州大学的吉拉德·德沃金教授在他撰写的《剑桥哲学辞典》之“家长主义”词条中，提出了P对Q的行为构成家长主义的三个必要条件：（1）P对Q进行干预是出于避免Q受到某种伤害或维护Q的某种利益之目的。（2）P的行为与Q当时的偏好、意愿或价值观相反或无关。（3）P的行为构成对Q的自主或自由的限制③。法律家长主义的核心是“为了保护行为人的利益而限制行为人的自由”④。根据家长主义干预的行为是行为人真实自愿的还是表现为自愿但实质上并不自愿的行为，家长主义可以分为硬家长主义和软家长主义。

法律家长主义的理论依据很大程度上与行为经济学的发现殊途同归。第一，从价值论的角度考虑，个人选择应该被尊重，但个人未必在

① 徐国栋：《民法私法说还能维持多久——行为经济学对时下民法学的潜在影响》，载《法学》2006年第5期，第8页。

② 徐国栋：《民法私法说还能维持多久——行为经济学对时下民法学的潜在影响》，载《法学》2006年第5期，第17页。

③ Gerald Dworkin. “Paternalism”, in Robert Audi (ed.), the Cambridge Dictionary of Philosophy, Cambridge : Cambridge University Press, 1995: p649.

④ 黄文艺：《作为一种法律干预模式的家长主义》，载《法学研究》2010年第5期，第3页。

任何情况下都知道自己的最大利益，这就为增加其利益的外来干预提供了可能。第二，从法律经济学的角度考虑，如果将自由理解为既包括积极自由也包括消极自由，那么有时即便限制了消极自由，也要看其对整体自由的影响，看看对积极自由的提高有多少。在限制消极自由所失去的价值远远低于因扩大积极自由而增加的价值时，这种限制可以被认为是正当的。第三，法律中的“人”的形象发生了转变，从理性的、强而智的人转变为在一定程度上弱而愚的人①。这些依据无不体现了行为经济学“三个有限”的思想。

（二）行为经济学对作为家长主义的消费者撤回权的支持与反叛

消费者保护法被认为是行为经济学理论和法律家长主义立法的突出实例。传统理论认为“在任何情况下，个人自己都是自身幸福与否的最好判断者，也是如何追求幸福的最佳决策者”②，但行为经济学理论推导出消费者不可避免地“将要签订或已签订可能或最终的确与自我最佳利益相悖之合同”③。徐国栋教授甚至认为“在各国新兴的消费者保护法，其人性论设定已不同于传统民法的相应设定，传统民法对通常主体的完全行为能力假设至少已经在消费者保护法这一领域倒塌了……”④具体就消费者撤回权而言，上述学说能够为该制度的正当性提供一定的理论依据。首先，软家长主义的核心是：“只有‘真实’（即那些在认知上和意志上没有欠缺）的决定才值得尊重。软家长主义之所以被认为是‘软’的，是因为它不对任何真实的决定进行干预。相反，它只对受到削弱的决定，即‘强制、虚假信息、兴奋或冲动、被遮蔽的判断，推理能力不成熟或欠缺’的结果进行限制和干预。”⑤ 而“强制、虚假信息、兴奋或冲动、被遮蔽的判断，推理能力不成熟或欠缺”不正是某

① 参见孙笑侠、郭春镇：《法律父爱主义在中国的适用》，载《中国社会科学》2006 年第 1 期，第 49-50 页。

② Gerhard Wagner. Mandatory Contract Law：Functions and Principles in Light of the Proposal for a Direction on Consumer Rights，Erasmus Law Review No. 3，2010：p48.

③ ［德］莱茵哈德·齐默曼：《德国新债法：历史与比较的视角》，韩光明译，法律出版社 2012 年版，第 231 页。

④ 徐国栋：《民法私法说还能维持多久——行为经济学对时下民法学的潜在影响》，载《法学》2006 年第 5 期，第 3 页。

⑤ 参见孙笑侠、郭春镇：《美国的法律家长主义理论和实践》，载《法律科学》2005 年第 6 期，第 111 页。

些场景中消费者境况的写照吗？因此，消费者撤回权可以认为是软家长主义在消费者保护领域的具体应用。其次，在以欧盟为代表的国家和地区，消费者撤回权制度是一项强制性规则，买卖双方不得通过协议等形式予以变通，即使消费者为了得到一个更低的价格，也不得放弃此项权利①。这一规定可以认为是硬家长主义的体现。最后，如后文所述，消费者撤回权具有纠正某些非理性消费的功能。

但另一方面，行为经济学的许多研究成果也表明，消费者的特定的行为偏差对其认识和行使撤回权具有负面影响。如“损失厌恶”（aversion to loss）、“禀赋效应”（endowment effect）会导致消费者对是否需要退货的评估出现不准确的判断；“现状偏差”（status quo bias）、“拖延症”（procrastination）又使得他们怠于行使消费者撤回权，从而降低了该制度的价值；“选择悖论”（choice paradox）却可能引起消费者的纠结、困惑和投机行为②；“挤出效应”（motivation crowding out）还会导致买卖双方之间互惠默契的消失③。

由此可见，行为经济学这一理论依据的地位具有独特性和矛盾性，虽然建立在其基础上的法律家长主义为消费者撤回权制度提供了一定的理论支持，但从该理论亦可以推导出消费者撤回权制度的种种弊端。行为经济学作为一门日益庞大、复杂的学科体系包含众多不同的理论。因此，借助行为经济学具体理论中的具体研究成果推动消费者撤回权具体制度的研究和立法恐怕是一项更为重要的议题。

四、大数法则与类型化思维

（一）测度社会行为的定律及思维方法

如果说合同实质正义、消费者主权、行为经济学和法律家长主义为

---

① Horst Eidenmüller. Why Withdrawal Right? European Review of Contract Law, Vol. 7, 2011: p8.

② Joasia A. Luzak. To Withdraw Or Not To Withdraw? Evaluation of the Mandatory Right of Withdrawal in Consumer Distance Selling Contracts Taking Into Account Its Behavioural Effects on Consumers, Centre for the Study of European Contract Law Working Paper No. 4, 2013: p18-20.

③ Jan M. Smits. the Right to change your mind? Rethinking the Usefulness of Mandatory Rights of Withdrawal in Consumer Contract Law, Maastricht European Private Law Institute Working Paper, No. 1, 2011: p9.

消费者撤回权的正当性提供了可能性，但这些理论还不能证成消费者撤回权正当性的必然性。因为消费者撤回的运行模式是，只要满足某些特定的消费场景，消费者即享有撤回权，而不论具体个案中消费者是否具有取消合同的实质性事由，即信息不对称、意思不自由、决定不理性等因素是法律所推定的，但法律做如此推定的理由是什么？因而，消费者撤回权制度的正当性还有待其他理论的支撑，这就是大数法则和类型化思维。

大数法则又称“大数定律”，是概率论的主要法则之一。其基本含义是：在试验条件不变的情况下，从多次试验中获得的随机结果的平均值应接近预期值，且重复试验的次数越多，试验结果的平均值越接近预期值。比如一个人掷骰子得到 4 点的结果是随机的，但掷的次数越多，他得到 4 点的概率就越接近六分之一。大数法则在社会科学的研究中亦得到应用。英国学者菲利普·鲍尔认为：“最早从事统计工作的学者们便已认识到，对于群体，即令不掌握其个体的动机，但当群体具备很大的数目后，规则性就会出现。”[①] 在形成后的群体中，总是会呈现一定的普遍规律、一定的共同约束、一定的平均趋向和平均表现。尽管可能每一个体成员可以在几种选择中相当自由地行事，但当涉及长期性行为时，对总体的行为方式相对而言还是能够有所预测的[②]。

与大数法则相联系的是类型化的思维方法。所谓类型化思维是指人们在逻辑上总是倾向于将具有共同特征的事物归入某一类型的思维方法。美国心理学家杰罗姆·布鲁纳认为该思维方法具有以下五种功能：(1) 对表面不同的事物作相同反应，使复杂环境简化。(2) 使人认识客观事物。不能分类，则不能认识事物，也不能交流知觉经验。(3) 它以两种方式减轻学习负担。其一，不必有实际的新学习便能认识客体；其二，超越已有的信息。所谓“举一反三”“触类旁通”，实际上是类别化的表现。(4) 为工具性活动提供方向。(5) 有助于将事物相互关

① ［英］菲利普·鲍尔：《预知社会——群体行为的内在法则》，暴永宁译，当代中国出版社 2010 年版，第 165 页。

② 周安平：《许霆案的民意：按照大数法则的分析》，载《中外法学》2009 年第 1 期，第 83 页。

联[1]。需要强调的是，类型化思维具有以下两个特点：首先，主观能动性。作为类型化的基础，事物“共同特征”的选取在相当程度上由主体的认识角度、价值判断等主观评价决定。比如“以自己的劳动收入为主要生活来源的”的十六周岁以上未成年人视为完全民事行为能力人。在此例中，立法者抛弃年龄特征而选取参与社会经济活动的程度这一特征作为分类的依据。其次，模糊性和开放性。不同于追求明确性的概念的思维方法，类型化的对象是以“相似”这一较为弹性、模糊的方式归入某个类型的。正如德国法学家阿图尔·考夫曼所说：“类型在它与真实接近的以及可直观性、有对象性来看，是相对的不可被定义，而只能被描述。它虽然有一个确定的核心，但却没有确定的界限以至于对于一个类型存在的特征‘轮廓’或多或少有所缺失。”[2]

（二）消费者撤回权制度中大数法则和类型化思维的运用

首先，大数法则为我们探究消费者撤回权在具体场景下的合理性打开了一扇窗口。一方面，契约严守原则即源于大数法则——这一原则深深植根于全人类必须分工合作才能生存发展的现实之上，以及由此形成的渴求信任和确定性的人性之中。另一方面，这并不妨碍人类社会的大数法则对极少数违反契约严守的现象加以容忍，并反映在法律中，如赠与合同中赠与人的任意撤销权、承揽合同中定作人的任意撤销权、委托合同中双方当事人的任意解除权、不安抗辩权、投保人的任意解除权、劳动者的辞职权等。上述权利虽然因为各种原因成为“契约严守”的例外，但无一不反映了人类社会根本秩序的大数法则。那么，消费者撤回权呢？众所周知不存在一个一般性的消费者撤回权，它总与特定情境相联系，因而在确定消费者撤回权的适用范围时，对于那些经过一定时间商业实践，被一再证明容易出现侵害消费者利益且通过撤回能够得以改善的情形，或者被大部分买卖双方所认可的，甚至自发形成无理由退货权之商业习惯的情形，通过法律规定创设消费者撤回权的做法就具有合理性。其依据很大程度上来自大数法则的支持。相反，单纯根据某种臆测强行规定的或者根据国外立法拿来主义的做法，则很可能因有悖于

① 参见李富旺编著：《教育法理要典》，天津教育出版社2004年版，第102页。

② ［德］考夫曼：《法律哲学》，刘兴义等译，法律出版社2005年版，第191页。

我国消费市场的大数法则而举步维艰。

其次，类型化思维为如何使消费者撤回权在具体场景下保持合理性提供了一种方法。“消费者撤回权制度在法律技术构造上，是通过类型化的方法所赋予的。”① 一方面，在立法理念上，通过类型化思维的主观能动性、模糊性、开放性等特征，便很容易理解消费者撤回权的适用范围不可能由孤立的要素“非此即彼”的决定，它必然是体现某种价值取向、复杂且具有一定弹性的，适用条件也必然伴随着大量的例外。另一方面，在立法技术上，“模糊性”是类型化思维方法的特征，并非指相关法律条文的属性。而立法对于消费者撤回权适用场景的具体规定应当是精确的：商品和服务消费是否应有所不同？上门销售中访问消费者住宅和访问其他场所是否应有所区分？远程购物中搜寻商品、经验商品和信任商品是否应一视同仁？……正如周安平教授所言，“法律规则对普遍人性的尊重便反映了大数定律对法律规则的要求。只不过，法律规则的立法更强调技术罢了。法律规则之不同于大数法则就在于法律中的大数必须精确，而大数法则中的大数往往比较模糊。法律必须对大数法则进行分级制以保证精确……”② 可以确定的是，消费者撤回权适用场景的类型化越精确，理论上与大数法则的吻合度就会越高，其正当性就越能够获得大多数人的认可。

第三节　正当性：消费者撤回权的功能

在前人研究的基础上，本书对消费者撤回权的主要功能概括为以下四项：（1）纠正意思表示不自由；（2）平衡严重的信息不对称；（3）对消费者不满意的风险进行保险；（4）缓解非理性消费行为。

① 张学哲：《消费者撤回权制度与合同自由原则——以中国民法法典化为背景》，载《比较法研究》2009 年第 6 期，第 71 页。

② 周安平：《许霆案的民意：按照大数法则的分析》，载《中外法学》2009 年第 1 期，第 88 页。

一、纠正意思表示不自由的功能

（一）消费合同中的意思表示不自由

意思表示真实是合同自由和合同正义的重要表现。而“意思表示不真实的民事行为因欠缺意思表示真实要件从而成为有瑕疵的民事行为”①。“依瑕疵是否基于表意人本身的原因，不真实的意思表示又可以分为‘意思与表示不一致’及‘意思表示不自由’两类”②。学者们研究发现，在某些场景下的消费合同中，由于受到交易的时间、地点、方式，特别是经营者所采用的侵略性或误导性商业行为等消费者（表意人）自身以外因素的影响，极易造成消费者的意思表示不自由。而消费者的这种“意思表示不自由”，王洪亮教授直接称其为“意思不自由”③；艾芙琳娜·特蕾恩教授、于颖博士称其为“心理瑕疵”（psychological deficit）④；斯密茨教授称其为“心理力量的缺乏”（lack of psychological strength）⑤；豪斯特·艾登穆勒教授称其为“消费者偏好的外源性扭曲”（exogenously distorted preferences）⑥，正是消费者撤回权制度所力图纠正的。

这种消费者的意思表示不自由是如何发生的呢？笔者认为主要是因为消费者的意思自治受到了以下三个方面的外界不当影响：

1．经营者的侵略性商业行为（aggressive commercial practices）

侵略性商业行为，又称“压迫式商业行为”，根据欧盟《不公平

---

① 张淳：《论能够成为民事行为瑕疵的错误——两大法系有关规定比较以及我国民法相应规定评析》，载《浙江社会科学》2004年第4期，第87页。

② 韩世远：《合同法总论（第三版）》，法律出版社2011年版，第162页。

③ 王洪亮：《消费者撤回权的正当性基础》，载《法学》2010年第12期，第96页。

④ 参见（1）E. Terryn. Rights of Withdrawal，the Acquis Principles and Draft Common Frame of Reference，in R. Schulze（Ed.），Common Frame of Reference and Existing EC Contract Law，Munich：Sellier Publishing，2009：p149.

（2）于颖：《远程消费者保护机制研究》，法律出版社2013年版，第90页。

⑤ Jan M. Smits. the Right to change your mind? Rethinking the Usefulness of Mandatory Rights of Withdrawal in Consumer Contract Law，Maastricht European Private Law Institute Working Paper，2011：p1.

⑥ Horst Eidenmüller. Why Withdrawal Right? European Review of Contract Law，Vol. 7，2011：p12.

商业行为指令》（2005/29/EC）第 8 条的定义："在考虑某种商业行为所有的事实内容和背景特征的情况下，通过骚扰以及包含身体强迫或不当影响在内的胁迫等方式，显著削弱或很可能显著削弱'一般消费者'对商品的选择自由，由此导致消费者做出在正常情况下不会做出的交易决定，该商业行为就应当被认定为侵略性商业行为。"具体而言，侵略性商业行为至少可以包括以下几种情形：第一，使用威胁性或侮辱性的语言或行为。如导游在旅行过程中向游客推销商品，见游客少有响应，便使用如下语言："你们的良心和道德在哪里？我付出了四天的时间，有父母、孩子，如果大家不消费，对得起你们的良心吗？"① 第二，利用任何特定的不幸或严重事件，损害消费者的判断。如某消防器材公司通过向消费者展示包含尸体在内的火灾现场惨状的照片，在所谓"培训"中推销灭火器材②。第三，利用法律或道德不允许的措施影响消费者的决策。如利用教师身份向学生家长推销教辅材料等商品。

2. 经营者的误导性商业行为（misleading commercial practices）

误导性商业行为，是指故意发出错误的信息或遗漏某些信息，诱使消费者作出不真实的意思表示，其实质也是对消费者意思自由的侵犯。欧盟《不公平商业行为指令》（2005/29/EC）将误导性商业行为分为误导性作为（misleading actions）和误导性遗漏（misleading omissions）。前者是指包含虚假信息以及通过任何不诚实的手段欺骗或可能欺骗"一般消费者"的行为；而且即使提供的信息是正确的，如果造成与竞争对手的产品、商标的混淆，仍然可能构成误导性商业行为，如"山寨"商品通过"傍名牌"使消费者难以分辨其品牌③。后者是指遗漏了"一般消费者"做出决定所需要的重要信息，包括隐藏不利的信息；提供模糊不清、晦涩难懂的信息；以不合适的方式提供信息，使得"一般消费

① 黄世杨：《女导游嫌购物少骂游客：你们的良心和道德在哪里》，载《都市时报》2015 年 5 月 2 日。

② 殷玉国、张超：《假"培训"真"销售"伪"消防"坑人不浅》，载《济南时报》2017 年 3 月 7 日。

③ 如"康帅博、脉劫、粤利粤、营养抉线、周住牌洗衣粉、666 皮炎平、漂柔洗发水、小夭鹅……"。参见闫珍珍：《"傍名牌"的罪与罚：超市傍名牌年利润 200 万，侵权只赔 10 万》，载《济南日报》2017 年 10 月 16 日。

者”做出正常情况下不会做出的交易决定。比如发生在德国的一个案例中，一名年轻的推销员敲开一位有六个孩子的60岁寡妇的家门并试图留下如下印象：他是她16岁儿子的同学。10分钟之后，这个友善大方的年轻人就达到了他的目的：妇人以539马克的价格为其16岁的儿子订购了为期10个月的打字机课程。第二天，她儿子的学校警告说这样的做法是不允许的。因此，妇人给开设打字机课程的学校写信终止合同，她得到的答复是：“请送你的孩子来听课，因为我们坚持合同的履行，否则你也必须交纳学费。”① 又如目前电视购物中广泛使用的诸如“前10名打进电话订购者还可以享受折上折优惠”等陈述，如所言不实，即构成误导。

3. 交易的时间、地点、方式

本书认为，欧盟《不公平商业行为指令》（2005/29/EC）对侵略性商业行为和误导性商业行为的描述未免失之宽泛，是否构成不公平商业行为，还应结合交易的时间、地点、方式等因素综合考量②。即使经营者采取了相同的行为，在不同的交易环境中对于消费者意思自治的不当影响也是各异的。比如在商店环境中，消费者对于商品信息比较警觉，对可能发生的交易也有所预期，并通常可以自由离开商店以摆脱交易，因而对经营者的相关不当行为应当从宽认定。相反，上门交易发生在消费者家中，消费者没有交易的预期和准备，推销员造访本身就是一种意外和骚扰。虽然消费者可以通过强行下“逐客令”来拒绝交易，但现实中，作为行为经济学认定的“三个有限”（有限的理性、有限的意志力、有限的自利）且富有感情的人类，有时是很难这么做的。接下来，被迫进入谈判的消费者却面临着信息不对称的窘境，上门交易的推销员亦往往同时实施侵犯性商业行为和误导性商业行为。加拿大多伦多大学的M. J. 特里比尔科克教授将这种在特殊环境中，经营者通过使用某些销售技巧而制造的临时市场支配力称为“情景垄断”（situational

---

① 参见迟颖：《论德国法上以保护消费者为目的之撤回权》，载《政治与法律》2008年第6期，第79-80页。

② 当然欧盟《不公平商业行为指令》第8条界定侵略性商业行为时也有“taking account of all its features and circumstances”的表述。

monopolies)[①]。“情景垄断”之下，消费者的意思表示极易出现不自由，因而上门交易成为消费者撤回权救济的重点场景。而除上门交易之外的访问交易和远程交易之所以被各国消费者撤回权立法所关注，也与其特殊的交易时间、地点或方式下消费者的意思自治可能受到不当影响有关。

（二）撤回权纠正意思不自由功能的实现

鉴于上述三个方面消费者自身之外的原因，在以上门交易为典型代表的场景中，纵然存在契约自由的表象，消费者意思表示的实质自由却遭到相当程度的削弱。同时，传统民法上缺少对消费者这种意思表示不自由的救济途径。如果消费者采用请求撤销合同的传统方式进行维权，将面临以下障碍：第一，经营者的不当行为在程度上达不到合同法上胁迫或欺诈的条件。2000 年颁布的日本《消费者合同法》第 8 条，将经营者的“不实告知”“提供结论性判断”“不告知不利益事实”“不予退去”“妨碍退去”等不公平商业行为明确规定为可以撤销合同的事由，以达到缓和“胁迫”和“欺诈”的构成要件的目的[②]。但此举仍不足以消除消费者面临的障碍。第二，诉讼或仲裁的维权方式对于消费者而言过于烦琐，成本过于高昂。第三，消费者的举证责任过于沉重。其结果必然是消费者放弃寻求救济，抑或造成社会资源的浪费。

相比之下，消费者撤回权制度则提供了一种极为简便有效的保护机制。不难发现，经营者不正当商业行为以及由此形成的“情景垄断”的软肋在于其支配力在持续时间上相当短暂，毕竟一场连续数天的面对面推销在法律和事实上都是不现实的。由此，消费者撤回权通过将交易的过程延长，一方面可以排除经营者对消费者意思形成的不当影响；另一方面可以使消费者恢复到正常熟悉的消费环境和轻松舒适的消费心态中来，进而打破“情景垄断”，使消费者重新获得实质的意思表示自由。

---

① Michael J. Trebilcock. The Limits of Freedom of Contract, Cambridge Massachusetts: Harvard University Press, 1997: p101.

② 参见崔吉子：《东亚消费者合同法比较研究》，北京大学出版社 2013 年版，第 114-118 页。

二、平衡严重的信息不对称的功能

（一）消费合同中的信息不对称

信息不对称（asymmetric Information）是指交易双方对有关信息的了解是有差异的；掌握信息比较充分的一方，往往处于比较有利的地位，而信息贫乏的一方，则处于比较不利的地位。而这种交易双方力量的失衡，有时会导致交易出现偏差。根据学者推格-弗莱斯纳和舒尔茨的研究，消费合同主要涉及以下四类信息：（1）商品或服务本身的信息；（2）经营者的信息；（3）合同的交易条件的信息，尤其是关于风险分配的条款；（4）相关特殊法律制度的信息。对于以上四类信息的占有，消费者一方均处于弱势地位①。民间俗语“买的永远没有卖的精”也反映了广大消费者对以上现状的了解和无奈。消费市场上信息不对称的危害性主要体现在以下两个方面：从微观上看，经营者往往利用其信息优势使消费者不得不用过高的价格购买其不甚满意的商品，侵害了消费者的利益；从宏观上看，信息不对称会导致经营者之间劣币驱逐良币的逆向淘汰竞争（race to the Bottom），产生一种被称为“柠檬市场”（the market for Lemons）② 的市场失灵。

传统民法基于经济人与抽象平等人格的假设，原则上不承认对交易

---

① Christian Twigg-Flesner, Reiner Schulze. Protecting ration choice: information and the right of withdrawal, in Geraint Howells etc. (Ed.) Handbook of Research on International Consumer Law, Northampton Massachusetts: Edward Elgar Publishing Limited, 2010: p131-132.

② 【柠檬市场】2001年诺贝尔经济学奖得主、经济学家乔治·阿克尔洛夫的研究表明，在有关商品质量的信息存在不对称的情况下，消费者的理性选择会导致市场失灵。之所以称这一现象为“柠檬市场”，是因为柠檬虽然外表美观，但口味很差。根据传统观念，柠檬作为食用水果应该很难销售出去，但事实并非如此。在一次博弈的市场上，如二手车市场或旅游景点周边的餐厅，商家大多和顾客做着“一锤子”交易。由于信息不对称，消费者很难对商品的质量进行比较，只能对其价格进行比较，因而消费者的理性做法是选择价格较低的商品，如此一来，经营质量较低且价格较低的商品的商家取得优势，经营质量较高商品者因为无法将此信息有效传递给消费者，只能被迫以一个较低的价格进行销售。久而久之，高质量的商品将被逐出市场，市场中将充斥各种低劣商品，消费者对此的价格预期就会进一步降低，从而导致商品的质量越来越差。这就是为什么即使精品二手车的价格也不会很高以及景点周围饭店的饭菜总是难以下咽的原因。参见：（1）George A. Akerlof. The Market for Lemons: Quality Uncertainty and the Market Mechanism, The Quarterly Journal of Economics, Vol. 84, 1970: p489-491. （2）［德］汉斯-贝恩德·费舍尔、克劳斯·奥特：《民法的经济分析（第四版）》，江清云、杜涛译，法律出版社2009年版，第327-331页。

双方的信息不对称可以进行法律救济。“极具强烈的维多利亚式个人主义观念的传统观点认为，每一方应当自己查明他需要用以做出决定的此类信息，而不能指望他的商业伙伴自动提供这类信息，即使是后者知道他的错误并且能很容易地加以纠正。”[①]“货物出门，概不负责”是当时的通例。作为例外，传统民法基于诚实信用原则对违反告知义务的沉默欺诈也进行一定的干预。如最高人民法院《关于贯彻执行〈中华人民共和国民法通则〉若干问题的意见（试行）》第68条规定：“一方当事人……故意隐瞒真实情况，诱使对方当事人作出错误意思表示的，可以认定为欺诈行为。”但该途径对于消费者维权并不实际。首先，沉默欺诈的认定条件较为严格，张淳教授认为其包括：（1）一方负有“重要情况告知义务”；（2）另一方不知道该“重要情况”。其次，对于“重要情况”的范围，在民事审判实践中“由法官根据特定合同的具体情况来逐个地具体地确定”[②]，在海量消费纠纷中易于出现标准不一致。最后，受害方必须进行诉讼或仲裁，对于消费者来说成本过高。

进入消费时代之后，随着商品结构越来越复杂，商品的制造越来越专业化，经营者与消费者之间有关信息不对称越来越明显[③]。为了消弭或缓和上述信息不对称，新兴的消费者保护法赋予了消费者知情权。1962年，在美国总统肯尼迪发表的保护消费者利益的国情咨文中，知情权（the right to be informed）便是消费者四大基本权利之一。各国各地区的消费者立法均要求经营者在合同订立前提供一系列具体的信息，如我国《中华人民共和国消费者权益保护法》第8条规定“消费者享有知悉其购买、使用的商品或者接受的服务的真实情况的权利。消费者有权根据商品或者服务的不同情况，要求经营者提供商品的价格、产地、生产者、用途、性能、规格、等级、主要成分、生产日期、有效期限、检验合格证明、使用方法说明书、售后服务，或者服务的内容、规格、费用等有关情况”。

---

① ［德］海因·克茨：《欧洲合同法（上卷）》，周忠海、李居迁、宫立云译，法律出版社2006年版，第295页。

② 参见张淳：《浅议对告知义务不履行与沉默欺诈》，载《南京大学法律评论》2001年第2期，第225页。

③ 参见金福海：《消费者法论》，北京大学出版社2005年版，第54页。

近年来，随着商业行为扩展和商业模式的更新，新消费场景中的消费者即便被赋予了名义上的知情权，其与经营者之间的信息不对称却不仅没有减少，反而大大增加了。这也意味着这些场景中的消费者更容易受到信息不对称的伤害。推格-弗莱斯纳和舒尔茨认为这一方面源于远程交易等新技术订约手段的运用，另一方面是由某些交易的天然属性造成的，如金融服务中的消费者便处于显著的信息劣势地位①。本书将特定消费中信息不对称的情况分为以下三个场景：

1. 远程交易

在远程交易情境下，新的交易方式使得信息不对称达到了极其不合理的程度。消费者无法见到商品实物，更无法试穿试用，诸多涉及主观感受的重要信息（如衣服材质是否柔软、尺码是否合身；家具的大小、式样与环境是否和谐）是缺失的，消费者仅能够凭借文字说明、图片、视频展示等有限的信息做出决定，所得到的信息与传统实体店消费有着天壤之别，因而消费者的购买决定包含了商品不合心意的风险，由于“消费者没有机会在物理上接触或检查货物，是买卖双方的‘距离’使消费者处于不安全的状态”②，因而没有理由将这一风险分配给消费者承担。

2. 访问交易

在访问交易中，特定消费场景使得经营者更容易滥用信息不对称侵害消费者的利益。经营者通过制造“情景垄断”，使得消费者无法对商品的价格、质量进行比较。而消费者的这一明显信息劣势往往被商家所利用。在德国发生的一个案例中，经营者在一家餐馆举办了一场羊毛装饰床罩的销售活动，床罩的价格为675马克，买方声称这一价格特别低廉，许多人因相信了卖方的宣传而订立了合同。不久后消费者发现一模一样的羊毛床罩在商场仅售450马克。他们试图解除合同，但没有成

① Christian Twigg-Flesner, Reiner Schulze. Protecting ration choice: information and the right of withdrawal, in Geraint Howells etc. (Ed.) Handbook of Research on International Consumer Law, Northampton Massachusetts: Edward Elgar Publishing Limited, 2010: p130.

② Aonghus Mcclafferty. Effective Protection for the E-Consumer in light of the Consumer Rights Directive? Hibernian Law Journal, No. 85, 2012: p99.

功[①]。有欧洲的调查机构认为，同样的商品通过上门销售的价格是在商店中售卖的144%[②]。而我国亦存在类似情形，如2017年央视“315晚会”曝光了个别企业在销售保健食品过程中，不仅涉嫌通过会议营销等方式虚假、夸大宣传，而且利用信息优势获取暴利。其所售“保健食品”，如每盒对外售价为798元的“银杏软胶囊”，进货价仅为135元；每盒对外售价898元的“甘舒堂乐粉”，进货价仅为150元[③]。

3. 标的或内容复杂的交易

在金融消费、旅游度假等领域，消费标的复杂精密，商品说明模棱两可，合同条款晦涩冗长，相关法规错综复杂，导致消费者需要理解并处理的信息量猛增，使得本就处于信息弱势的消费者更加难以适应。即便是一位受过良好教育且被告知了全部“表面”信息的消费者也无法轻松地判断经营者提供的商品或服务是否满足他的需求，在这种情况下，消费者需要获得另一种重要信息——来自第三方的专业说明或建议[④]。

（二）撤回权平衡信息不对称功能的实现

面对上述新消费场景中日益严重的信息不对称，消费者通过原有的救济途径往往面临重重困难。在法律上，原先主要通过经营者的强制披露义务来实现消费者的知情权。但在远程销售场合，由于客观限制，对于涉及消费者主观感受的重要信息无法通过现有手段进行披露。另外，强制信息披露还产生了信息过载（information overload）的问题，尤其是在金融服务等领域，消费者被铺天盖地但却无关紧要的信息所干扰，反而不利于他们做出理性的决策[⑤]。比如，有证据显示只有很少一部分消费者实际阅读了商家提供的信息，并且即使消费者阅读了上述信息，

① 参见迟颖：《论德国法上以保护消费者为目的之撤回权》，载《政治与法律》2008年第6期，第79页。

② E. Terryn. Rights of Withdrawal, the Acquis Principles and Draft Common Frame of Reference, in R. Schulze (Ed.), Common Frame of Reference and Existing EC Contract Law, Munich: Sellier Publishing, 2009: p171.

③ 高家龙、姜文峰：《央视“3·15”晚会曝光保健食品企业欺骗消费者 武汉两家涉事企业被立案调查》，载《楚天都市报》2017年3月18日。

④ Marco Loos. Rights of Withdrawal, in G. Howell & R. Schulze (Ed.), Modernising and Harmonising Consumer Contract Law, Munich: Sellier Publishing, 2009: p249.

⑤ Peter Rott. Information obligations and withdrawal rights, in Christian Twigg-Flesner (Ed.), European Union Private Law, Cambridge: Cambridge University Press, 2010: p193.

由于过于乐观的情绪或商家提供信息方式的限制，他们往往并不能对这些信息进行正确的评估①。又如消费者普遍存在一种偏见，即认为坏事落在别人头上的概率比较大。因此，纯粹的强制信息披露措施的效果并不好②。

相比之下，消费者撤回权的优势在于：首先，消费者获得的信息是充分且适当的。消费者可以在撤回期内检验、试用商品，以获得与传统商场购物完全相同的信息量，也不存在信息过载的问题。其次，消费者可以获得个性化的信息。如消费者对塑料水杯气味的接受度因人而异，传统信息披露的方法往往对此无能为力，而撤回权则可以满足消费者这一个性化的需求。再次，排除了对消费者收集信息的干扰。相对独立的时空避免了经营者滥用信息不对称侵害消费者权益的可能。最后，消费者可以利用撤回期的充分时间寻求第三方的专业意见。从这个意义上说，消费者撤回权可以认为是消费者知情权的延伸，是平衡消费市场严重信息不对称的工具。

三、对消费者不满意的风险进行保险的功能

（一）提升消费者满意度的措施

消费者的满意是经济法律制度应当追求的重要价值，这一价值取向以消费者主权理论作为其坚实的基础。尤其在经营者商业行为的扩展和创新过程中，消费者满意度的提升必然促进新的商业模式进一步发展，并使经营者受益；相反，消费者满意度的下降则会导致相关市场的萎缩，经营者难以为继。因此，消费者对新的消费模式是否满意，他们的利益是否因此而得到提升，既是经营者需要考虑的，也是立法者需要考虑的。

通过何种方式吸引更多的消费者更快地接受新的商业模式？在买到不尽如人意商品的概率比传统购物场景明显提高，而通过其他手段很难消除该风险的情况下，创设一个以保障“消费者的满意”作为宗旨的

① Geraint Howells. The Potential and Limits of Consumer Empowerment by Information，Journal of Law and Society，Vol. 32（3），2005：p355-357.

② Aonghus Mcclafferty. Effective Protection for the E-Consumer in light of the Consumer Rights Directive? Hibernian Law Journal，No. 85，2012：p88.

保险是一个不错的主意。豪斯特·艾登穆勒教授在《为何有撤回权?》一文中率先提出上述观点："实质上，在远程销售中，消费者撤回权可以被想象成一份保险，用于抵御商品或服务与价格不相称的风险"①。在笔者看来，消费者撤回权制度在整体上亦可以理解为一种保险制度，用以分散消费者在特殊消费场景中对商品或服务不满意的风险。首先，消费者撤回权的最终成本会体现在商品略微上涨的价格中，由全体消费者进行分摊。这种分散风险的机制与保险的原理类似。其次，在相关主体的角色上，消费者是被保险人，经营者是保险人，撤回权带来的价格上升是保费，经营者接受无理由退货是他在承担理赔责任。最后，消费者撤回权较为浓重的强制性特征使得其更像是一种带有家长主义色彩的强制保险。诚然，保险会产生额外的成本，但正如本书第四章所述，只要其"保费""保障范围"和"自由投保与强制投保的界限"等设定是合理的，消费者作为一个整体是愿意接受这样一种保险安排的。

（二）作为保险的撤回权及其积极影响

正如由保险人直接承担发生约定风险时的损失，消费者撤回权发生退货时的直接成本由经营者承担。这是一个合理的安排。不仅因为经营者拥有较强的风险承受能力，而且"经营者是交易的最大受益者，将风险分配给获利者有其正当性基础"②。更重要的是，"如果在合同订立时并未对风险进行约定，那么它就应当分配给那些能以最小费用控制风险的人"③。如果将"消费者不满意"视为一种客观存在的风险，而不是具有道德谴责色彩的反悔行为，就会发现其发生的原因是多方面的，与消费者一方相关的有：需求、兴趣、财力、心境等发生变化，甚至是天气状况、流行趋势发生变化。这些因素是复杂、不可预测且很难控制的。如果让消费者承担这一风险，他们对风险的控制手段只能是尽量不采用新型购物方式或不购买他不熟悉的复杂商品，其结果会导致市场萎缩，进而造成消费者和经营者的双输局面。同时，是否发生"消费者不

① Horst Eidenmüller. Why Withdrawal Right? European Review of Contract Law, Vol. 7, 2011: p10.

② 王洪亮：《消费者撤回权的正当性基础》，载《法学》2010 年第 12 期，第 103 页。

③ ［德］汉斯-贝恩德·费舍尔、克劳斯·奥特：《民法的经济分析（第四版）》，江清云、杜涛译，法律出版社 2009 年版，第 390 页。

满意风险”的另一个重要因素是经营者的行为：其格式条款是否公平，其推销方式是否贴心，其信息披露是否到位，而以上行为又是经营者的日常性工作，因而他们有条件用较小的成本来控制上述因素，故有能力也应当承担更高的责任。将风险分配给经营者，能够激励他们设身处地为满足消费者的需求着想，改进自己的经营行为，减少侵略性和诱导性等不公平商业行为，通过多种途径主动弥合与消费者之间的信息不对称，特别是对于商品的缺点和风险也会尽力说明，从而减小“消费者不满意”的风险发生的概率。

四、缓解非理性消费行为的功能

（一）非理性消费及其危害

如前文所述，行为经济学理论动摇了经典的“经济人”假说，确立了“三个有限”（有限的理性、有限的意志力、有限的自利）的观念。对于非理性消费行为的研究也很好地诠释了这一点，“在过去的几十年中，认知心理学家已经发现了很多相对于完全理性行为假设的系统性心理偏差”①。豪斯特·艾登穆勒教授称其为“消费者偏好的内源性扭曲”（endogenously distorted preferences）。如每年的夏季，原本是长江游轮旅游的旺季，然而受“东方之星”客船翻沉事件影响，2015 年长江游轮旅游市场惨淡，多家旅行社不得不暂停相关旅游项目②。旅游消费者之所以如此行事，是因为人们在形成认识的过程中往往根据可记忆的、明显的和常见的例子与证据做出判断，这就是一种叫作“可获得性启发”（availability heuristic）的心理偏差。又如，不论是在中国还是美国，将房屋进行反向抵押以获得养老金的“以房养老”保险计划都鲜有消费者问津，部分原因是人们具有“敝帚自珍”的心理定式，即对于其享有所有权的客体的估价高于其不享有所有权的客体的估价，故出自保险公司精算师之手的出价很难令其满意。其实这也是一种叫作“禀

① Horst Eidenmüller. Why Withdrawal Right? European Review of Contract Law, Vol. 7, 2011: p14.

② 王贤、毛鑫：《长江游轮旅游旺季遇冷》，载新华网湖北频道，https://www.sohu.com/a/20007405_115402?qq-pf-to=pcqq.c2c，2015 年 06 月 24 日。

赋效应”（endowment effect）的心理偏差[①]。再如，荷兰鹿特丹伊拉斯姆斯大学的格哈德·瓦格纳教授曾指出，如果决策者偏好不稳定或者处于无序的状态，他/她也不能对自己的利益做出有根据的判断[②]。

法律是否有必要对非理性消费进行干预呢？诚然从自由主义出发，法律很难干预一个意思和信息上均没有欠缺的合法成立的合同。但即使是一位坚定的自由主义者，看到诸如“大学生网络贷款50余万，无力偿还跳楼自杀”[③] 之类新闻后应当也不会否认，非理性消费现象危害着我们的生活。研究表明，这些危害主要包括：（1）消费者的效用损失；（2）社会福利水平的损失；（3）影响家庭和社会稳定；（4）生态环境的破坏[④]；（5）影响金融系统的稳定。因此，笔者认为法律对非理性消费行为进行最低限度的家长主义干预具有正当性。消费者撤回权并不直接决定合同的命运，而是将权利交给再次思考之后并很可能已经恢复理智的一方当事人，正是一种温和的干预工具。同时其目的亦非“纠正”，而只是为非理性消费提供“缓解”的可能。斯密茨教授即认为，《荷兰民法典》之所以规定别墅和公寓的买受人可以在合同签署后的三天之内终止该合同，其目的非常明确，一是提供咨询专业人士的时间，另一个就是为消费者仓促的决定提供补救机会[⑤]。

（二）撤回权缓解非理性消费功能的实现

消费者撤回权能够起到缓解非理性消费的作用吗？应该承认这方面的研究成果还相当欠缺，只有一些尚不完善的逻辑推演。首先，经验表明非理性消费中的大多数因冲动型购买而产生，而“冲动型购买包含有以下几个要素：非计划性购买、由刺激产生的驱力、快速做出决策、缺

① 参见徐国栋：《民法私法说还能维持多久——行为经济学对时下民法学的潜在影响》，载《法学》2006年第5期，第6页。

② Gerhard Wagner. Mandatory Contract Law：Function and Principle in Light of the Proposal for a Directive on Consumer Rights，Erasmus Law Review No. 3，2010：p55.

③ 窦远行：《大二学生网络贷款50余万，无力偿还跳楼自杀》，载《现代快报》2016年3月20日。

④ 黄守坤：《非理性消费行为的形成机理》，载《商业研究》2005年第10期，第16-17页。

⑤ Jan M. Smits. the Right to change your mind? Rethinking the Usefulness of Mandatory Rights of Withdrawal in Consumer Contract Law，Maastricht European Private Law Institute Working Paper，2011：p4.

少认知和伴有情绪体验"①。这时给予消费者撤回权，就可以像它的另一个名字那样，让消费者"冷却"（cooling-off）一下发热的大脑，让瞬时的情绪过去，暂时逃离各种诱惑和刺激，重新考虑自己的计划，从而缓解因冲动而引起的非理性消费。正如河上正二教授所言，撤回权制度通过"时间的经过"让合同"减速"，使消费者恢复冷静，并重新斟酌自己的行为，这样则有可能充分表达自己的意愿。对于消费者而言，就等于赋予了"时间"在某种意义上监护人的作用②。其次，针对由于合同的复杂性而引起的非理性消费，撤回权也可能起到缓解的作用。因为在合同订立后，当事人会比之前"更好地判断已签订的合同中包含的义务以及与其联系在一起的权利"③。最后，有一种常见心理偏差叫作"损失厌恶"（aversion to Loss），它可能导致消费者为了避免哪怕是微不足道的损失也会避免采取能获得很大收益的行为④。早期这一心理偏差使得消费者抗拒网络购物等新型消费方式，而消费者撤回权的引入可以使这种非理性心理得到一定纠正，提升人们对于新型消费方式的信心。

第四节　局限性：消费者撤回权的弊端

不可否认，虽然消费者撤回权制度发挥着上述四大正面功能，但是也蕴含着诸多与生俱来的弊端，尤其是不少学者对其强制性的适用方式颇有质疑。简单说来，消费者撤回权的消极影响可归纳为：（1）限制自由；（2）降低效率；（3）逆向选择。

---

① 赵宇娜：《网站环境特征对消费者冲动性购买的影响研究》，经济管理出版社2015年版，第18页。

② 河上正二：「『クーリング・オフ』についての一考察—時間という名の後見人」，東北大学法学會『法学』60卷6号229頁，1996年。

③ 张学哲：《消费者撤回权制度与合同自由原则——以中国民法法典化为背景》，载《比较法研究》2009年第6期，第66页。

④ Joasia A. Luzak. To Withdraw Or Not To Withdraw? Evaluation of the Mandatory Right of Withdrawal in Consumer Distance Selling Contracts Taking Into Account Its Behavioural Effects on Consumers, Centre for the Study of European Contract Law Working Paper No. 4, 2013: p18.

一、限制自由

首先，自由选择所需商品和服务是消费者的基本权利之一，但撤回权却在实质上削弱了部分消费者的这种权利。因为即使是在远程购物等特殊的消费场景中，也并不是每一位消费者在每一次交易中都需要撤回权。并且，消费者撤回权并不是免费供给的，在市场经济条件下“消费者必须为他们享有的任何权利买单”[①]。撤回权的成本将体现在商品或服务上涨的价格中，由全体消费者承担。也就是说消费者实际上是用真金白银来购买撤回权的。强制性的撤回权就意味着法律强行向每一位消费者搭售了一份“强制保险”，而不问消费者是否真的需要它。根据美国学者奥伦·巴-吉尔和奥姆利·本-沙哈尔的研究，至少有两类消费者会因此受到伤害：一类是最贫困的消费者，在“正义”的名义下，迫使穷人把钱花在一个家长主义的立法者而不是他们自己愿意的地方，其结果只能是使部分消费者无法企及其原本可以买得起的商品；另一类是一直不怎么行使撤回权的消费者，这部分人大多是谨慎而理性的，反而要为那些冲动的、轻率的、甚至机会主义的消费者的退货行为而买单，从而形成了不合理的交叉补贴[②]。

其次，限制了经营者进行区别定价的自由。众所周知，航空公司通常既提供可以退改签但价格稍贵的全价机票，又提供价格较低但不能退改签的打折机票，而将选择的权利交给不同需求的消费者自己定夺。这一做法，远程销售的经营者完全可以效仿，通过灵活的区别定价策略实现利润最大化的目标。但强制性消费者撤回权的引入却禁止了这一定价方式，这样就压缩了经营者的定价空间，从而降低了他们对市场的应变力和适应度。

最后，剥夺了经营者通过主动给予消费者撤回权来担保自己商品的质量以及创建商誉的自由。由于消费市场的长期性和竞争性，信息不对称导致的市场失灵并不是一个总会发生的现象。“在信息不对称时，为

---

① Gerhard Wagner. Mandatory Contract Law: Function and Principle in Light of the Proposal for a Directive on Consumer Rights, Erasmus Law Review No. 3, 2010: p63.

② Oren Bar-Gill, Omri Ben-Shahar. Regulatory Techniques in Consumer Protection: A Critique of European Consumer Contract Law, Common Market Law Review, Vol. 50, 2013: p109.

了实现交易带来的好处，有好信息的一方有积极告诉没有信息的对方自己的真实类型。……所谓信号传递，就是用可信的方式显示自己的类型。”① 经营者主动自愿给予消费者无理由退货权就是这样一种明确的信号②。他们这么做可以赢得消费者的信任，有利于提升自己的商誉，从而获得长期利益。而强制性的撤回权剥夺了经营者运用这一信号的自由。另一方面，原先有部分商家虽不能主动提供退货权但往往以低价优势吸引支付能力较弱的客户，引入强制性撤回权后，这部分经营者不得不放弃以上经营方式，甚至被迫退出市场。

总之，消费者撤回权在一定程度上破坏了市场的多样性和可选择性，使得买卖双方的交易自由都受到了一定的限制。

二、降低效率

首先，消费者撤回权的效用在某些情境中被高估。对于上门销售中消费者撤回权的作用，学者们大多没有异议；但在远程销售、复杂合同，甚至家庭以外的访问销售等领域，部分学者认为引入消费者撤回权并没有达到预期效果。如在远程销售中，法律主要为了纠正信息不对称将撤回权适用于绝大多数消费品合同，但艾登穆勒教授认为这是没有必要的③。根据消费者了解其质量好坏的难易，商品可分为搜寻商品、经验商品和信任商品④。由于买卖双方对搜寻商品不存在信息不对称，而信任商品的信息不对称又不是消费者撤回权能够纠正的，而在远程销售中，消费无需实际验货或实际验货没有意义的日用品等搜寻商品占到很

---

① 张维迎：《博弈与社会》，北京大学出版社 2013 年版，第 230 页。

② Horst Eidenmüller. Why Withdrawal Right? European Review of Contract Law, Vol. 7, 2011: p8.

③ Horst Eidenmüller. Why Withdrawal Right? European Review of Contract Law, Vol. 7, 2011: p7.

④【搜寻商品（search goods）；经验商品（experience）；信任商品（credence goods）】这是由美国纽约州立大学宾汉姆分校的菲利普·纳尔逊（Phillip Nelson）教授首先提出的一种关于商品的分类。搜寻商品是指消费者根据日常经验就可以确定其质量的商品，如家喻户晓的可口可乐。经验商品是指消费者经过检查甚至消费才能知晓其质量的商品，如一件羊毛衫。信任商品是指无论消费前还是消费后，消费者总是很难获知其确切质量信息的商品，比如医生的治疗、律师的辩护，普通客户对其很难质疑，唯有“信任”。

参见 Phillip Nelson. Information and Consumer Behavior, Journal of Political Economy. No. 78, 1970: p311.

高的比例，因而没有理由把消费者撤回权制度覆盖到大部分商品的远程销售中。

其次，消费者撤回权的功能正在被越来越多的其他措施所替代。消费市场的长期性决定了绝大多数经营者和消费之间是追求双赢的“合作博弈”，而非一方占便宜一方必吃亏的“零和博弈”，纠正信息不对称亦有利于经营者的根本利益。因此经营者有很高的积极性，使用一切手段排除消费者采用新型购物方式的障碍。除了主动赋予消费者约定意义上的无理由退货权外，远程销售的经营者已经和可能采用的措施还包括：（1）交易记录及评价机制：消费者可以通过商品的销量、描述符合度的统计、用户对商家和商品的评分、照片、主观评价等信息辅助了解商品或服务的情况。（2）现场体验店：消费者可以到实体店铺现场检视、试穿、试用后，再通过远程购物的方式下单。（3）虚拟现实技术（Virtual Reality，简称 VR）①：消费者未来有望通过人机交互技术实现足不出户却身临其境的现场消费体验。这些措施的存在无疑降低了消费者撤回权作为平衡信息不对称工具的必要性。

再次，消费者撤回权的制度成本比较高。这些成本既包括直接成本，如：商品贬值的损失、合同和商品管理的成本（如告知权利、保留交易记录、检查有无损坏、重新上架等都需要成本）、物流成本、破损成本、沟通成本等，也包括间接成本，如：经济学上的机会成本（因为退货的消费者长期占有商品，经营者不能在这段时间内将商品销售给其他人）、智力成果的损失（如购买者记录和拍摄了商品的具体细节用于模仿，然后便退还了商品）② 以及其他由于法律关系不确定带来的成本（如造成员工情绪低落）。奥姆利·本-沙哈尔和埃里克·A. 波斯纳两位教授认为，最优的成本负担方式不是给予消费者不受任何限制的撤回权，而是赋予其一个以补偿经营者所有损失为前提的撤回权；但是他们也遗憾地得出如下结论：由于损失无法精确计算，所以事前事后由法院

---

① 【虚拟现实技术（Virtual Reality，VR）】又称为沉浸式多媒体技术或计算机模拟现实技术，是一种能够复制现实或想象中的环境，并通过人为创造包括视觉、听觉、触觉和嗅觉在内的感官体验，实现用户和虚拟环境之间互动的计算机技术。

② 参见白江：《对消费者撤回权立法模式的反思》，载《法学》2014 年第 4 期，第 36 页。

或当事人来确定成本的具体数额都是不切实际的①。如此，消费者撤回权的成本只能由经营者直接负担，并最终体现在商品价格中由全体消费者分摊。但这似乎并不是一个合乎效率的安排。

最后，有学者认为消费者不满意的风险应当由消费者自己承担。宁波大学徐伟副教授认为："在网购中，能以最低成本避免因无法触摸商品实物而导致的信息不对称的主体恰恰是消费者，而非经营者。对经营者而言，其通常只能发布多数人所关心的商品信息，而不会详尽列出所有信息。事实上，不少情况下，有些商品信息根本无法事先公布。比如，水杯的塑料气味是否浓重，这类信息一般不会在商品描述中公布，事实上也无法公布。因为对于气味是否浓重，不同的人往往会有不同的衡量标准和接受度，所以经营者难以一概向消费者说明。而且商品是随机发货，同款产品在气味方面可能也会存在差异，难以一概而论。故经营者在避免消费者因水杯的气味过重而退货的风险上，根本难以事前预防。但消费者对此则能做到有效防范，因为消费者最清楚自己是否在意水杯的气味，且如果在意，消费者可以选择在实体店确认该信息后再决定购买与否，而非网购。可见，根据最小风险防范原则，此种信息不对称的风险应由消费者承担。"②

三、逆向选择

既然消费者撤回权牺牲了自由和效率，那么是否维护了公平呢？反对者认为并非如此。首先，消费者撤回权导致不公平的交叉补贴。由于制度成本已经体现在商品的价格中，因而必然会出现频繁行使撤回权的消费者获益而很少行使撤回权的消费者受损的情况，从而使得行事谨慎的那部分消费者反而要对冲动的、轻率的甚至机会主义的消费者进行不公平的变相补贴。其次，上述交叉补贴导致消费者的逆向选择。在今天这日新月异、纷繁复杂的世界里，消费者在信息、知识和理性等方面也需要不断成长，才能使自己享受到商业行为扩展所带来的便利，从而提升消费者的长期利益。比如"金融市场本身是一个高风险、高收益的特

① Omri Ben-Shahar, Eric A. Posner. the Right to Withdraw in Contract Law, Journal of Legal Studies Vol. 40, 2011: p4.

② 徐伟：《重估网络购物中的消费者撤回权》，载《法学》2016 年第 3 期，第 88-89 页。

殊市场，它对消费者本身也有更高的要求”[①]。而消费者的成长往往来自自身“吃亏”的经历，正所谓“吃一堑，长一智”。但消费者撤回权阻塞了这一反馈机制，使消费者不仅不能获得提升，反而在“温室”的保护下，不去努力收集信息[②]，从而堕入更加不思进取和非理性化的状态。最后，消费者撤回权可能被滥用，从而产生道德风险。比如“有的人买来衣服，不拆吊牌，穿了几天过瘾之后，又要退货”[③]。再如不法经营者可能大量购买竞争对手的商品，旋即全部退货，将消费者撤回权作为一种攻击对手、进行不正当竞争的手段。消费者撤回权甚至可能为违法犯罪创造条件，唯品会（VIPS）副总裁贾立冰曾表示：“（个别）消费者购买商品后七日内要求无理由退货，但将从唯品会购买的真品调包为仿真品，这样的恶意退货会让商家损失不小。”[④]

另一方面，除了法律之外，社会规范对于控制人们的行为也起着重要的作用。广为接受的观点认为，社会规范是受到互惠考虑影响的。行为经济学的研究也表明人或组织的行为不一定全部是自利所驱动。但人们无私和利他的行为会受到法律规定的消极影响，即人们内生的、本能的、“关心他人”的动机被外在的动机所取代，并可能导致机会主义的行为。例如研究表明，英国的无偿志愿献血制度比美国的有偿献血制度带来了更多且质量更好的血液供给，可见支付金钱并不会导致献血者的数量的增加。又如以色列一所幼儿园曾试验对放学接孩子迟到的家长进行“罚款”，但事与愿违，该措施实施后迟到的家长反而大大增加了。这表明，在没有“正式”的奖励或制裁的情况下，人们会由于固有助人为乐的动机去体谅他人；当“正式”的奖励或制裁被引入后，人们这种无私的行为就会逐步被利益算计所取代。这种对自发无私行为的破

① 白江：《对消费者撤回权立法模式的反思》，载《法学》2014年第4期，第40页。

② Caroline Cohen. the Contract Law Principle of pacta sunt servanda and Behavioral Economics Literature in Relation to Justifications for the European Consumer's Right of Withdrawal under Directive 2011/83/EC，Exeter Student Law Review Vol. 2，2016：p17-18.

③ 凌越、蔡春：《电商抱怨有消费者滥用“7天无理由退货规则”致成本上升》，载《羊城晚报》2014年8月13日。

④ 王卫英：《“七天无理由退货”怎成了“有理由不退货”》，载《金华日报》2014年7月17日。

坏被称为“挤出效应”（motivation crowding out）①。而部分学者认为强制性的消费者撤回权也会产生同样的效果：经营者主动赋予消费者无理由退货权可能被视为一个慷慨的行为，作为回报，消费者往往尽量不过多行使这一权利。而消费者撤回权一旦被规定为强制性条款，消费者则不会有此“友善”举动，出现“互惠的挤出效应”。统计显示，在欧盟于 1997 年颁布关于远程消费合同的 97/7/EC 指令后，德国的相关退货率从 1998 年的 24% 上升到 2004 年的 35%②。

第五节 正当性问题及其对我国立法的启示

一、对正反观点的分析

本书在总结了消费者撤回权的理论基础、积极功能和消极影响的基础上，初步得出以下四个结论：首先，消费者撤回权是一种对抗某些特殊类型消费场景中对消费者的不公平现象而发展起来的权利。这些不公平现象包括消费者意思表示被不当影响、信息弱势、不满意的风险和不理性行为，且发生概率较高。因此，在严格控制其适用范围的前提下，撤回权制度在总体上是合同正义的体现，也较为公正地划分了特定商业领域中的经营者与消费者之间的利益格局。其次，消费者撤回权的反对者与支持者的理论分歧在范围上是有限的。他们基本上不否认消费者撤回权在访问交易中的价值，也大多支持该制度在复杂消费合同中的运用，他们只是着重认为在以网络销售为代表的远程交易中不适合引入强制性的撤回权制度。这表明在抵御经营者“情景垄断”以及缓解消费者非理性行为方面，消费者撤回权的作用是被广泛认可的。再次，反对者的论点，一言以蔽之，即认为关于远程交易中信息不对称的担忧完全

① Jan M. Smits. the Right to change your mind? Rethinking the Usefulness of Mandatory Rights of Withdrawal in Consumer Contract Law, Maastricht European Private Law Institute Working Paper, No. 1, 2011: p9.

② Georg Borges, Bernd Irlenbusch. Fairness Crowded Out by Law: An Experimental Study on Withdrawal Rights, Journal of Institutional & Theoretical Economics, Vol. 163, Issue 1, 2007: p84.

可以交给市场自己解决，并相信最终在一个较广且必要的范围内会形成约定意义上的无理由退货权，因为“在完全竞争的条件下，无论权利最初的界定如何，相关各方都可以通过交易来实现权利配置的最优化”①。这种社会自发形成的制度比立法者制定的规则更具有合理性。最后，上述争论也体现在各国、各地区立法的差异中，欧盟、我国台湾地区均在远程交易领域引入了强制性撤回权，而美国、日本虽然也有这方面的规定，但均为不具有强制性的任意性规则。

二、对我国立法的启示

（一）加强访问交易领域中撤回权立法

一方面，撤回权在访问交易领域可以同时对抗经营者的不当影响、弥补消费者自身在信息、理智方面的弱势，因而该制度的正当性发挥得最为充分，弊端也最小。很多国家的消费者撤回权立法肇始于该领域，经过长期实践取得了大量的有益经验。另一方面，虽然相比于网络购物的巨大影响力，以上门推销为经典模型的访问交易在我国称不上一种普遍的消费模式，但只要将“访问交易”的范围略微扩大，就会发现我国近年来“类访问交易”中的消费纠纷层出不穷。比如旅游中的强制购物；组织消费者（特别是老年消费者）参加宴会、体检、旅游、讲座、联谊会等活动，并通过“洗脑”等方式销售商品或服务等。但是，我国《消费者权益保护法》并未对访问交易这种特殊商业模式予以足够的重视，仅有的《直销管理条例》中虽然有消费者撤回权的规定，但立法层次较低且调整范围较窄，无法有效保护消费者的合法权益。因此，我国宜尽快在《消法》中将消费者撤回权的适用扩大到访问交易领域。

（二）在远程交易中规定撤回权利大于弊

本书亦肯定消费者撤回权在远程交易领域、复杂消费领域的积极作用。这些领域中普遍存在经营者的误导性商业行为问题、消费者与经营者之间的严重信息不对称问题以及消费者的非理性行为问题。在我国目

① ［美］罗纳德·哈里·科斯：《企业、市场与法律》，盛洪、陈郁译校，格致出版社、上海三联书店、上海人民出版社，2009 年版，第 113 页。

前条件下，市场机制无法很好地解决上述问题。众所周知，科斯定理有重要前提——交易成本不至于过高；否则通过转移和合并权利达到同样后果的市场费用如此之高，以至于最优的权利安排以及由此带来的更高的产值也许永远也不会实现[①]。笔者认为，我国特定交易场景中消费者所面临的交易成本非常之高，如获取信息的成本、抵御误导性商业行为的成本、非理性行为导致的成本等。再加上“完全竞争”条件也具有的非现实性。其结果毋宁说会自发形成约定意义上的消费者撤回权，不如说更大的可能是消费者拒绝使用新的购物方式和拒绝购买新的复杂商品，使得买卖双方出现双输的局面。只需稍做回忆，早期的直销、网购、甚至保险业务的发展都面临过此类“信任危机”。况且从合同实质正义出发，消费者的短期利益、具体利益，乃至非理性的、“弱而愚”的那部分消费者的利益都不应在追求效率的理由下被忽视。因此，完全任意性的立法模式是不可取的。

（三）适用方式上宜给市场调节留出一定空间

最后，本书对反对者的意见表示有限的认同。以欧盟法为代表的，以强制性规范为特征的消费者撤回权制度确实存在一定的弊端，完全忽视了市场机制的作用和消费者的自主选择，硬家长主义色彩显得过于浓厚。我国在进行相关立法时也应当对这种过于僵化的立法模式进行反思。就目前我国相关立法而言，在完全强制性和完全任意性两种模式之间探索一条折中的立法模式是一个明智而务实的选择。以修正后的《消费者权益保护法》的相关规定观之，也确实可以解释为给市场自主调节预留了一定的空间。而本书接下来的研究重点就是如何对消费者撤回权具体制度进行最优化的设计，对已经存在的法律规则进行合理的解释，以期扬长避短，最大限度发挥其积极功能，限制其消极作用。

① 参见［美］罗纳德·哈里·科斯：《企业、市场与法律》，盛洪、陈郁译校，格致出版社、上海三联书店、上海人民出版社，2009年版，第113页。

第四章　消费者撤回权制度的适用

一项法律制度的适用问题，至少可以从两个维度加以考察：第一，适用范围；第二，适用方式。消费者撤回权制度亦是如此。在本书第二章对消费者撤回权的历史与现状的介绍中，有部分笔墨论及该制度的适用问题。不难发现，消费者撤回权的适用范围随着商业行为的扩展而呈现出扩大的趋势。其发端于信用消费和上门交易领域，并逐步扩展到远程交易、旅游度假、直销、金融保险、会员制俱乐部等领域。而消费者撤回权的适用方式在各国间则体现出较大的差异，欧洲和我国以强制性规范为主，美国和日本则具有强制性、任意性（默认性）规范相结合的特征。

本章要讨论的是消费者撤回权满足什么样的条件时应当被法律所创造或认可，以及以何种方式发挥作用的问题。鉴于该问题的复杂性，讨论将在三个层次上展开：首先，在总体或一般层面上对以上问题开展一个原则性的概论。其次，分别针对实践中比较普遍的访问交易、远程交易、复杂消费合同等特定场景，对消费者撤回权在上述三种具体类型合同中的适用条件和适用方式分别进行详细分析。最后，根据分析结论对我国现有相关法律的合理解释以及相关事项的进一步立法提出建议。

第一节　概说

一、关于适用范围

概言之，消费者撤回权制度适用于某些特殊类型的消费合同。首先，该制度以消费合同为前提；其次，并非所有的消费合同都适用该制度，而是只适用于某些特殊类型的消费合同。最后，对于适用撤回权负面效应过大的特殊情况应予以豁免。

（一）以消费合同为前提

虽然从更广泛的法域视之，还存在诸如赠与合同中赠与人的任意撤销权、委托合同中双方当事人的任意解除权、承揽合同中定作人的解除权、不安抗辩权、劳动者的辞职权等类似的“契约严守”之例外，但消费者撤回权的概念范畴决定了它是一项消费者法领域的制度，以消费合同为前提。何谓消费合同？本书参考《消费者权益保护法》的相关表述将其定义为，消费者与经营者之间所订立的买卖商品或提供与接受服务的合同。其要点有三：（1）消费者的认定；（2）经营者的认定；（3）交易标的既包括商品也包括服务。其中，消费者与经营者的认定历来是一个争议较大的理论和实践问题。鉴于该问题并非本书研究之重点，故笔者对此直接采用我国之通说，主要论述其对于消费者撤回权制度的影响。

第一，消费者是指为生活消费需要购买、使用商品或者接受服务的自然人。根据全国人大常委会法工委民法室解读《消费者权益保护法》的“权威读本”之观点，这里的“生活消费”，是指为个人或家庭生活需要而消费物质资料或者精神产品的行为。“生活消费”的内涵是丰富的，不能将其仅仅理解为吃穿的消费，它既包括衣食住行等生存型消费，也包括职业培训等发展型消费，还包括文化旅行等精神享受性消费；同时，“生活消费”的范围也随着经济社会的发展而发展，过去不认为是生活消费的，现在或者将来可能成为生活消费①。是故，接受旅游度假服务的旅游消费者、接受金融服务的金融消费者、接受某些教育服务的教育消费者均属于《消费者权益保护法》所认可的“消费者”，这为消费者撤回权在上述领域的适用准备了前提条件。

第二，经营者是指为消费者提供其生产、销售的商品或者提供服务的自然人、法人和其他组织。首先，经营者从事生产、销售商品或者提

① 贾东明主编：《中华人民共和国消费者权益保护法解读》，中国法制出版社2013年版，第7页。

供服务应具有持续性，偶尔、零星地售出商品或者提供服务的，不宜认定为经营者[①]。是故，某位家庭主妇在邻居家中做客时订立的出售其二手物品或提供家政服务之合同，均因不属于消费合同而不具有适用消费者撤回权的前提。同理，某人偶尔通过闲鱼 app 出售自己的二手手机所订立的合同亦不适用消费者撤回权。其次，从电子商务的角度，交易往往根据交易对象的不同被分为 B to B（B2B，企业与企业之间）、B to C（B2C，企业与个人之间）、C to C（C2C，个人与个人之间）三种形式。有一些论述称 C to C 交易不适用《消费者权益保护法》[②]。但从经营者的法律概念观之，自然人完全可以成为适格的经营者从而不影响消费者撤回权的适用，故以上说法失之严谨。

第三，交易标的包括商品与服务。当今消费者消费之标的早已不限于有体物，无体物（如下载的软件、文档、音乐、视频等数字内容）、服务均广泛成为消费的对象。在早期立法中，服务往往不被纳入消费者撤回权的保护范围，但如今越来越多的国家和地区（如欧盟、美国、日本、台湾地区等）将撤回权适用于服务领域，使相关消费者得到不同程度的撤回权保护。但由于服务的自身特性，于类似场景下并不必然具备实物商品消费时赋予消费者撤回权的理由，同时服务具有不可回复性，消费者行使撤回权后难以恢复原状或公平清算，而且易于导致消费者逆向选择，引发道德风险。故各国立法将撤回权适用于服务消费时往往设置了兼顾经营者利益的例外条款。我国则更为谨慎，目前适用范围仅限制于保险服务领域。

（二）适用于某些特殊类型的消费合同

消费者撤回权只适用于某些特殊类型的消费合同，这是学术界公认的看法。如王洪亮教授指出“立法者一般不会在法律中规定一般性的消费者撤回权，通常只针对特定情形或者具体合同类型规定消费者撤回权

① 参见贾东明主编：《中华人民共和国消费者权益保护法解读》，中国法制出版社 2013 年版，第 14 页。

② 参见：（1）阿拉木斯主编：《网络交易法律实务（上册）》，法律出版社 2006 年版，第 49 页。

（2）于颖：《远程消费者保护机制研究》，法律出版社 2013 年版，第 103 页。

制度……”[1] 不仅如此，具有严谨作风的主流学者还倾向于对消费者撤回权的适用范围作出较为严格的限制，以避免该权利被滥用。如张学哲副教授不无担忧地指出：“如若消费者撤回权被泛滥采用，消费者在任何种类的消费合同中都可以主张撤回权，则合同法的基石——‘合同坚守原则’的彻底被摧毁，就指日可待了。”[2]

那么，何种类型的消费合同可以谓之“特殊”，从而适用撤回权制度呢？克里斯蒂安·推格-弗莱斯纳和瑞纳·舒尔茨认为应当满足两个条件：一是在合同订立时会出现一种对消费者不利的不平衡；二是根据立法者的评估，该情况下不平衡通常会出现，而并不检验每一个个案中是否实际出现[3]。在本书看来，该问题并非一个逻辑判断，更多的是一个经验或价值判断。当某种交易含有经营者与消费者之间的严重信息不对称，或者易于造成消费者意思不自由，抑或常伴有消费者非理性行为并对其自身利益造成重大损害，并且适用撤回权能够改善上述不平衡且不至过于侵蚀经营者利益以及市场整体效率的，则可以考虑引入消费者撤回权。

而合同的“特殊”之处则可能是多种多样的，并无一定之规，譬如：（1）订立合同的营销方式具有特殊性，如通过网络、电视、电话等通信工具订立的远程购物合同；（2）订立合同的时间、地点具有特殊性，如在经营者的非营业地订立的合同、跟团旅游过程中在旅行社安排的购物店订立的合同等；（3）合同约定的权利义务比较复杂，条款冗长、晦涩，超出普通消费者的理解力（并可能伴有合同的长期性、人身性、重大性），如某些金融消费合同、分时度假合同等；（4）上述特殊之处还会相互结合和联系，形成更为复杂、特别的合同类型，如以P2P为代表的互联网金融服务合同等。

（三）通过负面清单对特殊情况排除适用

正如本书第三章所述，大数法则和类型化思想是消费者撤回权的理

---

① 王洪亮：《消费者撤回权的正当性基础》，载《法学》2010年第12期，第98页。

② 张学哲：《消费者撤回权制度与合同自由原则——以中国民法法典化为背景》，载《比较法研究》2009年第6期，第70页。

③ Christian Twigg-Flesner, Reiner Schulze. Protecting ration choice: information and the right of withdrawal, in Geraint Howells etc. (Ed.) Handbook of Research on International Consumer Law, Northampton Massachusetts: Edward Elgar Publishing Limited, 2010: p147.

论基础之一。消费者撤回权的适用范围从某种程度上说就是对生活经验中大数法则的总结，并运用法律技术将之类型化的结果，其不太可能通过下定义的方式予以精准确定。这就决定了访问交易、远程交易等概念只是近似的归纳，存在相当的例外情形，主要包括：（1）撤回将过分损害经营者利益的情形；（2）撤回将诱发严重逆向选择和道德风险的情形；（3）基于公法或政策的原因不便于撤回的情形等。因此，各国相关立法大多通过负面清单的方式对这些例外予以排除。

二、关于适用方式

一般认为，民法规范可以分为任意性规范（default Rule，英美法一般称为“默认规则”）和强制性规范（mandatory rule）。前者“只在当事人没有另作约定的范围内才适用。由于这些补充规范的效力不及当事人另行约定的效力强，因此我们称之为任意规范，或可以通过约定予以排除或变更的规范。与此相反，有些规定适用于任何一种情形：即使当事人做了不同的约定，这些规定仍然适用，亦即它们的适用是不以当事人的意志为转移的，我们称之为强制规范或不可通过约定予以排除或变更的规范”①。而消费者撤回权的适用方式所研究的，是规定撤回权制度的法律规范应当是强制性规范还是任意性规范，以及在完全的、绝对的强制性和任意性之间是否还可以存在某种折中方式的问题。

（一）基本适用方式

在各国（地区）立法中，将消费者撤回权制度规定于强制性规范和任意性规范中的立法例均不鲜见：（1）强制适用。当消费者撤回权制度为强制性规范时，合同双方不得通过协议排除该规范的适用或变更其内容，甚至消费者通过主动放弃撤回权去换取商品折扣也是不允许的。如欧盟《消费者权利指令》第25条明确规定，成员国在转化本指令过程中不得通过国家措施剥夺本指令赋予消费者的权利；任何直接或间接的剥夺或限制本指令赋予消费者的权利的合同条款，对消费者都没有约束力。当然，从目的解释出发，这种强制适用以对消费者有利为前

① ［德］卡尔·拉伦茨：《德国民法通论（上册）》，王晓晔、邵建东、程建英、徐国建、谢怀栻译，法律出版社2013年版，第42页。

提，如经营者对于撤回权做出优于法定标准的承诺（如更长的撤回期），则不得反悔[①]。(2) 默认适用。当消费者撤回权制度为任意性规范时，合同双方如无不同约定，则自动适用立法者预先订立的默认规则；但合同双方可以通过另行约定权利义务排除撤回权的适用。如日本《特定商业交易法》第 15 条虽然规定消费者自商品交货或权利转移之日算起 8 天内可以撤回或解除合同，但是，若销售商在广告中显示了关于撤回权的特别约定，则不受此限。又如美国纽约州立法默认赋予实体店的消费者原则上享有为期 30 天的撤回权，但经营者可以通过醒目的方式公布与之不同的退货政策，从而排除州法的适用。

（二）特殊适用方式

上述完全的、绝对的强制性规范或任意性规范的方式只是消费者撤回权适用的基本类型，为了能够使这两种适用方式相互取长补短，立法者和学者还设计出若干带有某种任意性、自治性特征的“强制性”适用方式，譬如：(1)“有减损的”强制适用。如美国 FTC《冷静期规则》虽然严禁经营者在合同中通过约定对某个判决的承认或买方作出放弃取消合同权利的声明等形式规避冷静期制度［16 CFR 429.1 (d)］，但是如果消费者出于对某种商品或服务的善意的急需，并向经营者提供单独的手写且注明日期的对于这种急需的说明，可以要求经营者立刻履行合同并放弃自己取消合同的权利［16 CFR 429.0 (a) (3)］。(2) 强制的“选择”适用。如豪斯特·艾登穆勒教授建议在远程消费合同中适用一种消费者必须主动表明其是否需要撤回权的制度，即消费者被赋予一项强制性的选择程序，他不得不在享有撤回权和放弃撤回权两者中主动选择一项，在这一过程中经营者不得施加任何明示或暗示的影响。当然，所对应的商品或服务价格也因为消费者选择的不同而有所差

① 王轶教授称之为“混合型规范”，认为“当事人在交易中所做的约定与现行法的规定相较，更加有利于消费者或劳动者等弱势群体利益的保护，则自然允许，该项规定就对应着补充性任意性规范；如果当事人约定与现行法的规定相较，不利于消费者或劳动者等弱势群体的保护，该约定属于排除强制性规范适用的约定，自当禁止，该项规定就对应着强制性规范”。参见王轶：《民法典的规范类型及其配置关系》，载《清华法学》2014 年第 6 期，第 63 页。

异[1]。(3)“有例外的”强制适用。如我国《消费者权益保护法》第25条总体上属于强制性规范，但第二款却规定“除前款所列商品外，其他根据商品性质并经消费者在购买时确认不宜退货的商品，不适用无理由退货”。因此该款规定存在一定程度上被解释为任意性规范的空间。

第二节 访问交易

一、访问交易的概念和特点

对于访问交易，最原始的形态是消费者于自己家中，在没有交易之预期和准备的情况下，受到不请自来的推销员“突袭式”营销，因而美国法至今仍保留了“上门销售”这一最初的名称。随后，类似的营销手段出现在消费者住宅以外，如工作场所、休闲场所、公共场所等。欧盟立法根据其通常发生的地点将之抽象化为“非营业地交易”的概念。而日本法中“访问销售”、台湾法中“访问交易”的概念又将其地点扩展到一定条件下包含经营者的营业场所。本书赞同“访问交易”的概念和称谓，将之定义为，经营者与消费者通过面对面的方式在非营业场所订立，或者虽在经营者的营业场所订立但消费者的意思自由受到不当影响的消费合同。与普通的消费合同订立方式不同，访问交易具有如下特点：

首先，此类交易最初的样态，即上门交易构成了某种对消费者住宅不受侵犯权的滋扰。住宅是与外部隔开的，其功能在于排除他人的干扰，而形成具有领域界限和私密味道的场所。住宅以其物质上的构造成就了人与外部的分离，它使得一个社会性的人也可以以其纯属自然人的形象出现在这样一个特定的空间。因此，住宅不受侵犯权对于每个人、

① Horst Eidenmüller. Why Withdrawal Right? European Review of Contract Law, Vol. 7, 2011: p9-10.

每个家庭的安宁、健康、自由、发展有着极其重要的价值[①]。而上门交易则打扰了消费者于住宅中的安宁，冒犯了消费者于住宅中的隐私，“垄断”了消费者于住宅中的自由，因此有必要对消费者在权利上做某种程度的倾斜补偿。

其次，访问交易在某种程度上侵害了消费者的交易自由。哈耶克认为，自由原本的意义就是指“一个人不受其他某人或某些人武断意志的强制”[②]。而访问交易中，消费者被认为处于一个不能采取理性选择的位置上[③]。推销员往往利用消费者在理性、信息、急于摆脱而又无法离开等方面弱势与不忍强行逐客的宽容，实施侵犯性商业行为或误导性商业行为。正如艾登穆勒教授所说，消费者是否订立合同的决定被各种外部因素所扭曲，如无交易准备、时间压力、心理陷阱、很难终止谈判以及经营者的各种操纵性手段[④]。在这种经营者强加的“情景垄断”之下，消费者的理性自决受到严重威胁，其意思表示极易出现不自由。

最后，经营者通过制造“情景垄断”，使得消费者无法对合同的谈判进行准备，无法将该经营者的报价以及商品质量与其他经营者进行比较[⑤]。故访问交易中消费者在信息上较一般消费者更弱，而这点往往被经营者所利用。

针对访问交易中出现的上述问题，通过赋予消费者撤回权，可以使得消费者在情景垄断所造成的不当影响消失后，有机会重新收集、分析相关信息，并重新考虑交易是否出于自己的本意，从而形成较为稳定的意思表示。曾有学者从维护“有约必守”原则出发，提出被称为“选择构架（choice architecture）”的方案——一项访问交易被分为两步：

---

① 参见庞凌、缪岚：《安全·自由·自主——住宅不受侵犯的价值蕴含》，载《法律科学》2005年第6期，第3页。

② ［英］弗里德里希·冯·哈耶克：《自由宪章》，杨玉生、冯兴元、陈茅等译，中国社会科学出版社2012年版，第28页。

③ Caroline Cohen. the Contract Law Principle of pacta sunt servanda and Behavioral Economics Literature in Relation to Justifications for the European Consumer's Right of Withdrawal under Directive 2011/83/EC，Exeter Student Law Review Vol. 2，2016：p16.

④ Horst Eidenmüller. Why Withdrawal Right? European Review of Contract Law，Vol. 7，2011：p12.

⑤ Gerhard Wagner. Mandatory Contract Law：Function and Principle in Light of the Proposal for a Directive on Consumer Rights，Erasmus Law Review No. 3，2010：p58.

第一步，经营者只能访问消费者并向其展示欲销售的商品，但此阶段达成的合同是无效的；第二步，经营者离开后，消费者再通过电话或者网络签订有效的合同[①]。本书认为该方案因过于烦琐而缺乏可行性和确定性，在理论和实务上，可能引发更多的混乱。

二、法律的态度

（一）欧盟法中的“非营业地合同”

目前欧盟关于非营业地交易的规定集中于《消费者权利指令》(2011/83/EU) 中。值得注意的是，由于该指令对非营业地交易和远程交易进行了统一规制，故下述大多数规定同样适用于远程交易。就非营业地交易领域而言，适用方面的规范主要有如下内容：

首先，规定了适用消费者撤回权的积极条件，即应当属于“非营业地合同”（off-premises contract）。该指令第 2 条第（8）项所定义的非营业地合同包含以下四种情形：（1）经营者与消费者同时面对面地在经营者的营业场所以外订立的合同。（2）消费者在经营者的营业场所以外面对面地向经营者发出要约的合同。（3）消费者在经营者的营业场所以外单独、个别的收到经营者的通知后，立即于经营者的营业场所内或通过远距通信工具与经营者订立的合同。（4）在由经营者组织的旨在推销商品或服务的短途旅游中订立的合同。同时，该指令第 2 条第 9 款将营业场所定义为：经营者进行营业活动的固定场所或习惯上认可的移动场所。

其次，规定了适用消费者撤回权的消极事由，分为三个层次。第一，该指令的“鉴于（Whereas）”部分第（28）条规定，为了避免对经营者施加过度的负担，成员国有权在非营业地消费领域确定一个商品或服务适用撤回权的最低金额。该金额不得超过 50 欧元。如果涉及同时订立的多个合同，则多个合同的总金额不得超过 50 欧元。第二，该指令第 3 条第 3 款规定了 13 种不适用本指令的情形，包括家政服务；医疗服务；博彩服务；金融服务；有关不动产的合同；旅游度假服务；

① Jan M. Smits. the Right to change your mind? Rethinking the Usefulness of Mandatory Rights of Withdrawal in Consumer Contract Law, Maastricht European Private Law Institute Working Paper, 2011：p11-12.

法律与公证服务；定期向家庭配送食品、饮料或其他日常用品的合同；旅客运输服务；通过自动售货机订立的合同；通过远程手段订立的电信服务合同。也就是说，消费者撤回权在上述情形中可能也有所适用，但其适用的法律依据并非《消费者权利指令》。第三，该指令第16条明确规定了不适用消费者撤回权的13种例外，分别为：（1）经消费者事先明确同意，且承认合同一旦履行完毕即丧失撤回权的情况下，服务合同已经全部履行的；（2）商品或服务的价格取决于金融市场的波动而不受经营者控制，且这种波动可能在撤回期间内发生的；（3）为消费者定制的个性化商品；（4）易于腐败或保质期较短的商品；（5）由于健康或卫生方面原因，交付拆封后不适于退货的密封商品；（6）商品交付后，依其性质已与其他物品混合而不可分割的；（7）已于合同订立时约定价格的酒精饮料，但只能在30天之后交付，其价格取决于市场波动而不受经营者控制的；（8）消费者请求经营者访问其住所所进行的紧急维修或保养，但倘若经营者借此机会提供额外的非必需的商品或服务，消费者对该额外的商品或服务仍然享有撤回权；（9）密封包装的音频、视频唱片或计算机软件，交付后被拆封的；（10）报纸、杂志、画刊等出版物，但关于此类商品的订阅合同不在此限；（11）公开拍卖中订立的合同；（12）长期居住目的以外的住宿、货物运输、汽车租赁、餐饮等休闲服务合同，且约定了特定履行日期或期间的；（13）经消费者事先明确同意，且承认合同一旦履行完毕即丧失撤回权的情况下，提供不具备有形载体的数字内容的。

最后，该指令第25条明确规定该领域消费者撤回权的适用方式为强制适用，成员国在转化本指令过程中不得通过国家措施剥夺本指令赋予消费者的权利；任何直接或间接的剥夺或限制本指令赋予消费者的权利的合同条款，对消费者都没有约束力。

（二）美国法中的“上门销售”

美国联邦层级关于上门销售领域撤回权的法律文件目前只有FTC《冷静期规则》。该规则开头的“定义”部分便开宗明义地规定了消费者撤回权的适用范围。首先，《冷静期规则》将撤回权的积极适用条件界定为在上门销售（door-to-door sale）中。《冷静期规则》对“上门销售”的定义为，对于商品或服务的买卖、租售或租赁交易，该交易由经营者及其代理人主动提出，并在经营者的非营业场所与买方签订合同。可见，虽然名曰“上门”，但撤回权的适用地点并不限于消费者的住所，也包括消费者暂时性停留的该经营者的非营业场所，如酒店或汽车旅馆的客房、露天市场、会展中心、餐厅、消费者的工作场所等。同时，如果交易在消费者的住所进行，交易的标的物应在 25 美元以上；而如果交易在其他非营业场所进行，交易的标的物则应在 130 美元以上［16 CFR 429.0（a）］。

当然，《冷静期规则》也规定了不适用本法的 8 种例外情形：（1）依据消费者先前至经营者进行商品或服务展示的营业场所进行的协商而订立的合同；（2）消费者依据《消费者信用保护法》等法律法规享有解除权的合同；（3）消费者出于对某种商品或服务善意的急需，向经营者提供单独的手写且注明日期的对于这种急需的说明，并明确承认放弃自己的撤回权的；（4）在商品交付或服务履行前，消费者与经营者及其代理人完全通过邮件或者电话联系并缔约，双方无其他任何接触的合同；（5）由消费者主动发起，并明确要求经营者访问其住所对其个人财产进行的维修或保养，但在维护过程中，经营者向消费者提供额外的商品或服务仍然适用撤回权；（6）消费者与在证券交易委员会注册的经纪商订立的买卖或租售不动产、销售保险、证券、期货等合同［16 CFR 429.0（a）（1）－（6）］；（7）与有永久性经营场所的汽车经销商在拍卖会、帐篷或其他临时经营场所订立的销售小汽车、厢式货车、卡车或其他机动车辆的合同；（8）在展销会等场所与销售艺术品、工艺品的经营者订立的合同（16 CFR 429.3）。

最后，在适用方式上，虽然《冷静期规则》严禁经营者在合同中通过约定对某个判决的承认或买方放弃撤回权的声明等形式规避冷静期制度［16 CFR 429.1（d）］，但是由于上述第（3）条例外的存在，符合条件的消费者还是可以通过特定程序放弃自己的撤回权以换取经营者立即履行合同［16 CFR 429.0（a）（3）］。故笔者称该适用方式为“有减损的”强制适用。

（三）日本法中的“访问销售”

日本在《特定商业交易法》中相对集中地规定了访问销售、通讯销售、电话推销、特定持续性服务、多层次直销、以提供业务为条件的销售、访问收购等七种特定交易中的撤回权制度。其中，“访问销售”是撤回权制度最早和最重要的调整领域，次序和相关法条数量位居首位。同时，后期修法时增补的“多层次直销”“访问收购”也可归入广义的访问交易范畴。《特定商业交易法》第 2 条第 1 款所定义的“访问销售”包括两种情形：一是经营者在营业所、代理店或其他主管部门规定的其他类似场所以外的地点，与消费者订立的销售商品、特定权利或提供服务的合同。可以认为这是原本意义上的访问交易。二是经营者在营业场所外招揽消费者，并使之同行至经营者的营业场所订立销售商品、特定权利或提供服务的合同。这种方式被称为“捕捉型贩卖(catch sales)”。

同时，《特定商业交易法》以及与之配套的《〈特定商业交易法〉实施条例》等法规也规定了消费者撤回权在适用上的负面清单，可分为两类。一是整体上不适用《特定商业交易法》的交易类型，主要是非消费合同以及律师、金融、旅游、不动产等由其他法律调整的领域。二是不适用消费者撤回权的例外，包括：（1）在营业场所外招揽的出租车、饭店就餐、按摩、K 歌服务；（2）销售或租赁汽车；（3）供应水、电、气、热以及殡葬等即时付费型服务；（4）食品、药品、化妆品等指定的消耗品；（5）金额小于 3000 日元的现金交易；（6）基于消费者请求而在其住所订立的合同；（7）经营者对消费者进行定期回访过程中，在无推销行为的前提下订立的合同①。

需要说明的是，虽然日本法上的“访问销售”原本主要是指发生于非营业地的交易，但“主管部门规定的其他类似场所以外的地点”之条款为将访问销售在一定条件下扩展至经营者的营业场所提供了可能。近年来，日本的行政立法、司法判决、学者观点均倾向于以消费者是否有意思自由作为实质判断标准。即使处于营业场所，如经营者通过隐匿价格等方式使消费者不能自由选择商品，仍有消费者撤回权之适用空间②。

---

① 斉藤雅弘、池本誠司、石戸谷豊：『特定商取引法ハンドブック（第 5 版）』，日本評論社，2014 年版，第 141-143 頁。

② 圓山茂夫：『詳解特定商取引法の理論と実務（第 2 版）』，民事法研究會 2010 年版，第 35-36 頁。

最后，在适用方式上，《特定商业交易法》第9条第8项规定，违反前面各款规定的特别约定，如对消费者不利，视作无效。因此，在日本法中，访问交易领域的消费者撤回权制度亦属于强制性规范。

（四）我国台湾地区法中的“访问交易”

我国台湾地区关于消费者撤回权的制度规定于《消费者保护法》中。总的来说，该法对于消费者撤回权适用的规定并不像欧、美、日规则那么繁杂。在适用范围上，该法第19条规定了撤回权的积极适用范围为“通讯交易”与“访问交易”两种“特种交易”。同时，该法第2条将“访问交易”定义为：企业经营者未经邀约而与消费者在其住居所、工作场所、公共场所或其他场所所订立之契约。在适用方式上，该法第19条规定，通讯交易或访问交易违反本条规定所为之约定，其约定无效。可见，该条款亦为强制性规范。

从内容上看，我国台湾地区关于访问交易中消费者撤回权之适用的规定有以下三个特点：首先，其并无欧、美、日法律中所大量罗列的有关例外情形的明确规定。对此，虽然有台湾学者建议应当“参酌欧盟指令之规定而提出在某些特定之交易客体上，应予以限制其适用”[①]。但主流学者与立法者认为：第一，在解释论上，消费者行使撤回权，并非毫无限制，仍应当适用民法中的“权利滥用禁止原则”与“诚实信用原则”，以此抵抗消费者滥用撤回权之情形，既可避免宁可错杀一百之立法方式，亦可解决消费者权利滥用之问题。第二，在法律政策上，立法者希望通过不设“负面清单”，以尽量扩大撤回权适用客体之范围[②]。其次，“未经邀约”之条件为其特有。早期观点认为，经营者须未经消费者“邀约”始有构成访问买卖之可能，若契约系由消费者先为邀约后始缔结成立，则非消保法之访问买卖。新近观点则认为，即使消费者主动请求经营者来访，洽谈缔约或提出要约之事宜，仍有高度之可能性遭受突袭与心理压力，故“未经邀约”已不足以评价访问交易之概念

① 戴豪君：《电子商务纪元消费者保护法律课题（上）》，载《科技法律透析》第12卷5期，2000年第5期，第48-49页。

② 参见蔡菁华：《消费者无条件解除权之研究》，台湾大学硕士学位论文，2015年，第121-122页。

特征，解释适用上不宜将之视为要件，应仅为一参酌要素①。再次，访问交易之适用地点除消费者居所、工作场所、公共场所外的“其他场所”如何界定？是否包括经营者的营业场所？对此，主流观点认为“消费者保护法规定所谓其他场所，系指凡消费者无法作正常考虑缔约与否机会之任何场所。如消费者于该企业经营者之住居所或营业所无正常考虑是否确欲缔约之机会者，亦属之”②。该观点与日本法类似，而与欧、美法存在差异。

三、评析

（一）访问交易的构成要件与消费者撤回权的适用范围

通过对访问交易特征的分析以及对域外法的考察可以发现，确定访问交易中消费者撤回权适用范围的实质性要件是：消费者是否具有受到情景垄断而造成意思表示不自由和信息不对称的现实危险性，同时，住宅是否被滋扰，交易是否可以类型化、具体化，本国消费纠纷的实际状况等也是重要的考量因素。

首先，访问交易主要指发生于“营业场所以外”的消费合同，但也包括某些具体化、类型化的在经营场所内订立的合同。即本书认同日本法、我国台湾地区法在这一问题上的做法。纵然非营业场所确为情景垄断的高发地带，“但某些时候营业场所中操纵性的营销伎俩甚至更为强大有力……相较于非营业地，消费者在商店中同样会非常难以摆脱谈判，同样会因没有准备而感到吃惊。比如某位消费者原本只是准备去银行取钱，却在工作人员的推销下购买了某款理财产品”③。在亚洲，发生在营业场所的情景垄断甚为常见。日本行政规范性文件《关于加强〈特定商业交易法〉实施的意见》（特定商取引に関する法律等の施行

① 参见蔡菁华：《消费者无条件解除权之研究》，台湾大学硕士学位论文，2015 年，第 85-93 页。

② 台湾地区“高等法院”92 年度上易字第 207 号判决。类似判决有：台北“地方法院”95 年度北消小字第 15 号判决、台北“地方法院”94 年度北消小字第 12 号判决等。转引自蔡菁华：《消费者无条件解除权之研究》，台湾大学硕士学位论文，2015 年，第 96 页。相似观点参见詹森林：《民事法理与判决研究：民法总则、债法总论、买卖法及消费者保护法》，北京大学出版社 2005 年版，第 345 页。

③ Horst Eidenmüller. Why Withdrawal Right? European Review of Contract Law, Vol. 7, 2011: p13.

について）列挙了三种具体的行为类型：（1）销售员采取包围消费者，并强迫消费者使用商品之劝诱行为。（2）仅就高价商品等特定商品进行反复劝诱，使消费者无法自由选择所陈列之商品。（3）为劝诱时，通过隐藏消费者的鞋子等物品，妨碍消费者离开该场所。在我国，国家旅游局《关于打击旅游活动中欺骗、强制购物行为的意见》［旅发（2015）217号］也列举了“旅行社、导游领队对旅游者进行人身威胁、恐吓等行为强迫旅游者购物”等发生在营业地的侵犯消费者自由的行为。但需要强调的是，将访问交易的范畴扩大到营业场所内的做法应当是克制和谨慎的，仅适用于消费者无法做出完全自由的意思表示，且实践中集中发生消费纠纷的类型化交易，形式上宜由法律通过正向列举的形式明确规定，警惕访问交易的概念沦为“口袋条款”，以避免对法律确定性和市场可预期性造成冲击。

其次，交易是否由经营者主动提出或是否未经消费者“要约”，不作为是否成立访问交易的要件。即使是经营者基于消费者请求而在其营业场所以外（如消费者的住所）与消费者订立的合同，仍然可能属于访问交易。故本书之观点与美国法、日本法有所不同。其理由为，在消费者主动邀请经营者来访，洽谈缔结合同之事宜的情况下，虽然消费者对交易有所预期，不具有“突袭性”，但在理性、时间压力、无法摆脱交易等方面的弱势仍在。经营者营造情景垄断，对消费者进行侵略性或误导性商业行为的危险性仍然很高。同时，证明由哪方主动提出交易以及相应交易范围的成本相当高昂。根据詹森林教授的观点，经营者需要证明：（1）邀约必须出自消费者之自愿；（2）邀约与其后缔结之契约具有关联性；（3）自邀约始起，至实际缔约时止，必须客观上有足够之期间，消费者有机会准备缔约事宜暨利用该期间进行商品之比较①。足见实务中证明难度极大且与消费者撤回权灵活简便的运作方式格格不入。因此，欧盟指令将消费者请求经营者来访从而达成交易也纳入消费者撤回权的保护范围，仅设置“紧急情况”的例外（《消费者权利指令》第3条第3款第8项）的做法值得赞赏。

再次，经营者与消费者之间存在一个“面对面”谈判过程是成立

① 参见詹森林：《民事法理与判决研究：民法总则、债法总论、买卖法及消费者保护法》，北京大学出版社2005年版，第341–344页。

访问交易的重要标志。欧盟《消费者权利指令》强调了访问交易的一个核心要件，即“经营者与消费者同时面对面在场”（simultaneous physical presence）。相似的，美国《冷静期规则》也排除“消费者与经营者及其代理人完全通过邮件或者电话联系并缔约，双方无其他任何接触的合同”对冷静期的适用。“面对面”的要求充分体现了访问交易中撤回权制度的立法宗旨，因为唯有“面对面”才存在经营者对消费者施加情景垄断的运作空间。随着自动售货和自助服务技术的发展，相关设备所在地是否属于营业场所很可能引起争议，上述“面对面”要件的价值就在于将这类合同排除出访问交易的范围，从而填补漏洞，预防访问交易沦为山包海含的“口袋条款”。

（二）访问交易中消费者撤回权条款的适用方式

与远程交易中出现的各执己见不同，对于访问交易中消费者撤回权的适用方式，立法者和学者们保有大体上的共识。不论是欧盟《消费者权利指令》、美国《冷静期规则》、日本《特定商业交易法》、我国台湾地区《消费者保护法》，还是我国《直销管理条例》，总体看来均为强制性规范，虽然《冷静期规则》从平衡经营者利益的角度出发对强制性进行了一定“减损”。即使是主张消费者撤回权制度应当是任意性规范的学者，如奥姆利·本-沙哈尔和埃里克·A. 波斯纳，也明确指出“有一种屈指可数的情形，基于信息不对称和强迫交易的原因，适用强制性撤回权制度是合理的。上门交易就是这个唯一的情形”[①]。其理由也显而易见，在情境垄断之下，因为消费者的意思自治处于危险之中，他对于是否订立消费合同的意思表示都可能出现不自由，那么对是否需要撤回权的判断就更是如此了[②]。对此，本书表示赞同。

但不同的意见也还是有的。豪斯特·艾登穆勒教授认为应仅在（对消费者住宅的）上门交易中适用强制性撤回权，而在所有非营业地交易

---

① Omri Ben-Shahar, Eric A. Posner. the Right to Withdraw in Contract Law, Journal of Legal Studies Vol. 40, 2011: p17.

② Gerhard Wagner. Mandatory Contract Law: Function and Principle in Light of the Proposal for a Directive on Consumer Rights, Erasmus Law Review No. 3, 2010: p58.

中均适用强制性撤回权的做法是缺少有力论据的①。考虑到艾登穆勒教授不区分营业地合同和非营业地合同的主张，以上观点更多是对欧盟指令中“非营业地交易”这一个概念科学性的质疑。但该观点对我们有两点启发：首先，上门销售作为严重侵害消费者意思自由的典型商业模式无疑应强制性适用撤回权。其次，对于其他因纳入访问交易而强制适用消费者撤回权的具体情形，应本着谨慎的、严格的态度确定之。

第三节 远程交易

一、远程交易的概念和特点

面向消费者的远程交易并不是一个新潮的事物。早在19世纪70年代，美国的邮购已经流行。而我国的邮购业则出现于清末民初②。早期经营者借助的媒介主要是报纸、杂志或直接向消费者寄送商品目录。在20世纪，随着广播、电视、电话、传真等技术的出现，上述通信工具均被邮购业经营者广泛使用。但彼时的邮购业总体上仍然是实体店消费的一个补充；相关的法律也只是传统法律的一个延伸，未见消费者撤回权之类的创新。但20世纪末以来，互联网技术的发展使传统的邮购业发生了根本性的变革。甚至，“邮购”的概念也被“远程交易”或“通讯交易”所取代。同时，这些颠覆性的变化对法学理论产生冲击，出现了消费者撤回权等新制度。本书从我国大多数学者的习惯，采“远程交易”之称谓，并将远程交易界定为，经营者仅仅通过网络、电视、电话、邮购等远程方式与消费者订立的销售商品或提供服务的合同。

① Horst Eidenmüller. Why Withdrawal Right? European Review of Contract Law, Vol. 7, 2011: p13.

② 参见段玉婷：《近代中国的邮购事业评述》，载《重庆邮电大学学报（社会科学版）》2015年第5期，第79页。

远程交易与普通消费合同相比具有独特的优势，如足不出户的便利性和更有竞争力的价格[①]，但消费者也面临着诸多风险和不公平。曾经起草了 DCFR 的欧盟民法典专家组认为这些风险包括：(1) 由于商品在购买前无法被检验和试用，存在不满意的风险；(2) 经营者的欺诈行为；(3) 较难进行退换货等售后服务；(4) 不发货[②]。欧洲学者卡罗琳·科恩认为这些风险有：(1) 消费者在合同订立前对商品的质量和经营者的可靠性均无法做出有效的评估；(2) 远程购物中的消费者常常会以他们的情绪作为导向而不是出于理性思考[③]。爱尔兰学者阿霍姆·麦克拉弗蒂则认为，远程交易的不平衡之处在于，消费者没有机会评估商品的质量，从而高度依赖卖方提供的信息，并且必须在检视商品前付款[④]。本书认为，随着技术的发展（如支付宝、微信支付等第三方支付平台解决了付款问题）和远程交易市场的成熟与规范，上述很多风险得到了有效地降低，而由于仅通过远程方式缔结合同，消费者在整个交易过程中没有实际检视商品的机会以及由此带来的信息严重不对称问题，依然是远程消费中的消费者面临的最大风险。因此，在远程交易中赋予消费者撤回权的首要意义就在于使消费者获得与实体商店购物相当的充分且适当的信息。

另一方面，与访问交易相比，远程交易中的消费者意思表示的自由并没有被经营者不当影响，“坐在家里电脑前的消费者并没有被外界压力所迫而进入交易，她可以自由地对比价格，可以在任何时候离开网页”[⑤]。因此，如本书第三章所述，也有不少学者认为在远程交易领域赋予消费者撤回权的理由是不充分的，至少其适用方式应当与访问交易中的有所区别。各国（地区）的立法对于远程交易中撤回权的态度，

① Aonghus Mcclafferty. Effective Protection for the E-Consumer in light of the Consumer Rights Directive? Hibernian Law Journal, No. 85, 2012: p99.

② Commission Staff Working Document. Report on Cross-Border E-Conmerce in EU, Feb. 2009.

③ Caroline Cohen. the Contract Law Principle of pacta sunt servanda and Behavioral Economics Literature in Relation to Justifications for the European Consumer's Right of Withdrawal under Directive 2011/83/EC, Exeter Student Law Review Vol. 2, 2016: p16-17.

④ Aonghus Mcclafferty. Effective Protection for the E-Consumer in light of the Consumer Rights Directive? Hibernian Law Journal, No. 85, 2012: p88.

⑤ Gerhard Wagner. Mandatory Contract Law: Function and Principle in Light of the Proposal for a Directive on Consumer Rights, Erasmus Law Review No. 3, 2010: p58.

特别是在适用方式方面，也呈现出较大的差异。

二、法律的态度

（一）欧盟法中的“远程合同”

在欧盟，远程交易和非营业地交易的相关规则统一规定在《消费者权利指令》中。该指令第9条“统一”地规定了消费者撤回权的适用范围为“远程合同”和“非营业地合同”。同时，该指令第3条第3款规定的13种不适用本指令的情形以及第16条规定的不适用消费者撤回权的13种例外情形①，亦“统一”地适用于远程交易和非营业地交易。由此，远程交易中消费者撤回权适用的积极条件，即“远程合同”的具体含义，成为确定其适用范围的关键。

根据《消费者权利指令》第2条第（7）项之规定，“远程合同”（distance contract）是指一种在合同订立时，消费者与经营者双方并不面对面接触，仅通过一种或多种远程通信工具（如邮购、网络、电话、传真等）达成的有组织地提供商品或服务的合同。在“鉴于”部分第（20）条，该指令又进一步解释道，远程合同的概念还包括消费者仅仅出于收集商品或服务的信息之目的，访问经营者的营业场所，随后再通过远程方式进行协商并达成的合同。相反，一项在经营者的营业地进行协商，但最终通过远程手段达成的合同不视为远程合同。最初通过远程手段发起，但最终达成于经营者的营业地之合同也不视为远程合同。同样，远程合同的概念也不包括消费者通过远程手段预约专业人员为其提供服务（如消费者通过电话预约理发师）的合同。最后，指令还强调了有组织地提供商品或服务的合同包含利用第三方交易平台订立的合同，但不包含把网站仅仅作为展示商品或服务信息及其合同细节之手段的情形。

在适用方式上，该指令第25条规定了其强制性规范的性质“统一”地适用于远程合同和非营业地合同。

① 这两组情形的具体情况，请读者参阅本章“欧盟法中的‘非营业地合同’”部分，在此不赘。

（二）美国法

总的来说，对于远程交易中消费者撤回权问题，在美国联邦层级并没有特别的法律规定。尽管如此，奥姆利·本-沙哈尔和埃里克·A. 波斯纳两位教授仍然对美国法中类似的制度进行了梳理：第一，在ProCD, Inc. v. Zeidenberg一案①中，美国联邦第七巡回上诉法院的弗兰克·伊斯特布鲁克（Frank Easterbrook）法官承认了开封生效的许可协议（shrinkwrap license）的效力。同时该判例也确认了消费者拥有一项与撤回权功能相似的权利——对于包含此类“开封生效的许可协议”的商品，消费者在收货后有权退货。显然远程交易是行使该权利的常见背景。第二，《美国统一商法典》第2章第601条和608条规定，买方发现卖方所供之商品不合格时，有权拒收或在合理期限内退货。第三，某些合同，尤其是服务合同，可以约定“服务必须使接受服务的一方满意”，而“满意”的标准通常有两类，一类为匹配度、可用度和适销度等较为客观的标准，另一类则基于接受服务者的喜好、气味、感觉和判断等主观感受。对于第二类合同，只要消费者主观上确实不满意，就可以解除合同。第四，州立法中普遍存在远程交易中消费者撤回权的规定，但经营者可以通过醒目的方式公布与之不同的退货政策，从而排除州法的适用。第五，沃尔玛、亚马逊、塔吉特等零售商在进行网络销售时普遍通过格式条款的形式赋予消费者约定意义上的无理由退货权②。

（三）日本法中的“通信销售”和“电话推销”

与欧盟指令不同，日本《特定商业交易法》将理论上的远程交易细分为“通信销售”和“电话推销”两种类型分别予以调整。根据该法第2条的规定，前者是指经营者通过邮政或主管部门规定的其他方法

---

①【案情简介】1996年，Zeidenberg购买了ProCD公司销售的内容为电话号码本的CD光盘。光盘的外包装上印有“光盘数据禁止用于商业用途”的警示语，光盘运行后，电脑屏幕上亦会出现类似警示语。Zeidenberg并未理睬，他拆开包装后利用光盘中的数据建立了一个网站，以低于ProCD公司的价格转售电话号码信息。ProCD公司认为Zeidenberg的行为违反合同约定对其提起诉讼。威斯康星州西区法院一审判决ProCD公司败诉，而二审中美国联邦第七巡回上诉法院对此案做出了原告胜诉的改判。

② Omri Ben-Shahar, Eric A. Posner. the Right to Withdraw in Contract Law, Journal of Legal Studies Vol. 40, 2011: p15-17.

与消费者订立的销售商品、特定权利或提供服务的合同。但属于电话推销的除外。根据日本经济产业省的规定，通信销售可以采用的方式包括书信、邮件、电话、传真、网络、电报等①。后者是指经营者通过拨打电话或通过政令规定的方法（如散布印有“恭喜中奖，您可以以五折之价格购买某型手机一部，详情请拨打电话‘〇〇〇号’”的卡片）使消费者向自己拨打电话，并在电话中劝诱消费者与自己订立合同，再与消费者通过电话、邮政、网络等远程方式订立的销售商品、特定权利或提供服务的合同。日本法之所以将“电话推销”规定为一种独立交易类型，是因为电话推销具有突袭性、匿名性、执拗性、简便性，消费者很难拒绝，也很难寻求咨询，其意思表示在形成过程中易受到不当影响②。由此可见，电话推销兼具通讯销售的“远程性”与访问销售的“威胁意思自由性”的特征。

在撤回权方面，《特定商业交易法》对于通讯销售和电话推销的规定也有所不同，其中最显著的区别是适用方式。对于通讯销售，该法第15条虽然也赋予通讯销售的消费者为期8天的撤回权，但紧接着又规定“若销售商在广告中显示了关于撤回申请的特别约定，则不受此限”。可见该条款属于任意性规范，撤回权在通讯交易中只是默认适用，允许买卖双方予以变更或排除。但对于电话推销，该法第24条赋予消费者为期8天的撤回权；同时规定，违反前面各款规定的特别约定，如对消费者不利，视作无效。可见，电话推销领域的消费者撤回权制度与访问销售相同，属于强制性规范。

（四）我国台湾地区法中的“通讯交易”

与欧盟类似，我国台湾地区亦将“通讯交易”与“访问交易”之规则统一规定于《消费者保护法》中。该法第19条规定了消费者撤回权的积极适用范围为“通讯交易”与“访问交易”两种“特种交易”。同时，该法第2条将“通讯交易”定义为：指企业经营者以广播、电视、电话、传真、型录、报纸、杂志、网际网路、传单或其他类似之方

---

① 消費者庁取引・物価対策課・経済産業省商務情報政策局消費経済対策課編：特定商取引に関する法律・解説（平成28年版），第117頁。

② 斉藤雅弘、池本誠司、石戸谷豊：『特定商取引法ハンドブック（第5版）』，日本評論社，2014年版。第215頁。

法，消费者于未能检视商品或服务下而与企业经营者所订立之契约。可见，其基本内涵亦与欧盟法之“远程交易”相若。值得注意的是，与访问交易中未见具体的例外规定不同，该条款第二、三款明确规定了通讯交易中不适用消费者撤回权的“合理例外情事者”的确定方法，即“前项但书合理例外情事，由‘行政院’定之”。在适用方式上，该法第 19 条规定，通讯交易或访问交易违反本条规定所为之约定，其约定无效。故其亦为强制性条款。

三、评析

（一）远程交易的构成要件与消费者撤回权的适用范围

何为远程交易？虽然前述欧盟《消费者权利指令》、日本《特定商业交易法》、台湾地区《消费者保护法》中均给出了较为明确的定义，但远程交易作为一系列类型化交易的集合，实质上是一种类型化的概念。类型化意味着它有一圈相对模糊的边缘地带，因此立法者也不得不通过附加条件对远程交易的概念进行缩限。比如台湾地区《消费者保护法》中设置了“消费者于未能检视商品或服务”之条件。又如欧盟《消费者权利指令》中“鉴于”部分第（20）条明确排除了三种情形，即：（1）一项在经营者的营业地进行协商，但最终通过远程手段达成的合同；（2）最初通过远程手段发起，但最终达成于经营者的营业地之合同；（3）消费者通过远程手段预约专业人员为其提供服务（如消费者通过电话预约理发师）的合同。以上三种类型的合同，尤其是（1）和（3）从形式看似乎符合第 2 条第（7）项之正向规定，但指令依旧将其排除出“远程合同”的范围。上述两处缩限对于理解远程交易的内涵并合理确定撤回权的适用范围具有重要意义，本书亦赞同之。

首先，远程交易形式上的构成要件是“交易双方在缔约过程中仅仅使用了一种或多种远程交流方式”。相反的，如果交易双方不仅采用了远程交流方式，还同时采用面对面谈判、现场看样等“非远程”缔约行为，则不属于远程交易的范畴。

其次，远程交易实质上的构成要件是“消费者于未能检视商品或服务”。这是交易双方在缔约过程中仅使用远程交流方式的必然推论。在具体解释上本书则赞同台北“高等行政法院”在“Google App 退货”一案[①]判决书中的理解：“所谓‘使消费者未能检视商品’，自系以该次交易进行中，企业经营者是否提供消费者检视商品之机会，尚不包括消费者在其他不同场合（例如网拍业者另设之实体店面）是否有检视同类商品之机会……”即强调本次交易过程中消费者无实际检视商品或服务机会。

再次，远程交易仅指那些发端于传统邮购，发展于电话、电视购物，繁荣于网络购物的区别于以实体店为代表的传统消费样式的类型化交易。“远程”并非指买卖双方沟通方式而言，亦非指标的物交付而言，系针对特定营销方式而言。应当排除传统交易中因使用远程通信工具而偶然符合远程交易形式要件的情形。如上述欧盟指令中的三种须排除的情形，以及通过电话订立的“定期向家庭配送食品、饮料或其他日常用品的合同”等传统交易。欧盟《消费者权利指令》（2011/83/EU）称远程合同是“有组织的合同”，正是此意。

最后，赋予远程交易消费者撤回权的理由是从大数法则的角度，这类销售模式中消费者与经营者的信息不对称严重破坏了消费者理应获得的合同正义。立法所关注的是类型化交易的整体情况，而具体个案中是否确实存在这种信息不对称并非适用撤回权的影响因素。

（二）远程交易中消费者撤回权条款的适用方式

目前，在关于消费者撤回权的全部研究中，最富有争议的一个问题可能就是：以网络消费（更具体地说是网络购物）为代表的远程交易中是否应当以及以何种方式适用撤回权制度。申言之，该领域中的撤回

① 【案情简介】2011 年 5 月，一款名为“超级手机号码追踪器”的手机软件同时于 Apple App Store 和 Android Market 上架销售，开发者声称使用该软件只要输入手机号码，就可以定位该手机位置。但消费者下载后发现并无此功能。台北“市政府”遂要求该软件下架，同时限期要求苹果和谷歌两家公司必须修改服务条款，依照《消费者保护法》赋予消费者撤回权。但谷歌公司拒绝遵守，台北“市政府”对其罚款 100 万元新台币。谷歌公司不服。此案最终上诉到台北“高等行政法院”，谷歌认为：平台附有软件开发公司网址，消费者购买前自行前往了解，构成“已检视商品”，主张不适用撤回权。台北“高等行政法院”最终判决 Apple App Store、Android Market 等平台提供手机付费软件下载服务，亦属于《消费者保护法》规定之“邮购买卖”，适用消费者撤回权，但由于《消费者保护法》相关条款并未设置无条件退款机制之行政法上义务，故台北“市政府”向谷歌公司罚款于法无据，被判败诉。参见蔡菁华：《消费者无条件解除权之研究》，台湾大学硕士学位论文，2015 年，第 3、79 页。

权规则，究竟应当通过一个家长主义的强制性条款规定，还是通过一个仅在当事人没有另行约定的前提下才适用的任意性条款规定？理论论争的具体观点，在本书第三章中做了较为详细的论述，在此不赘。各国（地区）立法上的态度，在上文中也有所介绍。不难发现，欧盟法的强制性色彩最为浓厚，适用条件和例外情况都由法律直接规定，且无任何变通余地；美国法则最为宽松，除某些州法中有关于撤回权的任意性规定外，无理由退货问题基本交给市场自治调整。我国台湾地区法和日本法则介于两者之间，前者虽然也属于强制性规则，但负面清单则较为灵活地授权行政机关确定；后者将远程交易划分为电话推销和访问销售两种类型，分别适用强制性规则和任意性规则。

支持任意性规则的徐伟副教授曾提出一个有意思的问题——为什么包括我国在内的立法者往往对众多自由主义学者提出的尊重市场力量，建立任意性规则的呼吁置若罔闻，执意将远程交易中的消费者撤回权制度规定为强制性条款呢？他从公共选择理论出发，认为有以下原因：首先，一边倒的言论使得少数意见沦为“沉默的螺旋”。其次，采纳（强制性）消费者撤回权制度成为立法者“从善如流”的一种展示。再次，即便立法者意识到了主流舆论存在的偏见，也仍然可能“被俘获”。最后，网络空间强大的话语权使得消费者撤回权制度在网购领域得以优先确立[①]。简言之，这是消费者的短视与立法者“好心办坏事”，甚至为了政绩故意为之的偏见相互作用的结果。不过，笔者对此略带“阴谋论”的观点不敢苟同。在本书看来，决定网络购物中消费者撤回权适用方式的因素主要有以下两条：

一是理性消费者在整体上对撤回权制度的接受程度。根据格哈德·瓦格纳教授的看法，理性消费者作为一个整体往往愿意支付一些额外的费用（指更高的价格）来换取更多的保护，同时考虑到其他好处，立法者将这些保护措施规定为强制性规则即具有合理性。如在几乎所有的国家，卖方都不能通过合同排除自己的产品缺陷责任[②]。就网络购物而

① 参见徐伟：《重估网络购物中的消费者撤回权》，载《法学》2016 年第 3 期，第 90 页。

② Gerhard Wagner. Mandatory Contract Law：Function and Principle in Light of the Proposal for a Directive on Consumer Rights，Erasmus Law Review No. 3，2010：p63.

言，由于商品的性质有很大差异，理性消费者是否愿意负担撤回权成本不可一概而论，如果依据纳尔逊教授的分类，对于通过检查甚至试用才能确定合用程度的经验商品，理性消费者应该是愿意“购买”该权利的。如果通过网络销售鞋子又不提供撤回权，几乎没有人会下单，即使鞋子的价格更为低廉。同样的情况也适用于其他经验商品，比如交易量很大的“衣着类”商品。因此，在此类商品中以强制性规则规定消费者撤回权是合理的。但对于一盒 A4 打印纸或一箱可口可乐这样的搜寻商品，想必理性消费者大抵会选择放弃撤回权以换取更低的价格。但由于立法技术目前无法做到对琳琅满目的商品做出分门别类的规定，因此只能根据大数法则的原则，以作为整体的理性消费者对撤回权在“总体商品”上的接受度为依据，做出相对统一的规定，再对特殊情形做出特别规定。如美国之所以在远程销售中采取任意性立法模式，一个重要原因是，在长期的商业实践中，几乎所有的零售商店都允许顾客无理由退货，市场的力量形成了“自发的秩序”，同时该国在强制信息披露、第三方测评、惩罚性赔偿等方面的消保制度非常成熟，消费者整体上对法定的撤回权需求并不迫切。

二是立法政策。在远程交易中将消费者撤回权规定在强制性规则中具有独特的价值。首先，强制性规则增加了法律的确定性和可预测性。其次，强制性规则具有“标准化”的功能，它使得消费者不需要去理解那些令人望而却步的格式条款，购物体验更为轻松，从而节约了交易成本①。最后，强制性规则能够成为非理性消费者的“避风港”。因此，以强制性规则存在的消费者撤回权制度更有利于贯彻立法者的政策主张。如欧盟强制性的消费者撤回权立法有其特殊的政策动因，即通过强制性立法实现各国远程销售法律规范的统一，进而排除跨境消费障碍，将欧盟各成员国整合为统一的市场，而一个强制性的撤回权对于提升消费者信心是很有必要的。

（三）新思路

一些学者试图在“强制适用的家长主义”的撤回权制度和“任意

① Gerhard Wagner. Mandatory Contract Law: Function and Principle in Light of the Proposal for a Directive on Consumer Rights, Erasmus Law Review No. 3, 2010: p68.

适用的自由主义的”撤回权这两种极端之间寻求妥协之道。具体而言，有两套方案：

方案一：消费者强制性地“选择”适用。在此规则下，消费者被赋予一项不得放弃的选择程序，他必须在享有撤回权但支付更高价格和放弃撤回权但得到更低价格之间主动选择一项。而经营者不能为消费者制定默认规则①。评论者认为这一方案忽视了非理性消费者的利益，因为他们通常并不能正确评估自己在某项交易中是否需要撤回权②。

方案二：消费者可以放弃的法定默认撤回权。在此规则下，消费者被赋予一项事先已经选定的撤回权，但可以通过操作主动放弃从而享受折扣。当然，也可以事先默认消费者不享受撤回权，但有权通过操作“购买”一个撤回权。消费者的任何操作，经营者均不得干涉。评论者认为默认条款往往被视为一个具体行动路线的建议和消费者权利的基准点。但得出具体立法建议还需要进一步实证研究③。

以上两方案的实质都是赋予个体的网购消费者某种形式的选择权，在不影响整体消费者利益的前提下，增进了少数消费者的福利。目前从技术上实现以上两套方案的难度都不大，但欠缺细节设计（如不同价格的形成机制）和实证数据，使得上述研究还处在初级阶段。考虑到我国已经普遍建立了强制性为主的消费者撤回权的现状，以及消费者倾向于保持不作为的行为学特征，方案二能够使缺少理性的消费者在什么也不做的情况下获得撤回权保护④。故该方案似乎更值得我国学者进一步重点研究。

---

① Horst Eidenmüller. Why Withdrawal Right? European Review of Contract Law, Vol. 7, 2011: p9-10.

② Joasia A. Luzak. To Withdraw Or Not To Withdraw? Evaluation of the Mandatory Right of Withdrawal in Consumer Distance Selling Contracts Taking Into Account Its Behavioural Effects on Consumers, Centre for the Study of European Contract Law Working Paper No. 4, 2013: p31.

③ Joasia A. Luzak. To Withdraw Or Not To Withdraw? Evaluation of the Mandatory Right of Withdrawal in Consumer Distance Selling Contracts Taking Into Account Its Behavioural Effects on Consumers, Centre for the Study of European Contract Law Working Paper No. 4, 2013: p31-32.

④ Caroline Cohen. the Contract Law Principle of pacta sunt servanda and Behavioral Economics Literature in Relation to Justifications for the European Consumer's Right of Withdrawal under Directive 2011/83/EC, Exeter Student Law Review Vol. 2, 2016: p23-24.

第四节　复杂消费合同

一、复杂消费合同的概念、特点和种类

复杂消费合同是多种类型合同的集合。在本书中这一概念主要是指，在一定的社会和市场环境下，合同约定的权利义务关系烦琐、精密（如当事人众多、事项复杂、内容奇异），包含的信息量大（如专业信息、法律信息），条款冗长、晦涩（如条款的数量众多、用语的非生活化、关联条款的前后跳转），超出一般消费者的理解能力的消费合同。此外，认定复杂消费合同还有一些参考性特征。首先，有关复杂合同的营销常常伴以与访问交易和远程交易相似的方法。其次，复杂合同往往叠加有长期性、人身性、重大性等特点。另外，复杂消费合同的界定具有明显的时代性和民族性。随着社会经济的发展和消费者素质的提高，原有的复杂合同逐渐被消费者所熟悉，而新型的复杂合同也在不断出现，故相关立法应体现出一定的时效性和回应性。同时，各国对于此领域消费者撤回权的容忍度体现出较大的差异，盲目借鉴国外立法的意义有限。具体就当下之中国而言，笔者认为应当纳入消费者撤回权适用范围的复杂消费合同有：（1）人寿保险；（2）以 P2P 网络借贷和网络众筹为代表的远程金融服务；（3）分时度假。不宜纳入该范围的有：（1）大额消费；（2）信贷消费。

二、应当适用消费者撤回权的复杂消费

（一）人寿保险

人寿保险是我国最早引入消费者撤回权的复杂合同类型，原保监会于 2000 年第一次在《关于规范人身保险经营行为有关问题的通知》中引入了 10 天的犹豫期。目前犹豫期的适用范围为保险期间一年以上的人身保险、投资连结保险、万能保险、分红保险以及通过商业银行代销

的保险。根据马辉博士的研究，“保监会创设犹豫期制度更多的是对现实纠纷的回应，现实生活中保险推销经常采用突袭式营销、电话营销、网上保险等方式，这些情况下投保人或是被剥夺了冷静思考的机会，或是很难获取所购买保险产品的全部信息，且保险合同中充满了复杂晦涩的专业术语，投保人凭借自身的一般知识很难在缔约时充分权衡缔约给自己带来的后果（包括法律上和经济上的风险），因而给予投保人在一定时间内经过深思熟虑后可以单方解除合同的权利符合实质正义”①。

（二）以P2P网络借贷和网络众筹为代表的远程金融服务

当下，互联网金融的大潮席卷而来。虽然互联网金融的业态和模式仍在迅速发展和变革之中，但互联网金融在本质上是以互联网技术为代表的现代信息科技对以商业银行系统和证券市场为代表的金融中介的替代，其发展方向是以较低的交易成本实现彼时相对昂贵的投融资主体间的资金融通。与传统金融主要分为债权融资和股权融资类似，目前的互联网金融业务主要包括P2P网络借贷和网络众筹。P2P借贷（Peer to Peer Lending）指“个体之间或个体与企业之间通过网络实现直接借贷。这里的出借人是个人，借款人则可以是个人也可以是非金融企业。P2P平台居间为借贷双方提供信息沟通、信用评价、投资咨询等促成交易完成的服务”②。而由于《公司法》和《证券法》在公司股东人数上限和公开发行证券方面的强制性规定，我国目前的网络众筹以产品众筹③为主。

但是，对于投资P2P网络借贷和网络众筹的金融消费者而言，其承担的风险却不容小觑。首先，P2P网络借贷和网络众筹的金融属性使其业务天然具有抽象性、复杂性和风险性，超出普通金融消费者的理解能力。其次，互联网金融的远程性、直接性和非实体性，使得投融资主体

① 马辉：《保险合同犹豫期制度的完善》，载《上海金融》2012年第5期，第87页。

② 叶湘榕：《P2P借贷的模式风险与监管研究》，载《金融监管研究》2014年第3期，第71页。

③ 【产品众筹】众筹模式从商业和资金流动的角度来看，其实是一种团购的形式，和非法集资有本质上的差别，所有的项目不能够以股权或是资金作为回报，项目发起人更不能向支持者许诺任何资金上的收益，必须是以实物、服务或者媒体内容等作为回报，对一个项目的支持属于购买行为，而不是投资行为。

之间的信息不对称相较于传统金融中介更加严重（如互联网平台本身的信息不透明、投资对象信息不透明）。传统金融中介之所以存在主要有两个原因：（1）金融中介有规模经济和专门技术，能降低资金融通的交易成本。（2）金融中介有专业的信息处理能力，能缓解储蓄者和融资者之间的信息不对称以及由此引发的逆向选择和道德风险问题[①]。而以 P2P 和网络众筹为代表的互联网金融目前在降低成本方面颇有成效，但在消除信息不对称方面却严重不足。最后，以 P2P 和网络众筹为代表的互联网金融具有社会性，金融消费者不能通过熟人社会的方式（如熟人间的担保、人合性）获得资金安全保障，同时由于目前监管的缺失和滞后，也缺乏陌生人之间交易的安全机制，极易引发道德风险。

因而，在 P2P 网络借贷和网络众筹中引入消费者撤回权制度对于防范互联网金融风险具有积极作用。首先，由于信息不对称是 P2P 网络借贷和网络众筹之风险最主要的来源，而撤回权制度可以给金融消费者一个调查信息、消化信息，对信息进行分析的额外时间，从而对信息不对称进行一定的弥合。其次，金融消费者风险承受能力与金融资产风险不匹配也是 P2P 网络借贷和网络众筹之风险的重要来源。目前，我国在私募投资基金、A 股创业板、科创版投资甚至银行理财产品等领域都存在关于投资者适格的规定，但互联网金融中却由于其“虚拟性”的特征难以在线做到适格性的审查及匹配。同时，就当下普通公众的认知，金融和互联网都属于比较专业的领域。P2P 网络借贷和网络众筹虽然有其简化金融的一面，但其合同条款和运作模式对于大多投资者仍然具有“复杂的本质”[②]。在缺少金融中介解释说明的情况下，特定群体，如退休人员并不一定能充分理解所订立合同的权利义务。在此背景下，撤回权制度给予投资者一段冷静下来重新思考的时间，并且有时间与家人进行交流，避免其在预期高收益的刺激下忽视风险的存在、一时冲动订立合同，从而使金融消费者尽量做出

① 谢平、邹传伟：《互联网金融模式研究》，载《金融研究》2012 年第 12 期，第 11 页。

② E. Terryn. Rights of Withdrawal, the Acquis Principles and Draft Common Frame of Reference, in R. Schulze（Ed.）, Common Frame of Reference and Existing EC Contract Law, Munich: Sellier Publishing, 2009: p151.

符合自身风险承受能力的投资决策。最后，从历史上看，撤回权制度在金融消费者保护领域亦发挥着重要的作用。如本书在第二章中所述，德国的消费者撤回权制度就肇始于1969年的《外国公司股票销售法》；美国的《消费信用保护法》中也有撤回权的规定。而在我国，2016年7月15日实施的《私募投资基金募集行为管理办法》第二十九条关于“基金合同应当约定给投资者设置不少于二十四小时的投资冷静期……”的规定可视为我国立法对金融消费者进行撤回权保护的先声。在笔者看来，这种保护的适用范围应当进一步扩大到P2P网络借贷和网络众筹。

（三）分时度假

分时度假（Timeshare）是一个很难加以界定的概念，由于旅游产品的多样性和市场的推陈出新，以及各国法律框架的差异，准确界定何为“分时度假”即便并非完全不可能，至少也是极其困难的。根据刘家安教授的归纳，目前我国“标准型”分时度假产品的具体操作如下：“经营者将一套酒店客房或度假公寓、别墅的使用权切割成若干周（如50周），并设定使用权的有效年限（如10年），然后将每一周的使用权作为交易标的出售给消费者。通过一次性支付买价，消费者取得了以下权利：每年在特定时间段使用客房；将客房的使用权赠与或转让给他人；加入分时度假权交换网络（如JCS、DAE等），与其他权利人交换度假设施的使用权。消费者需要付出的代价主要有：以总价出现的产品购置费；为维护度假设施或因他人提供交换服务等而缴纳的年费等。”①

可见分时度假的操作模式对消费者存在较大风险。首先，法律关系的定性尚不明确。由于我国房产信托制度的缺失以及物权法定主义的影响，我国司法界普遍将“分时度假”定性为服务合同。在“苏东生与

① 刘家安：《“分时度假”及相关法律范畴之厘清》，载《广东社会科学》2013年第5期，第240页。

国旅联合股份有限公司服务合同纠纷一案”[①] 中，虽然消费者因此获得了在一定条件下解除合同的权利，但消费者的权利在性质上仍属于债权，他们一次支付了较大金额却承担未来十数年不能对抗第三人的风险，其公平性值得推敲。其次，涉及主体众多，如度假服务提供商、代理商、交换网络等，而消费者最看重的交换网络方根本不是合同当事人。一旦发生纠纷，维权往往困难重重。再次，相关信息量巨大，涉及房地产、旅游、出入境、金融等众多方面，普通消费者无力在短期内收集。又及，实践中分时度假产品最主要的推销对象是相对财务宽裕且有闲暇的退休人士，而高龄消费者的理解力、信息量、理性度往往更加不足。最后，“营销当属于分时度假纠纷产生的多发环节。硬销售、高压销售策略、虚假广告、有奖促销活动在分时度假销售中屡见不鲜”[②]，同时，分时度假服务提供商往往通过组织推介会、酒会、短途旅行等活动向消费者推销产品，其实施侵犯性商业行为或误导性商业行为的可能性较大。因此，在分时度假领域引入强制性消费者撤回权制度对于缓解上述消费风险，重塑消费者对分时度假业务的信心均具有积极意义。

① 【案情简介】消费者苏东生与国旅联合股份有限公司（以下简称国旅联合）签订《度假权益承购合同》一份，约定购买标的为国旅联合所属酒店/度假村客房住宿使用权，入住天数为8天7晚/1年，认购年限10年，入住人数2人，承购价格41800元，有效期自2012年12月30日至2022年12月29日，年度维护费用为700元/年。且鉴于国旅联合所属酒店/度假村为DAE达安国际度假交换有限公司的加盟酒店/度假村，苏东生经书面申请审核后可加入DAE，注册成为DAE会员即可交换到DAE系统中所属的度假村/酒店及享有其提供的其他特惠服务。在该合同订立后，苏东生以国旅联合夸大宣传、虚假承诺，且国旅联合未按约定履行合同，致其合同目的不能实现为由，请求解除该合同。对此，南京市中级人民法院在（2015）宁商终字第360号民事判决中认定双方合同的性质为服务合同，且“服务合同并非我国合同法规定的有名合同，根据合同法第一百二十四条的规定‘本法分则或者其他法律没有明文规定的合同，适用本法总则的规定，并可参照本法分则或其他法律最相类似的规定’。承揽合同是一大类完成工作的合同的总称，主要法律特征是定作人提出要求并支付报酬，承揽人完成工作并交付工作成果，与案涉服务合同最相类似，故本案纠纷在法律适用上可参照承揽合同相关法律规定。合同法第二百六十八条规定‘定作人可以随时解除承揽合同，但造成承揽人损失的，应当赔偿’。参照该规定，苏东升有权随时解除案涉《度假权益承购合同》，但应赔偿给国旅公司造成的损失”。类似的案例还有：胡波、段亚辉与北京绝对度假发展有限公司服务合同纠纷一案，（2010）二中民终字第00677号；陈博、郭柳华与国旅联合股份有限公司服务合同纠纷一案，（2015）宁商终字第372号。

② 汪传才：《分时度假消费者保护初探》，载《法律科学》2006年第4期，第141页。

三、不宜适用消费者撤回权的消费

（一）大额消费

刘俊海教授曾提出“对于大额消费，特别是买车买房这类消费金额几乎达到消费者上年度人均收入十倍以上的大额消费，……也应当给消费者一个单方面解除合同的权利”①。张靖副教授也主张“中国在构建冷却期制度时应赋予购房等交易中的消费者以‘反悔权’”②。本书对此持否定态度，“大额”与“复杂”并没有必然联系。首先，根据经验，消费者面临是否进行大额消费的选择时，心态上往往更为理性、谨慎，且大都事先千方百计收集相关信息，而不是表现得相反。故在此领域赋予消费者以撤回权徒增成本而并无裨益。其次，尚可以通过公证等其他法律制度来确保此类契约是出自消费者的真实意思表示。最后，撤回权如适用于购房合同，则与我国商品房预售制度不相协调，将导致道德风险。

（二）信贷消费

不少学者主张在以贷款买房合同为代表的信贷消费中赋予消费者撤回权。理由如下：首先，消费者撤回权思想和制度发端于以分期付款买卖为代表的信贷消费。其次，当今欧盟指令和美国联邦法律仍然将消费者撤回权适用于信贷消费领域，如欧盟2008/48/EC号指令、美国《诚实借贷法》（TILA）。最后，我国也有赋权的现实需要，王洪亮教授认为贷款购房者“所贷款项金额巨大、期限较长，消费者有可能无法正确判断贷款内容及自己的贷款能力，往往会陷入长期债务负担之中，目前的‘房奴’称谓恰是这一情况的‘写照’”③。

本书不赞成上述观点。首先，由于历史、市场、政策等原因，各国立法对于复杂合同的认识存在较大差异，直接借鉴的价值不大。况且，欧美目前的立法对于信贷消费中消费者撤回权的适用往往有着严格的限

---

① 张媛：《专家学者研讨消费者权益保护法修改提出建议：买房买车也应适用“后悔权”》，载《法制日报》2013年10月21日。

② 张靖：《我国消费者保护中的冷却期制度研究》，法律出版社2012年版，第180页。

③ 王洪亮：《消费者撤回权的正当性基础》，载《法学》2010年第10期，第98页。

制。如《诚实借贷法》中仅在消费者将其住所用作信贷的抵押品时才适用撤回权，且我国最为常见的住宅按揭（即贷款的用途就是获得该住所的所有权）被排除于撤回权适用范围之外。而2008/48/EC号指令之第2条更是一口气设置了12条不适用指令的例外（如有抵押担保的信贷合同、旨在取得或保留不动产权利的信贷合同、贷款总额低于200欧元或高于75000欧元等），将信贷消费中的撤回权限定在了一个很小的适用范围内。其次，赋予消费者撤回权并不能缓解“房奴”问题，“房奴”问题的本质是长期信贷中消费者偿债能力的不确定性，这并不是由合同的复杂性引起的，没有迹象表明赋予消费者短期的撤回权有助于其更准确地预测自身长期的偿债能力。最后，如果赋予贷款者撤回权，将可能导致不动产登记混乱、投机盛行等一系列负面后果。

第五节　我国法之解释与完善

一、访问交易中的消费者撤回权

目前，我国涉及访问交易中消费者撤回权的全国性立法只有一部行政法规——2005年实施的《直销管理条例》。该条例第25条规定了在“直销”领域适用消费者撤回权。但由于我国对直销企业实行核准制，故大多数上门销售等访问交易并不受该条例的规范。同时，在地方立法中，《上海市消费者权益保护条例》（2003年实施，2015年修正）第30条将访问交易领域中消费者撤回权的适用范围扩大到“经营者以上门方式推销商品”，这使得走街串巷“扫楼”推销商品的流动小商贩也成为消费者撤回权制度的规制主体，但服务合同依旧没有被纳入消费者撤回权的适用范围。另外，目前尚未颁布的《旅行社条例（修订草案送审稿）》第44条似乎规定了包价旅游的旅行者对于“参加另行付费旅游项目”在相关活动开始前享有消费者撤回权。同时由于以上法规均无类似“双方另有约定的除外”之规定，因此我国访问交易领域中消费者撤回权制度在适用方式上均应当解释为强制适用。

对于我国今后立法中访问交易的范围问题，本书认为，第一，为了改变我国立法调整范围过窄且层次不高的现状，加强对消费者的保护，宜在《消费者权益保护法》中设置专门的条款规定访问交易领域的消费者撤回权。宜分设两款规定普通的访问交易和特殊的访问交易。普通的访问交易是指经营者与消费者通过面对面的方式在非营业场所订立的消费合同，消费者原则上从收到所购商品或服务合同订立之日起享有为期7天的撤回权。再参照欧盟《消费者权利指令》的做法，明确不适用消费者撤回权的负面清单（如小额交易、紧急服务、鲜活易腐商品等）。特殊的访问交易则是指虽在经营者的营业场所订立但消费者的意思自由受到不当影响的消费合同。宜根据类型化和审慎性的原则正向确定这类访问交易的范围。宜重视本国消费形态的实际状况，考虑因素包括但不限于消费者交易自由被侵害之危险的现实性与广泛性，适用撤回权后消费者交易自由的改善情况，经营者利益减损的可接受度，市场效率的维护等。现阶段，可以考虑引入消费者撤回权的特殊访问交易有：（1）包价旅游中的另行付费旅游项目；（2）包价旅游中的指定场所购物；（3）在经营者组织的推介会、宴会、体检、旅游、讲座、联谊会等活动中订立的合同等。对于（1）和（2）可以由旅游相关特别法调整；对于（3）可以参照执行普通访问交易的相关规范。而至于其他常见的发生在经营者的营业场所的有关合同，如在银行取钱的消费者被推销购买理财产品（或保险）、在美容院美容的消费者被推销化妆品（或保健品）等情形，本书认为其对消费者意思自由影响的范围和程度均有限，一般消费者的理智仍足以抵抗之，暂不宜纳入。第二，《直销管理条例》《旅行社条例》相关条款作为特别法予以保留，故在《消费者权益保护法》相关条款中应明确“法律、行政法规另有规定的除外”。第三，在适用方式上，我国访问交易领域中消费者撤回权制度均应解释为强制性规范，不得通过另行约定予以排除。

二、远程交易中的消费者撤回权及其“半强制”适用模式

2014年3月15日实施的《消费者权益保护法》第25条第一次在全国范围内确立了远程商品销售中的消费者撤回权制度。

（一）关于正向规定

该条款首先正向规定了消费者撤回权适用于“经营者采用网络、电

视、电话、邮购等方式销售商品”的特定类型化交易。对此可能的疑问在于“等”字应如何理解？全国人大常委会法工委民法室认为“……‘等’字具有开放性，法律要为未来技术发展而催生的新型交易类型留出空间，只要是经营者采用区别于传统实体店铺式的销售模式，而这类销售模式中消费者于经营者的信息不对称严重影响了消费者的缔约意思表示真实，消费者都应享有七日内的单方解约权”①。据此，有观点认为访问销售也可能被包含在《消费者权益保护法》第25条的适用范围之内。本书认为，此种扩张解释易使第25条沦为“口袋条款”，不利于法律确定性和市场可预期性，而上述价值在互联网经济飞速发展的背景下又显得特别重要。因此，“等”字仅应解释为传真等与“网络、电视、电话、邮购”高度类似但不常使用的营销方式。访问交易中的撤回权应另行规定。

（二）关于反向排除

该条款也规定了消费者撤回权适用的消极事由。新《消法》分别规定了两种类型的商品不适用消费者撤回权，颇具我国特色。第一类属于法定不适用的商品：（一）消费者定作的；（二）鲜活易腐的；（三）在线下载或者消费者拆封的音像制品、计算机软件等数字化商品；（四）交付的报纸、期刊。这种明确的列举式排除与欧盟指令较为相似。

但是，与欧盟指令显著不同的是，该条第二款紧接着规定了“除前款所列商品外，其他根据商品性质并经消费者在购买时确认不宜退货的商品，不适用无理由退货”。此为第二类不适用的商品。可见，其适用须同时具备两个要件：

第一，消费者在购买时确认所购商品不能退货，可以认为这是程序上的要求。至于提请确认的方式，因具体购物方式的不同而异，但至少应当符合“足以引起对方注意”的类似于提示格式合同中免责条款的标准。对网购而言，原国家工商行政管理总局《网络购买商品七日无理由退货暂行办法》（以下简称《暂行办法》）采用了更为严格的“专门

① 贾东明主编：《中华人民共和国消费者权益保护法解读》，中国法制出版社2013年版，第14页。

程序确认”标准，办法第 20 条规定“……网络商品销售者应当在商品销售必经流程中设置显著的确认程序，供消费者对单次购买行为进行确认。如无确认，网络商品销售者不得拒绝七日无理由退货”。如可采用弹出对话框显示“本商品不适用七天无理由退货，请谨慎购买”，消费者点击确认后才可继续下单的方式。若以此为标准，电视、电话购物可采用人工语音提示上述内容，并经消费者口头明确知悉并认可的方式。而传统邮购采用“专门程序确认”标准似乎在实践中较为困难，也并无必要，本书认为采用在纸质广告中使用明显不同的、足以引起对方注意的字体（如加粗、高亮）进行提示即可。对于消费者是否进行了相关确认发生争议的，应由经营者承担举证责任。

第二，所购商品在性质上属于不宜退货的商品。何谓“根据性质不宜退货的商品”？此为理解我国远程销售中消费者撤回权适用方式之关键所在。目前对此有两种思路：

一是行政机关的思路，《暂行办法》第 7 条明确列举了“可以不适用”撤回权的三类商品：（一）拆封后易影响人身安全或者生命健康的商品，或者拆封后易导致商品品质发生改变的商品；（二）一经激活或者试用后价值贬损较大的商品；（三）销售时已明示的临近保质期的商品、有瑕疵的商品。上述思路本质上仍属于严格的强制性立法模式，只是在新《消法》四种法定不适用商品的基础上又增加了三种须经消费者确认程序的法定商品而已。这种严格的强制性规范忽视了市场的作用，硬家长主义色彩过于浓厚。而总体上我国并不存在欧盟统一市场的政策诉求，故这一模式带来的明确具体、便于操作的好处远不及其导致的限制自由、损害效率等种种弊端，将不利于产业发展和消费者长远利益。另外，在技术快速迭代、市场瞬息万变的互联网经济中，即使是贴近市场监管一线的行政机关也难免挂一漏万，如实践中出售海外商品、原创性的艺术品的经营者往往很难接受无理由退货。前者是因为周转周期较长，商家付出的机会成本较大；后者是因为重新上架的成本较高以及知识产权方面的担忧。但根据《暂行办法》此两类商品不属于“根据性质不宜退货的商品”，因此无法通过约定排除撤回权的适用。这很可能导致商品价格上涨、相关市场萎缩。

二是某些学者的思路，如白江副教授主张“商家只要在待售商品上做一个显著的说明即可，即‘本商品因性质不宜退货，敬请谅解’。如果消费者仍然购买了该商品，则应解释为消费者接受了排除适用撤回权”[①]。又如徐伟副教授建议“对《消保法》第25条第2款作宽泛解释，即只要经营者认为基于该商品性质不宜退货，并向消费者作出了明确说明，原则上都应允许，不应对不宜退货的商品性质作出过多的限制”[②]。即利用市场自身的调节力量，由交易双方决定不宜退货商品之范围。若如此解释，《消费者权益保护法》第25条基本成为一个美国州法式的任意性条款。本书认为，美国法律规定了经营者严格的信息披露义务等消保措施，同时存在充分的具有公信力的评级、第三方评测等机制帮助消费者克服“信息瑕疵”，而且充分的市场竞争也使得经营者探索出一套适合自己的退货制度，买卖双方的成熟度、诚信度也相对较高。任意性立法模式也许是适合美国市场环境的。但在我国，市场费用相对较高，市场有效性相对不足。因而，我国如推行完全的任意性立法模式，经营者极有可能滥用格式条款架空消费者撤回权制度，使其沦为“镜花水月”，侵害消费者权利。例如，2016年9月23日天猫（Tmall）某品牌手机官方旗舰店限量“秒杀”一款智能手机，注明“秒杀商品属于奖品类物品，不支持开票，非质量问题不支持退货”。对此，本书认为由于消费者仍然是有偿购买手机，该款商品所谓“奖品类物品”的性质不能成立。故该声明所陈述的不支持退货的理由并不具有合法性。当然，“不支持开票”的做法亦不具有合法性。

因而，不论是《暂行办法》还是某些学者的思路都有值得商榷之处，本文所提建议如下：首先，“根据性质不宜退货的商品”范围是一个实质性限制条件，不应由经营者任意决定。只有所售商品在性质上不宜退货原因的合理程度与前款四种法定不适用的情形相当时，经营者排除适用消费者撤回权的行为才有效。学者葛江虬认为，先期应将“商品的价值”“重新包装的成本及难易程度”“存在消费者权利滥用时的识别难度及损失程度”等标准纳入考虑范围[③]。其次，在具体认定方法上，宜遵循事后认定的原则，于交易时法律并不干涉，发生纠纷后可以

① 白江：《对消费者撤回权立法模式的反思》，载《法学》2014年第4期，第40页。

② 徐伟：《重估网络购物中的消费者撤回权》，载《法学》2016年第3期，第95页。

③ 葛江虬：《论消费者无理由退货权——以适用〈合同法〉条文之解释论为中心》，载《清华法学》2015年第6期，第101页。

由法院在发生纠纷时依据当时的市场状况、技术水平、社会背景、民众接受度、交易平台的大数据资源等因素进行个案判断。经过一段时间的司法经验积累，宜出台相应的司法解释或由市场监管部门制定相关规章对争议较小的不宜退货的商品种类进行清单式列举。鉴于主管部门身处市场监管一线，本书暂倾向于部门规章的方案。但是，本建议与《暂行办法》的最大区别是，法定商品与清单中的商品也并非排除适用的全部范围，对其他商品应继续保持开放的心态，保留通过个案认定排除适用消费者撤回权的可能性。

综上所述，我国《消费者权益保护法》第 25 条第 2 款所规定的远程交易中消费者撤回权的适用方式，并非与欧盟、台湾地区相同的完全意义上的强制性适用。这种既保留了强制性的基因，又为买卖双方通过合意排除消费者撤回权预留一定空间的适用方式，可称之为“半强制”立法模式。该模式有助于实现对消费者的家长主义保护与市场效率之间的平衡，可以看作我国立法的创新之处。

三、撤回权在服务消费中的适用

（一）访问交易

访问交易的标的既包括商品也包括服务，在我国较为常见的通过访问交易提供服务的情形有经营者上门清洁油烟机、检修暖气，抑或于街头推销健身卡、美容卡等。目前，我国立法对这种商业模式中的消费者并无特殊消保措施，而实践中此领域的消费纠纷屡见不鲜①。鉴于访问交易中接受服务的消费者同样面临遭受“突袭”“情景垄断”、信息不对称等不公平的情况，其意思表示不自由的危险性与访问销售并无不同，故访问交易领域撤回权条款应当对商品销售和服务提供一体适用（如强制性规范）。而对于易于导致消费者逆向选择，引发道德风险的情形，可以参照欧盟、美国的做法，通过负面清单予以排除适用。

（二）远程交易

我国新《消法》仅规定了远程销售中的消费者撤回权，并未如欧

① 参见林靖：《“低价服务”藏陷阱，节前警惕上门清洗油烟机骗局》，载《北京晚报》2018 年 2 月 4 日。

盟《消费者权利指令》和我国台湾地区《消费者保护法》那样将消费者撤回权统一适用于远程服务消费。对于此种安排，本书认为这并非出于立法者的“疏忽”，更多的是一种有意为之。也就是说，在远程交易中暂不宜引入对服务消费的撤回权。其理由如下：

首先，在远程服务中引入消费者撤回权的理由并不充分。赋予远程购物的消费者撤回权是为了缓解其信息的严重不对称，使消费者在信息获取上达到与实体店购物相当的程度。而服务消费中，消费者通常不会因电话、电视、网络等远程工具的使用而在信息上劣于实体店服务，不论“远程”与否，他只能在履行开始后评估服务的质量。不仅如此，互联网技术反而使得消费者能更方便地获取信息，如可以获得其他消费者对该服务的评分和评价以资参考。

其次，远程服务中的消费者撤回权在实践中适用范围非常狭窄。出于平衡经营者利益的合理考虑，欧盟《消费者权利指令》第 16 条第（1）项规定了“经消费者事先明确同意，且承认合同一旦履行完毕即丧失撤回权的情况下，服务合同已经全部履行的”情形不适用消费者撤回权。而实践中很多远程服务具有瞬时性的特征，合同一旦成立往往就已经履行完毕。如在电信服务和数据下载（如 westlaw 数据库）服务中，消费者开始接受服务之时就是经营者主要义务履行完毕之日。“在这些情形中，消费者撤回权只持续了几秒钟”①。

再次，我国新《消法》出台的时代背景与其他国家和地区立法时已有所不同，立法政策的侧重点亦有所不同。当年欧盟 97/7/EC 号指令将远程服务纳入撤回权保护范围的一个重要政策考虑是“为了让消费者愿意进行跨境服务交易，必须给予其类似于购物的保护”②。而我国正处于以互联网为代表的创新技术与各种传统产业跨界融合并迅猛发展的时期。目前深刻融入“互联网+”战略的行业之代表就是零售业和服务业（如租约车、餐饮娱乐、在线教育等），但对比前者的相对成熟和定型，后者的相关技术和运作模式仍不断快速迭代，尚未定型化，大部

① Peter Rott. Information obligations and withdrawal rights, in Christian Twigg-Flesner（Ed.）, European Union Private Law, Cambridge: Cambridge University Press, 2010, p194.

② Aonghus Mcclafferty. Effective Protection for the E-Consumer in light of the Consumer Rights Directive? Hibernian Law Journal, No. 85, 2012: p119.

分企业尚未实现盈利，前景也并不明朗。现阶段很难有一个放之四海而皆准的约束规则，不如交由市场调节。故从政策角度也不宜过早引入消费者撤回权。

最后，我国《民法典》等现有法律规则对于明显不公平的情形能够在一定程度上起到与消费者撤回权相似的功能。对此，前文所述的南京市中级人民法院在（2015）宁商终字第360号民事判决中的思路可供借鉴：由于服务合同属于无名合同，故可参照与其最相类似的有名合同，即承揽合同的相关规定。而《民法典》第787条规定："定作人在承揽人完成工作前可以随时解除合同，造成承揽人损失的，应当赔偿损失。"该条款在一定程度上起到了衡平法的作用，同样达到了保护消费者的目的。

（三）复杂消费

在复杂交易领域，目前宜纳入消费者撤回权适用范围的类型有三种：（1）人寿保险；（2）P2P网络借贷和网络众筹；（3）分时度假；均属于服务领域。由于复杂消费合同在类型上具有较强的独立性，创设撤回权制度的主要功能也不尽相同，具体规则的差异性较大，故不宜统一规定在《消费者权益保护法》中，维持目前"一事一法"的立法现状更为妥当。同时，应当明确复杂交易中消费者撤回权的适用方式宜为强制适用。

第五章 消费者撤回权的行使

正如王利明教授所言，“在法律体系形成之后，一个解释论的时代已经到来，法治工作的重心已经从立法论向解释论逐步转移”①。在2014年《消费者权益保护法》以及2017年《网络购买商品七日无理由退货暂行办法》实施之后，对消费者撤回权制度的研究重心亦应当转向对上述法规的解释工作。而且从目前的研究看，对于诸多消费者撤回权在行使过程中涉及的问题，如权利的行使方式、退货商品的完好性标准、经营者与撤回权相关的信息义务、退货过程中的风险承担等，要么论者寥寥，要么没有提供切实可行的解决方案。

本章的内容可以看作是对以新《消法》第25条和原工商总局《暂行办法》为代表的我国消费者撤回权制度在运行层面的系统性解释。在内容上包含：（1）民法基本原则是否可以直接排除撤回权的适用？（2）撤回权的有效行使方式有哪些？（3）所退商品是否“完好”应如何判断？（4）撤回期的长度和起算应如何设定？（5）经营者是否应当承担与撤回权相关的信息义务？违反该义务的后果如何？（6）行使撤回权会产生什么样的具体法律后果？在方法上主要采用比较分析法。其原因是，虽然其他国家和地区的相关法律可能与我国法大相径庭，但是“蕴藏于世界各国在处理类似疑难案件、就相关问题制定法律规范过程中的法律论点及立场，往往具有国别上的超然性。这些论

① 王利明：《物权法研究（第三版）》，中国人民大学出版社2013年版，第vi页。

点或立场之所以值得借鉴，并非因其来自国外，而是源于其本身的优秀质地”①。

第一节 权利行使与诚实信用原则

由于消费者撤回权的行使不需要任何理由，且过程相当简便，再加上少数消费者确实存在机会主义甚至不道德的行为，经营者对此颇有怨言，因而某些学者探讨了能否通过民法之诚实信用或权利不得滥用原则对消费者撤回权做出某种制约或缩限，避免对经营者或市场效率造成不合理的损害。作为现代民法之“帝王规则”，行使任何民事权利、履行任何民事义务都应当遵循诚实信用原则。同时各国（地区）的消费者法也强调诚实信用原则的适用不因消费领域之特殊背景而有所阙如，如美国将消费信贷领域的基本法律直接命名为《诚实借贷法》；我国新《消法》第 4 条也明确规定“经营者与消费者进行交易，应当遵循自愿、平等、公平、诚实信用的原则”。可见，消费者撤回权制度自应受到诚实信用以及权利不得滥用原则的统辖，不存在例外之余地。因而，本问题的关键之处并非是否适用，而是如何适用的问题。根据对法律原则之功能的不同理解，相关观点可分为直接适用说和间接适用说。

一、直接适用说

该观点认为“诚信原则是一项重要的衡平法，衡平法是在法律的一般规定与具体事实产生不相宜时授权法官背离法律的字面规定，而根据法律的目的进行判决的规定”②；抑或认为“法律的标准应为人类最高理想，诚实信用原则即此最高理想的体现，如果法律规定与最高理想不

① Jan M. Smits. Comparative Law and its Influence on National Legal System, in Mathias Reimann & Reinhard Zimmermann（eds.）, The Oxford Handbook of Comparative Law, Oxford: Oxford University Press, 2006: p527–530.

转引自葛江虬：《论消费者无理由退货权——以适用〈合同法〉条文之解释论为中心》，载《清华法学》2015 年第 6 期，第 97 页。

② 参见王利明：《民法总则研究》，中国人民大学出版社 2003 年版，第 125 页。

合，即应排除法律规定而适用诚实信用原则”①。

据此诚实信用原则也可以直接适用于消费者撤回权领域。该观点的支持者台湾学者蔡菁华举例，如继续性旅游服务、度假村会员服务，消费者在实际享受服务时，若当下未针对行程规划、整体服务提出异议，甚至十分高兴、全程参与，客观上应已形成一欲受契约拘束之“信赖外观”，而企业经营者对此亦具有合理信赖，自不得于整个旅游行程结束后在犹豫期间内行使解除契约之权利，应有权利失效之适用②。又如，我国台湾地区《消费者保护法》中对于访问交易中撤回权并未直接通过负面清单列举适用之例外。蔡菁华对此的解释为，消费者行使撤回权，并非毫无限制，仍应当适用民法中的“权利滥用禁止原则”与“诚实信用原则”，以此抵抗消费者滥用撤回权之情形③。此外，葛江虬博士认为当消费者行使撤回权时，因为商家“遭受了信赖利益的损失，那么理应通过允许其设置‘手续费’以平衡各方利益”④，即使我国《消法》并未授权经营者如此行事。

但近年来主流学者对此持否定态度。在民法层面，“法律就某事项作出具体规定时，表明立法对该事项已经做了更为精细的安排。如果抛开具体规定而直接援引法律原则，本身就违背了立法目的”⑤。具体到撤回权制度上，基于大数法则制定的一体适用的撤回权规则本身就是诚实信用等原则的载体。马可·洛斯教授也指出，在欧洲，并无禁止权利滥用等原则直接适用的空间，为了法律的明确性，只要符合条件就可以撤回的一刀切规定优于对具体情况进行具体分析后对撤回权进行取舍的制度，毕竟在每笔交易中均实现个案正义的成本太高了⑥。

---

① 参见魏振瀛主编：《民法》，北京大学出版社、高等教育出版社 2000 年版，第 23 页。

② 蔡菁华：《消费者无条件解除权之研究》，台湾大学硕士学位论文，2015 年，第 184 页。

③ 参见蔡菁华：《消费者无条件解除权之研究》，台湾大学硕士学位论文，2015 年，第 121-122 页。

④ 葛江虬：《论消费者无理由退货权——以适用〈合同法〉条文之解释论为中心》，载《清华法学》2015 年第 6 期，第 116 页。

⑤ 王利明、杨立新、王轶、程啸：《民法学》，法律出版社 2017 年版，第 22 页。

⑥ Marco Loos. Rights of Withdrawal, in G. Howell & R. Schulze (Eds.), Modernising and Harmonising Consumer Contract Law, Munich: Sellier Publishing, 2009: p259.

二、间接适用说

该观点则认为“对于民法基本原则和较上位的那些原则来说，其适用，不是直接的，而必须具体化后才能直接适用：借助下位原则进一步具体化，直到取得了实际的法条形式，具有可以涵摄案件事实的规则特质，才可以获得具体实现”①。目前，该观点为有力说，本书从之。

因此，直接适用说直接援引诚实信用等民法基本原则而弃消费者撤回权具体规则于不顾的做法并不妥当。诚实信用原则及其派生的权利不得滥用原则在消费者撤回权领域通过以下三种方式得以间接适用：（1）通过具体法律规则的形式体现。如各国（地区）相关立法均在规定适用消费者撤回权的积极条件的同时，通过负面清单明确列举了不适用撤回权的情形，很大程度上避免了有违诚信的撤回。（2）通过法律解释的形式体现。如不法经营者大量购买竞争对手的商品，旋即全部退货，将消费者撤回权作为一种攻击对手，进行不正当竞争的手段时，合理的做法并非对消费者撤回权本身作出限制，而是通过解释“消费者”这一概念，将以不正当竞争者为目的的购买排除出《消法》的适用范围，以体现权利不得滥用原则。（3）当存在法律漏洞时，通过填补法律漏洞的方式体现。如在欧洲“皮娅”案②中，由于德国民法典中不加区分的用益返还义务的规定存在一定漏洞，而欧洲法院则运用诚实信用原则解释97/7/EC号指令的方法做出判决，并促使德国通过修法对漏洞进行填补。

综上，在消费者撤回权制度中，诚信原则不宜且难以直接适用于个

---

① 龙卫球：《民法总论（第二版）》，中国法制出版社2002年版，第63页。

② 【案情简介】2005年12月2日，德国消费者Pia Messner女士通过网络从经销商StefanKrüger公司处以278欧元的价格购买了一台二手笔记本电脑。2006年8月，电脑显示器出现故障，Messner女士于2006年8月4日向StefanKrüger通报了该屏幕缺陷，但被告拒绝免费修复缺陷。由于StefanKrüger公司始终没有依法向Messner履行有关撤回权的告知义务，根据当时德国法律规定，撤回期尚未开始计算。StefanKrüger公司承认对方享有撤回权，但由于她已经使用该笔记本大约8个月了，故应当支付使用费318.6欧元。欧洲法院认为，根据97/7/EC指令，虽然在一般情况下，成员国国内法不应要求消费者进行用益返还，但如果消费者的使用违背诚实信用等基本原则，不符合撤回权制度的宗旨，成员国国内法可以对其进行限制。

Pia Messner v. Firma Stefan Krüger, Case C-489/07, made by decision of 26 October 2007。

案，应通过具体法律规则、法律概念以及对它们的解释之方式得以体现。

第二节　权利的行使方式

消费者行使撤回权是否需要符合特定的形式，也是一个经常引起争论的问题。这些问题包括：消费者应通过诉讼还是通知的方式行使权利？如果适用通知方式又是否必须通过书面或电子等可以保留介质的方式（本书称之为广义的书面形式）做出？口头通知是否有效？消费者试图通过直接退货、拒收商品等通知之外的其他形式行使撤回权的效力又如何？通知生效模式采发信主义还是到达主义？

一、比较法观察

在欧盟，早期关于非营业地合同的85/577/EEC号指令（已废止）的规定比较简单，其第5条仅要求消费者撤回的意思表示以通知（by sending notice）的方式做出，似乎更倾向于只做实质上的限定[①]。但欧洲法院后来却将这里的"通知"解释为"需要一份书面的声明"[②]。关于分时度假的2008/122/EC号指令第7条则要求撤回的决定应以书面或其他可保留介质的形式做出（on paper or on another durable medium of the decision to withdraw），并可以使用附件中的撤回表格范本。但是，《消费者权利指令》（2011/83/EU）对撤回形式的要求却非常宽松。该指令第11条规定，消费者应通知经营者其撤回合同的决定。为此，消费者可以：（1）使用附件中的撤回表格范本；或者（2）做出其他任何形式的明确的撤回声明；同时，成员国不得对撤回提出其他的形式要

① E. Terryn. Rights of Withdrawal, the Acquis Principles and Draft Common Frame of Reference, in R. Schulze (Ed.), Common Frame of Reference and Existing EC Contract Law, Munich: Sellier Publishing, 2009: p155.

② Marco Loos. Rights of Withdrawal, in G. Howell & R. Schulze (Ed.), Modernising and Harmonising Consumer Contract Law, Munich: Sellier Publishing, 2009: p260.

求。不过该条也明确，是否行使了撤回权的证明责任由消费者承担。在德国，2014 年以前的《德国民法典》第 355 条规定消费者“应当以文本的形式，或者通过寄回标的物，在撤回期内向经营者表示”的方式行使撤回权①。2014 年之后，《德国民法典》转化了《消费者权利指令》的做法，新第 355 条规定消费者行使撤回权仅需将撤回的意思表示“对经营者表示为之”即可②。在美国，《冷静期规则》要求上门销售的消费者通过“邮寄或递交‘取消通知书’的副本或其他书面通知，或发送电报”（16 CFR 429. 1）的方式行使撤回权。在日本，《特定商业交易法》第 9、24 等条款规定在访问销售、电话推销等情形下，消费者“可以通过书面形式撤回该买卖合同或服务合同的申请，或者解除该买卖合同或服务合同。”而信件、传真、电子数据等都符合上述“书面”形式的要求。但是，近年来日本判例和学说的态度发生一定转变，认为“法律虽然规定了消费者撤回权以书面方式行使，但也并没有明文排除口头方式”③。我国台湾地区《消费者保护法》第 19 条则规定消费者“以退回商品或书面通知方式解除契约”。消费者不得以口头表示行使撤回权。

二、通知方式：书面与口头

首先，基于消费者撤回权在性质上属于解除权的基本判断，撤回的意思表示以通知的方式做出即可。消费者不必通过诉讼或仲裁的方式行使撤回权，这是消费者撤回权与合同撤销权的重要区别，也是该制度的显著特色和应有之义。

其次，关于消费者撤回权的行使是否必须满足书面形式（包括电子数据等可以保留介质的广义书面形式），口头通知的效力如何？学界对此主要有三种观点：（1）要式说。该说认为广义的书面形式是撤回通知生效的必备要件，以口头方式做出的撤回通知是无效的。朱柏松教授

---

① 杜景林、卢谌：《德国民法典评注：总则 · 债法 · 物权》，法律出版社 2011 年版，第 172 页。

② 陈卫佐译著：《德国民法典（第 4 版）》，法律出版社 2015 年版，第 130 页。

③ 参见朱涛：《消费者权益保护法第 25 条之功能属性探析——基于日本经验的启示》，载《北京航空航天大学学报（社会科学版）》2017 年第 5 期。

认为由于消费者撤回权是“不附任何理由的绝对权利，基于对于企业经营者权利保护之利益平衡考量……亦应对消费者在行使此一权利的条件上亦有所限制，亦即，消费者行使契约解除权时，应以书面或以现物……为之”①。刘姿汝副教授也认为“如此不仅可权衡双方权益，尚由于书面较口头繁复，得适时阻绝消费者滥用解除权，而应予赞同”②。(2) 不要式说。该说主张不应当为消费者行使撤回权设置形式要求。即使法规中明文规定了须采用书面或文本等形式，也应当解释为一种证据方法，而不是成立要件。若消费者以口头或其他非书面的方式行使权利，仍然有效，但经营者对消费者是否行权有异议的，应由消费者对撤回的事实承担举证责任。马可·洛斯教授是该说的支持者。他认为“形式要求的目的主要在于其作为证据的意义，并非为平衡经营者利益所设，事实上也并无多少作用。另外，由于普通消费者往往对形式的意义很无知，严格的形式要求不利于保护消费者，这与指令的宗旨相违背”③。(3) 区别说。即对不同领域消费合同区别对待。张学哲副教授主张“就邮购销售、互联网销售、商品房销售、消费者信贷等消费合同来说，其合同本身就是书面形式或者文本形式，而且经营者为履行其撤回权告知义务，也有采取文本形式的必要。同时，要求消费者在行使其撤回权时采用相应的文本形式，对于消费者维权，也不构成很大的负担和成本，……在电视或电话销售情形中，可以采取电话通知的方式”④。

在本书看来，以上三种学说各有利弊。要式说最大裨益并不在于衡平了经营者利益而在于维护了法律关系的确定性。试想某消费者仅电话通知网络销售商需要办理退货却迟迟不在网站进行相应的退货操作（从而可能无法获得退货地址等信息），如何认定此时合同的效力状况？但该说确实存在过于苛责消费者的问题，同时在某些领域存在成本太高、

---

① 朱柏松：《消费者保护法论（增订版）》，翰芦图书出版有限公司 1999 年版，第 353 页。

② 刘姿汝：《网路购物契约与消费者保护》，载《科技法学评论》2010 年 7 卷第 1 期，第 231-232 页。

③ Marco Loos. Rights of Withdrawal, in G. Howell & R. Schulze (Eds.), Modernising and Harmonising Consumer Contract Law, Munich: Sellier Publishing, 2009: p263-264.

④ 张学哲：《论消费者撤回权的构成与行使要件》，载《华东政法大学学报》2011 年第 1 期，第 51 页。

操作不便的问题，如旅游消费者在行程中欲撤回参加自费项目的合同，最简便合理的方式就是口头通知导游。区分说看似细致周全，但立法者的理性不能穷尽所有情形并做出合理的安排，况且商业模式的创新后又会产生新的不便。因而，综合考虑，现阶段宜采用不要式说。首先，这符合消费者撤回权的制度初衷，撤回权应当是一种行使简便的权利。其次，举证不能的不利后果在大多数情况下能够促使消费者采用书面甚至撤回范本等合理的形式行使权利。再次，经营者采用更加先进的技术手段可以弥补其可能造成法律关系不安定的不足，如电话录音可以帮助网络销售商固定消费者撤回的意思表示，并在网站后台主动进行相应的退货操作，完成经营者的信息告知义务。最后，不要式说有利于为商业创新提供宽松的环境，提高了经济运行的效率。

综上，本书主张，消费者通过书面或口头行使撤回权皆为合法有效之形式，唯对于是否行权发生争议时，其证明责任由消费者承担。

三、默示方式：退货与拒收

除明示的通知方式之外，如消费者将作为销售标的物的商品直接退回，抑或拒绝受领相关商品，则消费者的以上举动宜如何评价？是否可以视为通过默示的方式行使撤回权？

就退货而言，在有些国家和地区（如德国、西班牙、希腊、斯洛文尼亚①以及我国台湾地区）的立法中，特别规定了消费者可以通过“寄回标的物”或“退回商品”的方式行使撤回权。其立法目的出于对交易习惯的认可和对消费者行权便利性的追求。但该做法也存在一些弊端：（1）与以通知方式行使解除权的一般法规定不一致；（2）退货并不都表示解除合同的意思，若买方要求卖方承担修理、更换等补救措施，同样需采取退货行为，而此时合同并不解除，故单纯的退货让经营者无法判断消费者的真实意图；（3）以直接退货方式行使撤回权未必使消费者总是处于有利地位，如这很可能意味着他无法享受经营者所承诺的承担运费的好处。本书认同允许通过直接退货的方式行使消费

① Christian Twigg-Flesner，Reiner Schulze，Protecting ration choice：information and the right of withdrawal，in Geraint Howells etc.（Ed.）Handbook of Research on International Consumer Law，Northampton Massachusetts：Edward Elgar Publishing Limited，2010：p154.

者撤回权的做法，因为消费者往往对形式问题很无知，对其提出较严格的形式要求往往力不从心，且与撤回权制度的初衷相违背。而对于上述三个弊端，首先，应当将消费者可以通过“退回商品”行使撤回权明确写入相关法律，作为消费者行使特殊合同解除权的特别规则，优先于一般法而适用。其次，詹森林教授认为“为免争议，消费者应于退回商品时，表明解除契约之意思。惟消费者仅退回商品而未为任何声明者，原则上应认为系处于解除契约，企业经营者有相反之主张者，应负举证之责”[①]，本书从之。再次，消费者通过何种方式行权出于自愿选择，无法享受免除运费的好处属于权利之放弃，自不能嗣后再向经营者主张。此举亦有鼓励消费者通过更为确定、明晰的通知方式行使撤回权之意。

另外，当快递员送货上门时，消费者拒绝受领，是否起到行使撤回权之效果？对此，杨立新教授认为：“在消费者签收之前，应当认为商品尚未交付，其所有权没有发生转移，仍然属于经营者。消费者此时拒绝受领分为三种情形：（1）如果消费者因商品种类、品质等不符合合同约定而拒收，属于违约责任问题，并不存在行使撤回权的问题。（2）如果消费者对于商品质量没有异议，坚持拒收，由于《消费者权益保护法》第25条规定撤回权的行使是在‘收到商品之后’，因此不符合撤回权行使要件，形式上属于毁约行为。但是这种毁约行为与行使撤回权的行为相似，因而不认为构成违约责任，应当参照消费者撤回权规则，符合撤回权行使要件的，视为消费者行使撤回权。（3）如果消费者拒绝受领商品，不符合撤回权形式要件（如不属于退货范围的商品），则属于违约，消费者须承担违约责任。”[②] 本书原则上赞同以上观点，允许符合条件的消费者通过拒收的方式行使撤回权除了宽容消费者在法律知识方面的弱势，也考虑到直接拒收比先签收再退货更为经济。

① 詹森林：《民事法理与判决研究：民法总则、债法总论、买卖法及消费者保护法》，北京大学出版社2005年版，第359页。

② 杨立新：《非传统销售方式购买商品的消费者反悔权及其适用》，载《法学》2014年第2期，第35页。

四、发出主义

接下来的问题是，欲发生解除合同的效果，消费者撤回合同的意思表示应当在撤回期内到达经营者一方（到达主义），还是消费者只需在撤回期内发出该意思表示即可（发出主义）？需要说明的是，根据基本法理，这里的“发出”与“到达”均针对意思表示而言，与拟退货商品本身的发出与到达无关。

各国（地区）立法上大都采用了“发出主义”，如欧盟《消费者权利指令》（2011/83/EU）第 11 条规定，消费者应当在撤回期限届满前“通知”经营者其撤回合同的决定。美国《冷静期规则》规定，消费者应在撤回权截止日午夜前“邮寄或递交‘取消通知书’的副本或其他书面通知，或发送电报”（16 CFR 429.1）。日本《特定商业交易法》第9、24 条明确规定，撤回申请等相关的书面文件在“发布”时立即生效。我国台湾地区《消费者保护法》第 19 条也规定在撤回期内，消费者已交运商品或发出书面者，契约视为解除。采用“到达主义”的立法例非常罕见，某些早期的欧盟指令，如《第二次人寿保险指令》（92/96/EEC）、《远程销售指令》（97/7/EC）将撤回权行使方式问题交给成员国国内法调整。而德国民法在 2002 年实现“债法现代化”之前曾明确坚持在远程交易中适用更为传统的“到达主义”①。当然，目前的《德国民法典》已改为“发出主义”，该法典第 355 条明确规定“对于期间的遵守，适时的发送撤回已足够”②。

在学界，杨立新教授支持到达主义，他认为“对此应当依照形成权发生效力的一般规则确定。一般的形成权直接依一方当事人的意思表示于到达相对人后发生变动法律关系的效果”③。不过，大多数学者，如马可·洛斯④、葛江虬等支持发出主义。但葛博士的理由，即“从利益

---

① Marco Loos. Rights of Withdrawal, in G. Howell & R. Schulze (Eds.), Modernising and Harmonising Consumer Contract Law, Munich: Sellier Publishing, 2009: p265.

② 陈卫佐译著:《德国民法典（第 4 版）》，法律出版社 2015 年版，第 130 页。

③ 杨立新:《非传统销售方式购买商品的消费者反悔权及其适用》，载《法学》2014 年第 2 期，第 35 页。

④ Marco Loos. Rights of Withdrawal, in G. Howell & R. Schulze (Eds.), Modernising and Harmonising Consumer Contract Law, Munich: Sellier Publishing, 2009: p264-265.

衡量的角度来说，如果无理由退货权成功行使的前提是退回之商品到达经营者，那么便意味着消费者不仅需要在最短时间内安排物流，更需要面对物流在途所花费的时间，以及路途中所遇到之不测风险。在某些情况下，即便消费者在收到货物后的第一天便发出希望退回的货物，第七天也未必能到达出卖人处”①，显然混淆了“意思表示”的发出和“退货商品”的发出。

本书亦认同“发出主义”的观点，理由如下：首先，虽然目前实践中已广泛采用网络、电话等通信手段实现了撤回通知的发送和到达可以实现几乎时间上的“无间隔”，但仍然不排除某些当事人在某些交易中通过信件等传统手段发送通知，故邮寄方面的时间和风险对于消费者仍然是存在的。其次，发出主义与到达主义的选择本质上是将“时间的确定性”这一优势地位赋予消费者还是经营者的问题，发出主义使得消费者只要在撤回期内发出撤回通知便无因过期而使权利失效之虞，考虑到消费者的弱势地位以及撤回权制度的目的，采发出主义更为合理。最后，需要强调的是，发出主义是一项与一般法相悖的特别法安排，故应当在相关法律中明确规定。

五、我国法的解释与完善

关于消费者撤回权的行使方式，我国《消费者权益保护法》第25条的规定极其简略，仅表示“消费者有权……退货”；原工商总局《暂行办法》第10条规定了网络购物消费者行使撤回权的方式是“向网络商品销售者发出退货通知”。同时，由于消费者撤回权属于合同解除权，故亦应当接受《民法典》第565条“当事人一方依法主张解除合同的，应当通知对方”之规定调整。以上三项法条即构成了我国在远程购物领域消费者撤回权行使方式的法律框架。在解释上，首先，虽然《民法典》与原工商总局《暂行办法》均要求通过“通知”方式行使消费者撤回权，但新《消法》作为《民法典》的特别法则肯定了通过直接“退货”方式行使权利的合法性。同时，我国法并未明文要求书面形式，故这里的“通知”宜解释为书面和口头均可。不过，当双方对于

① 葛江虬：《论消费者无理由退货权——以适用〈合同法〉条文之解释论为中心》，载《清华法学》2015年第6期，第111页。

是否撤回发生异议时，应由消费者对撤回的事实承担举证责任。关于消费者的意思表示采用“发出主义”还是“到达主义”的问题，新《消法》中并未规定，但《暂行办法》第10条则规定了“选择无理由退货的消费者应当自收到商品之日起七日内向网络商品销售者发出退货通知”。可见至少在网络购物领域，我国法律法规采纳了发出主义的做法。

对于今后相关立法，本书认为宜从以下几个方面进行完善：首先，应在《消法》中明确规定消费者可以通过“通知”方式行使撤回权；同时，消费者如直接“退货”或“拒收”商品而又无其他意思表示的，在符合撤回条件的前提下，也视为行使撤回权。其次，由于我国《民法典》第565条规定“合同自到达对方时解除”，故应尽快将原工商总局《暂行办法》中对消费者意思表示采“发出主义”的规定写入作为《民法典》特别法的《消法》，以消除下位法采“发出主义”而上位法采“到达主义”的矛盾。再次，消费者发出退货通知、将拟退商品交付退货承运人、向送货承运人明确表示拒收商品，均视为行使撤回权意思表示的发出。最后，原则上应将上述关于远程销售中撤回权行使方式的规定一体适用于访问交易领域。

第三节　权利行使时所退商品的状况

在销售合同中，撤回期内商品为消费者所占有，对其检视、试用都在所难免，少数消费者还可能正常甚至不正常地使用了该商品。这些行为可能导致商品的外观或性状发生变化。消费者若再将该商品退回不利于其二次销售，因而各国（地区）法律对所退商品的状况都有一定要求。

一、比较法观察

各国（地区）立法对消费者行使撤回权时所退商品的要求基本上是从“行为”和“结果”两个方面提出的。

（一）行为标准

该标准着重对消费者占有商品期间的行为提出要求，它是以“消费者查验行为是否合理为中心的，与商品本身的贬值程度无关”[1]。如欧盟《消费者权利指令》（2011/83/EU）第14条第2款规定“消费者需要对占有过程中商品的贬值承担责任，但为了确定商品的性质、特点和功能所必须的除外。但如果经营者没有依法履行关于撤回权的告知义务，消费者在任何情况下都无须对商品的贬值负责”。又如《德国民法典》第357条的规定“价值损失可归因于对商品进行了对于测试商品的性质、性能和运行方式为不必要的操作”是消费者对商品价值损失进行赔偿的条件之一[2]。类似的还有我国台湾地区《消费者保护法实施条例》，其第17条规定“消费者因检查之必要或因不可归责于自己之事由，致其收受之商品有毁损、灭失或变更者，本法第十九条第一项规定之解除权不消灭”。在举证责任方面，通常由经营者来证明消费者未能妥善对待所退商品，商品的贬值是由于消费者在正常检查之外又使用了该商品而造成的[3]。

（二）结果标准

该标准着重对所退商品的客观状况提出要求，消费者可能并没有做出任何不合理的行为，但因为所退商品不再“完好”而不得不丧失权利或赔偿损失。如美国FTC《冷静期规则》第429.1条（g）款对此的要求是“卖方所收到的退货商品与其售出时大致相同（in substantially as good condition as when received by the seller）”。而在约定形成的无理由退货制度中，经营者对所退商品的要求则具体得多。如按照沃尔玛的退货政策，所有退货商品的原厂包装应当保留，书籍应当没有被使用和标记，音乐、电影、软件应当没有被拆封。

二、评析

在本书看来，法律对所退商品的状况提出要求，其实质是消费者的验货权与商品二次销售之间如何平衡的问题。验货权是消费者的传统权

① 葛江虬：《论消费者无理由退货权——以适用〈合同法〉条文之解释论为中心》，载《清华法学》2015年第6期，第114页。

② 陈卫佐译著：《德国民法典（第4版）》，法律出版社2015年版，第133页。

③ Marco Loos. Rights of Withdrawal，in G. Howell & R. Schulze（Ed.），Modernising and Harmonising Consumer Contract Law，Munich：Sellier Publishing，2009：p270.

利，况且撤回权的制度目的很大程度上是通过消费者的检查、试用从而缓解交易双方的信息不对称。因此不论是采用行为标准还是结果标准，消费者的验货权应当被优先保障。但消费者验货权的滥用会大大增加崭新商品沦为“二手货”的风险，这恐怕也是经营者乃至消费者自己不愿看到的。

从形式上看，行为标准更有利于具体交易中的消费者，因为只要确保自己的行为属于“合理的检查、试用”，消费者就可以正常行使撤回权，即使造成了商品的贬值也无需承担任何责任。至于“合理”之标准，在理论上固然可以认为应以实体店中消费者对商品的检查、试用行为为限，但在司法实践中却往往成为难题。皮特·罗特副教授曾举例，消费者买了一本书翻几下查看是否有缺页自不需要补偿，可一旦开始阅读，他就需要补偿经营者的损失，但经营者显然对上述两种情况是很难分辨的①。

而结果标准仅需考察所退商品是否“完好”即可，在一定程度上减轻了经营者的风险，因此受到经营者的广泛欢迎。但确定商品“完好”的标准同样是一个难题。在《消法》修订过程中，阿里巴巴集团副总裁余思瑛女士认为，商品完好的标准应以是否影响二次销售为依据②。这一观点变相地将对“完好”标准的解释权归于经营者一方，对消费者过于恣意。而杨立新教授则提出，对于“完好”的理解，有高标准、中等标准和低标准的不同，进而认为新《消法》第25条规定的商品完好应当采纳中等标准，即商品本身完好，“商品的包装被拆封，或者包装不完好，但只要商品本身是完好的，并且属于商品的标识、标牌等也保持完好，就是商品完好”③。这一观点过于机械，难以胜任所有品类的商品。如食品、化妆品、医疗器械、贴身用品的原厂包装被损坏时，根据杨教授的标准，因为商品本身仍然是完好的，应认定为完好，但实践中此类商品已经几乎无法二次销售。基于商品在种类、性质上的

① Peter Rott. Harmonsing Different Right of Withdrawal: Can German Law Serve as an Example for EC Consumer Law? German Law Journal. Vol. 7, No. 12, 2006: p1128.

② 参见成慧：《7天无理由退货怎么退》，载《人民日报》2014年2月21日。

③ 杨立新：《非传统销售方式购买商品的消费者反悔权及其适用》，载《法学》2014年第2期，第37页。

无限多样性，企图设定一个放之四海而皆准的“完好”标准是不切实际的。

三、我国法之解释与完善

我国新《消法》第25条对所退商品的要求为“消费者退货的商品应当完好”，原工商总局《暂行办法》第8条又将商品“完好”解释为“能够保持原有品质、功能，商品本身、配件、商标标识齐全”。似乎我国法遵循的是结果标准。但《暂行办法》第8条又提出“消费者基于查验需要而打开商品包装，或者为确认商品的品质、功能而进行合理的调试不影响商品的完好”；第9条还提出“对超出查验和确认商品品质、功能需要而使用商品，导致商品价值贬损较大的，视为商品不完好”。这又符合行为标准的特征。另外，《暂行办法》第9条第2款还结合网购中常见的三大类商品对“完好”以及“不完好”进行了具体的界定，从其表述看又属于结果标准的范畴①。

由此本书认为，我国法对消费者行使撤回权时所退商品的状况要求采取的是行为和结果相结合的“二元”标准。在解释上，首先，对于有明确规定的商品种类应采用结果标准，即应考虑适用《暂行办法》第9条第2款。该条款分别具体地规定了三类网购实践中最为常见的商品之客观“完好”的标准，优先适用该标准有利于买卖双方权利义务的确定性及其预期的稳定性。其次，对三类明文涵盖的商品以外的比较罕见之商品，应同时适用第8条第1款之结果标准与第2款之行为标准，即消费者仅出于“查验、确认”之目的接触商品，且“商品能够保持原有品质、功能，商品本身、配件、商标标识齐全的”，消费者才

① 《网络购买商品七日无理由退货暂行办法》第8条　消费者退回的商品应当完好。商品能够保持原有品质、功能，商品本身、配件、商标标识齐全的，视为商品完好。消费者基于查验需要而打开商品包装，或者为确认商品的品质、功能而进行合理的调试不影响商品的完好。

第9条　对超出查验和确认商品品质、功能需要而使用商品，导致商品价值贬损较大的，视为商品不完好。具体判定标准如下：（一）食品（含保健食品）、化妆品、医疗器械、计生用品：必要的一次性密封包装被损坏；（二）电子电器类：进行未经授权的维修、改动，破坏、涂改强制性产品认证标志、指示标贴、机器序列号等，有难以恢复原状的外观类使用痕迹，或者产生激活、授权信息、不合理的个人使用数据留存等数据类使用痕迹；（三）服装、鞋帽、箱包、玩具、家纺、家居类：商标标识被摘、标识被剪，商品受污、受损。

可以无理由退货并无须承担商品贬值的责任。再次，在今后的立法中，宜根据商业实践的发展，注意总结、完善新潮商品“完好”的具体结果标准，并逐步扩大适用第9条第2款之具体结果标准的商品类别。最后，对于那些即使消费者对其进行类似于实体店的合理的查验也将导致较大贬值的商品，应将其纳入“其他根据商品性质并经消费者在购买时确认不宜退货的商品”，允许经营者通过法定程序排除消费者撤回权的适用。

另外，不论是根据行为还是结果标准所退回的商品，实际上都可能存在因无法恢复初始状态，而影响二次销售的瑕疵。为此《暂行办法》第25条还规定了经营者对消费者所退回商品在不同情况下的处理方式，即“对能够完全恢复到初始销售状态的七日无理由退货商品，可以作为全新商品再次销售；对不能够完全恢复到初始销售状态的七日无理由退货商品而再次销售的，应当通过显著的方式将商品的实际情况明确标注”。如亚马逊（Amazon）对“不能够完全恢复到初始销售状态的”的退货商品会导入一个叫作“Z实惠”的专门渠道进行销售，如图5-1所示。

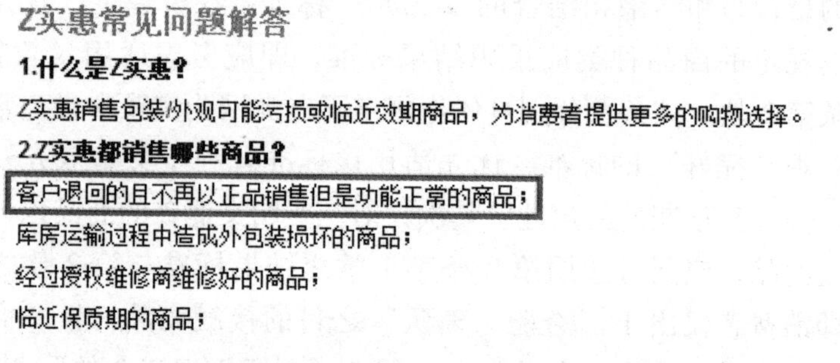
Z实惠常见问题解答

1.什么是Z实惠？

Z实惠销售包装/外观可能污损或临近效期商品，为消费者提供更多的购物选择。

2.Z实惠都销售哪些商品？

客户退回的且不再以正品销售但是功能正常的商品；

库房运输过程中造成外包装损坏的商品；

经过授权维修商维修好的商品；

临近保质期的商品；

图5-1 亚马逊（Amazon）将部分客户退回的商品通过“Z实惠”进行销售

第四节 权利行使期限即撤回期

一、撤回期的性质和意义

时间作为一个永恒的维度，总会以不同的方式影响着权利。在民法中，请求权由于一定期间内不行使而受到抗辩权的限制，不再能通过诉讼的方式获得原有的救济，这一期间被称为诉讼时效。而有些权利则因为时间的经过从实体上消灭，变得彻底不复存在。根据清华大学耿林副教授的研究，与此相符合的情形包括“狭义的权利期间”[①] 和“除斥期间”。“它们的差异仅仅是后者在前者的纯粹时间要素之上添加了权利不行使这一新要素。”[②] 如此区分出来的除斥期间，我们可以将其表述为：“须向义务人行使的权利的存在期间，亦即权利人须在一定期间内以一定方式向义务人行使其权利，否则期间经过后该权利即告消灭。它不是一个纯粹的时间限制，而是在形式上有点类似时效那样须通过限制权利行使行为来限制权利的存在。”[③]

消费者撤回权的存续期间，本文称为撤回期，亦有学者称为冷静期、犹豫期、鉴赏期，则完全符合上述对除斥期间的描述：一方面，法律设置了一个固定的权利存续期间；另一方面，这一期间与消费者的行使行为之间有着密切的关联。只有期间届满加上消费者未行使，消费者撤回权才真正消灭。因而，消费者撤回权的存续期间在性质上属于除斥期间。

在撤回期内不行使，消费者撤回权从实体上消灭。其意义在于：首先，消费者撤回权如果长期不行使仍然存续，会使交易另一方之经营者的权利义务长期不确定，始终“命悬一线”，对其造成巨大的负担。设置撤回期可以缓和经营者面临的这种重大不利。其次，消费者撤回权如果长期存在，不利于法律关系的安定与明晰，进而影响法的秩序基本价值的实现[④]。由此，撤回期的设定不仅反映了经营者的个体利益，还上升为一种社会公共利益。特别是当期限较短时，客观上可以起到催促消费者尽快行使权利的效果，从而使法律关系尽快确定下来，法律秩序尽快得以构建。同时，在客观上也起到了加速商品流转，促进经济交往的作用。

部分国家和地区法律所规定的撤回期，见表 5－1 所列。

---

① 这类“狭义的权利期间”如：(1)《城镇国有土地使用权出让和转让暂行条例》第 12 条：土地使用权出让最高年限按下列用途确定：(一) 居住用地七十年；(二) 工业用地五十年；(三) 教育、科技、文化、卫生、体育用地五十年；(四) 商业、旅游、娱乐用地四十年；(五) 综合或者其他用地五十年。(2)《专利法》第 42 条：发明专利权的期限为二十年，实用新型专利权和外观设计专利权的期限为十年，均自申请日起计算。

② 耿林：《论除斥期间》，载《中外法学》2016 年第 3 期，第 625 页。

③ 耿林：《论除斥期间》，载《中外法学》2016 年第 3 期，第 620 页。

④ 参见［美］E. 博登海默：《法理学：法律哲学与法律方法》，邓正来译，中国政法大学出版社 1999 年版，第 223 页。

表5－1　部分国家和地区法律所规定的撤回期①

法域 领域	欧盟	美国	日本	中国港、台地区	中国（大陆）
访问交易	（1）85/577/EEC 号指令（已废止）：不少于 7 天（not less than seven days）； （2）2011/83/EU 号指令：14 天（14 days）	FTC《冷静期规则》：交易之日后的第 3 个工作日午夜前。（midnight of the third business day after the date of this transaction）	《特定商业交易法》：8 日	台湾地区《消费者保护法》：7 日	（1）《直销管理条例》（关于直销）：30 日。 （2）《旅行社条例（修订草案送审稿）》：在旅游行程中
远程交易	（1）97/7/EC 号指令（已废止）：至少 7 个工作日（at least seven working days）； （2）2011/83/EU 号指令：14 天（14 days）		《特定商业交易法》：通讯交易默认 8 日，可另行约定；电话推销为 8 日	台湾地区《消费者保护法》：7 日	《消费者权益保护法》：7 日

① 部分资料参见：（1）Hans Schulte-Nölke, Christian Twigg-Flesner, Martin Eber（Ed.）. EC Consumer Law Compendium, Munich: Sellier Publishing: 2007.（2）汪传才：《分时度假的消费者保护初探》，载《法律科学》2006 年第 4 期，第 141 页。

（续表）

法域 领域	欧盟	美国	日本	中国港、台地区	中国（大陆）
金融服务	（1）2002/83/EC 号指令（关于人寿保险）：14～30 天（between 14 and 30 days）； （2）2002/65/EC 号指令（关于远程金融服务）：14 天（14 calendar days），但在由 90/619/EEC 号指令调整的人寿保险和个人养老金业务的远程合同中这一期间应延长至30天； （3）2008/48/EC 号指令（关于消费信贷）：14 天（14 calendar days）	（1）《诚实借贷法》（关于消费信贷）：基准日之后第 3 个工作日午夜前。（midnight of the third business day） （2）人寿保险：NAIC 示范规则及大多数州立法为 10 天，佛罗里达州为 20 天	（1）《保险业法》：8 日 （2）《不动产共同事业法》：8 日	香港证监会《非上市结构性投资产品守则》：不少于 5 个工作日	（1）《关于规范人身保险业务经营有关问题的通知》：10 日； （2）《关于进一步规范商业银行代理保险业务销售行为的通知》：15 个自然日； （3）《私募投资基金募集行为管理办法》：私募证券投资基金不少于 24 小时；私募股权投资基金、创业投资基金等其他私募基金也可以自行约定
分时度假	（1）94/47/EC 号指令（已废止）：10 天（10 calendar days）。 （2）2008/122/EC 号指令：14 天（14 calendar days）	美国 1979 年、1983 年分时度假示范法和2003 年分时度假示范法指导原则的规定分别为 7、5、5 个工作日。因此，大多数州规定为 5 或 7 个工作日			

二、撤回期的长度

（一）比较法观察

从某种意义上说，撤回期的长度是人们观察消费者撤回权最直观的尺度。表5-1以适用领域为类别展示了部分国家和地区的法律所规定的撤回期长度。可见，欧盟各指令中撤回期的长度经历了一个从混乱到相对统一的过程，目前除涉及人寿保险或养老金的极个别业务，其他领域中的撤回期均统一为14天。美国两部联邦立法所规定的撤回期均为3个工作日，相对较短，并明确期限届满的时刻是“午夜前”，而各州立法中规定的撤回期长度则相对灵活多样。日本《特定商业交易法》等相关法律对撤回期的规定多为8日。我国台湾地区关于访问交易和远程交易的规定为7日，香港地区关于非上市结构性投资产品的规定为不少于5个工作日，可谓折中。我国大陆的相关规定从总体上看尚处于个别立法的相对多样时期，其中《消法》对远程购物撤回权的规定为7日。面对上述鳞次栉比的规定，人们不禁要问：第一，多长时间的撤回期方为合适？第二，对于不同消费类型或领域中的消费者撤回权，其撤回期长度是否应当统一？

（二）评析

对于第一个问题，消费者和经营者的立法建议往往囿于各自利益较为主观。比如针对欧盟目前普遍适用的14天撤回期，经营者一方认为这个期限太长了，这会给滥用撤回权的消费者留下机会；同时，这么长的撤回期也使消费者需要确保商品崭新如初的时间相应地延长。而消费者组织则认为目前的撤回期仍然太短；有些消费者认为即使给予超过两周的撤回期，对于分时度假等“复杂合同”仍然是不够的[①]。我国在修正《消费者权益保护法》的过程中也出现过类似的情形，对于撤回期，部分消费者建议将“七日”修改为“七个工作日”[②]；有的建议将“七

① Marco B. M.. Loos. Review of the European Consumer Acquis, Munich: Sellier Publishing, 2008: p14.

② 全国人大常委会法制工作委员会民法室编：《消费者权益保护法立法背景与观点全集》，法律出版社2013年版，第30页。

日”延长为“十五日”或者“一个月”[①]。

学者对这一问题的研究大多较为原则性。美国学者布莱森和邓纳姆认为“3 天等较短的期限发挥不了作用，不利于保护消费者，而期限过长又会损害经营者利益和正常的商业秩序”[②]。马可·洛斯教授指出“冷静期应当足以使消费者能够真正行使撤回权。同时，冷静期应避免使经营者承受不合理的合同不确定性之负担。换句话说，双方的利益应当得以平衡”[③]。孙良国教授也认为“这个期间既不能太长也不能太短，在此期间既不能使经营者承担太多不确定性的成本，还必须保证消费者有时间冷静反思自己的交易决定”[④]。张学哲副教授针对我国的情况强调“消费者撤回权制度在我国是一项全新的制度，从认识、理解再到接受，需要一个过程。期限过短，失却保护消费者之意义；反之，期限过长，也会打击经营者积极性，尤其不利于我国初见雏形的市场经济的培育”[⑤]。在具体的长度上，上述学者中的后三位不约而同地认为一个相对统一的 14 天撤回期较为合适。

此外，学者们还给出了一些较为具体的思路和建议。孙良国教授指出“何种规定能够实现两者的利益平衡，需要更多的经验证据，而并非逻辑推理所能解决”[⑥]。荷兰阿姆斯特丹大学的约西娅·卢扎克博士提出应当以自然日而非工作日计算撤回期，以简化消费者的计算，提高法律上的确定性。她还指出并无实证证据表明欧盟原先 7 天左右的撤回权是不够的，将其延长到 14 天更多是出于各指令之间统一性的考量[⑦]。克

---

① 全国人大常委会法制工作委员会民法室编：《消费者权益保护法立法背景与观点全集》，法律出版社 2013 年版，第 69 页。

② Bryson J. E., Dunham S. S. A Case Study of the Impact of Consumer Legislation: The Elimination of Negotiability and the Cooling-Off Period, Yale Law Journal vol. 78, 1969: p618.

③ Marco Loos. Rights of Withdrawal, in G. Howell & R. Schulze (Ed.), Modernising and Harmonising Consumer Contract Law, Munich: Sellier Publishing, 2009: p244.

④ 孙良国：《消费者撤回权中的利益衡量与规则设计》，载《浙江社会科学》2012 年第 7 期，第 63 页。

⑤ 张学哲：《论消费者撤回权的构成与形式要件》，载《华东政法大学学报》2011 年第 1 期，第 49 页。

⑥ 孙良国：《消费者撤回权中的利益衡量与规则设计》，载《浙江社会科学》2012 年第 7 期，第 63 页。

⑦ Joasia A. Luzak. To Withdraw Or Not To Withdraw? Evaluation of the Mandatory Right of Withdrawal in Consumer Distance Selling Contracts Taking Into Account Its Behavioural Effects on Consumers, Centre for the Study of European Contract Law Working Paper No. 4, 2013: p31.

里斯蒂安·推格-弗莱斯纳和瑞纳·舒尔茨两位学者认为，一个充分的撤回期应当与撤回权的功能（包括总的功能和具体情形下的特定功能）相适应，以使消费者有足够时间收集信息或者冷静大脑重新思考[①]。卡罗琳·科恩认为，如果撤回期过长，由于担心赔偿，消费者反而会倾向于不愿意试用商品[②]。张靖副教授则认为撤回期应当至少“包含一个周末，消费者可以借和家人团聚的机会对是否签订合同进行进一步的商议”[③]。她进而主张在消费信用领域规定 14 天的撤回期对于保护消费者权益是非常重要的，“7 天内必然只包含一个周末，在有些情况下，周末不能见到家人的可能性也是存在的；而 14 天的期限则为消费者提供了两个周末，弥补了在一个周末不能见到家人进行商量的缺陷”[④]。

第二个问题在欧洲曾经过较为充分的讨论。在很长一段时间内，欧盟消费者法一致性的缺乏经常受到批评，其中最受诟病的例子之一就是各个包含撤回权的指令规定了截然不同的撤回期长度。欧洲学者普遍认为，上述不一致会导致消费者、企业、律师对于消费者撤回权期限的混淆。甚至，在多个指令存在冲突的情况下，会导致法律的不确定性[⑤]。统计显示，支持撤回期长度统一的意见在受访者中明显占据多数，包括 65% 的消费者组织，75% 的经营者以及 20 个欧盟成员国[⑥]。统一带来的好处在于：首先，可以避免类似 Travel Vac SL v. Anselm Sanchis 一案[⑦]中所出现的法律冲突和不确定性。其次，对于经营者而言，法律规定之

---

① Christian Twigg-Flesner, Reiner Schulze: information and the right of withdrawal, in Geraint Howells etc. (Ed.), Handbook of Research on International Consumer Law, Northampton Massachusetts: Edward Elgar Publishing Limited, 2010: p150-151.

② Caroline Cohen. the Contract Law Principle of pacta sunt servanda and Behavioral Economics Literature in Relation to Justifications for the European Consumer's Right of Withdrawal under Directive 2011/83/EC, Exeter Student Law Review Vol. 2, 2016: p21

③ 张靖：《我国消费者保护中的冷却期制度研究》，法律出版社 2014 年版，第 145 页。

④ 张靖：《我国消费者保护中的冷却期制度研究》，法律出版社 2014 年版，第 147 页。

⑤ Marco Loos. Rights of Withdrawal, in G. Howell & R. Schulze (Ed.), Modernising and Harmonising Consumer Contract Law, Munich: Sellier Publishing, 2009: p242.

⑥ Marco B. M. Loos. Review of the European Consumer Acquis, Munich: Sellier Publishing, 2008: p14.

⑦ 相关案情参见前文。

间的差异阻碍了其在跨境交易中正确处理关于消费者撤回权的相关事宜[①]。而统一有助于改善这一局面。最后，对于消费者而言，相对统一的撤回期有利于使撤回权制度尽快成为消费者的常识[②]，从而便于其了解和行使该权利。

但是，将各领域中消费者撤回权期限统一的做法也存在一定弊端，这将导致法律的针对性和灵活性不足。由于各消费场景中赋予消费者撤回权的原因各不相同，撤回期的设定也理应有所差别。就连赞成统一的马可·洛斯教授也承认，在访问销售领域，即使存在侵略性商业行为，但当经营者的不当影响已经消退的情形下，再赋予消费者 14 天的撤回权期间“似乎有点太长了”[③]。

最终，欧盟立法者经过权衡利弊，基本实现了将各指令中的撤回期统一为 14 天。这是欧盟统一消费者撤回权法律体系所取得的阶段性成果。另外，美国两部联邦立法中所规定的撤回期均为 3 个工作日，我国台湾地区立法规定访问交易与远程交易中的撤回期均为 7 日，日本相关立法则倾向于 8 日，也可看作是某种统一。

（三）我国法之解释与完善

对于撤回期之设定与统一的问题，在笔者看来，首先，不能一味迁就消费者而忽视经营者的利益和法律关系的安定性，如对于目前我国《消法》中所规定的七日撤回期，有学者认为“实际交易中可能产生不便利，这一期限可以适当延长，给消费者维权提供更大的空间”[④]。本书认为该观点有失片面。其次，应当重视社会规范的指引作用，立法的合理性很大程度取决于能否得到社会规范的支持。正如哈耶克所指出的：“在各种人际关系中，一系列具有明确目的生活形式的生成，是极其复杂但却又条理井然的。然而，这既不是什么设计的结果，也不是发

① Marco B. M. Loos. Review of the European Consumer Acquis, Munich: Sellier Publishing, 2008: P14.

② E. Terryn. Rights of Withdrawal, the Acquis Principles and Draft Common Frame of Reference, in R. Schulze (Ed.), Common Frame of Reference and Existing EC Contract Law, Munich: Sellier Publishing, 2009: p160.

③ Marco Loos. Rights of Withdrawal, in G. Howell & R. Schulze (Ed.), Modernising and Harmonising Consumer Contract Law, Munich: Sellier Publishing, 200: p243.

④ 参见吴景明 等:《〈中华人民共和国消费者权益保护法〉修改建议——第三法域之理论视角》，中国法制出版社 2014 年版，第 112 页。

明的结果，而是产生于诸多未明确意识到其所作所为会有此结果的人的各自行动。”[①] 在远程交易领域，七日撤回期最早是电商通过格式条款自发形成的，某种程度上成为一种交易习惯，“如2012年交易规模占网上B2C零售市场52.1%的天猫商城，向消费者承诺‘7天无条件退换货’。交易规模占比22.3%，市场份额排名第二的京东商城，也明确实行7日内无条件退货”[②]。故《消费者权益保护法》将“七日”作为远程交易中撤回期长度的第一选择与社会规范相吻合，具有现实的合理性。再次，我国消费者法领域关于退货的规定很多都选择“七日”作为期限，如新《消法》第24条规定“经营者提供的商品或者服务不符合质量要求的，……没有国家规定和当事人约定的，消费者可以自收到商品之日起七日内退货”。又如“三包”规则也规定“产品自售出之日起7日内，发生性能故障，消费者可以选择退货、换货或修理”。“七日”作为退货期限之选择可谓深入人心。最后，欧盟指令对撤回期的统一主要出于其整合内部市场的特殊需求，许多较短的撤回期被人为地延长了，这种绝对统一的做法不见得适合我国。但期限的统一无疑有助于消费者对撤回权的认知，故撤回期也不宜过分凌乱，可考虑对其适度整合。

据此，本书建议，在访问交易（包括直销）和远程交易领域，撤回期设定在七日；在复杂合同领域（包括人寿保险、远程金融服务、分时度假等），考虑到消费者可能需要与家人商议或求助专业人士以及目前规定普遍较长的现实，原则上可将撤回期设定在十五日。鉴于募集对象和功能的特殊性，《私募投资基金募集行为管理办法》中的相关规定可予以保留。这里的“日”指自然日，周末和节假日均计算在内。最后，根据《民法典》第203条的规定，期间的最后一日是法定休假日的，以法定休假日结束的次日为期间的最后一日。期间的最后一日的截止时间为二十四时；有业务时间的，停止业务活动的时间为截止时间。消费者撤回权制度自应遵循。

① ［英］弗里德里希·冯·哈耶克：《自由秩序原理》，邓正来译，生活·读书·新知三联书店1997年版，第58-59页。

② 全国人大常委会法制工作委员会民法室编：《消费者权益保护法立法背景与观点全集》，法律出版社2013年版，第250页。

三、撤回期的起算

（一）比较法观察

撤回期的起算点虽然只是一个简单的时刻，但在某些情形下却极易成为争议的焦点。从部分国家和地区的现行立法来看，其设定主要与交易领域、标的性质以及经营者信息义务的履行情况有关，分述如下：

在访问交易领域，欧盟《消费者权利指令》（2011/83/EU）第 9 条第 2 款规定了通常情况下撤回期的起算规则：（1）对于服务合同，从合同订立之日起算；（2）对于商品销售合同，从消费者或者除承运人以外的由消费者指定的第三方实际占有商品之日起算。如消费者在同一个订单中购买多个且需分别运输的商品，从消费者一方实际占有最后一件商品之日起算；如消费者购买的商品由多个部件组成且需要分别运输，从消费者一方实际占有最后一个部件之日起算；如消费者订购在确定的期间内定期交付的商品，从消费者一方实际占有第一批商品之日起算。（3）对于不借助有形载体的供应水、电、气、热及数字内容的合同，从合同订立之日起算。美国《冷静期规则》中所规定的撤回期起算点并不区分商品销售合同和服务合同，统一为"交易之日"（date of this transaction），从相关条款看应解释为合同订立之日［16 CFR 429. 19 (a)］。同时，该《规则》要求经营者向消费者提供一式两份的"取消通知书"，在该通知书中应明确注明撤回权的开始之日［16 CFR 429. 19 (b)］。日本《特定商业交易法》第 9 条规定，不论对于销售商品还是提供服务，撤回权自消费者"收到本法第 5 条规定的书面文件之日"起算，而这些文件的内容是经营者负有的包括撤回权相关事项在内的详细信息义务。我国台湾地区《消费者保护法》第 19 条规定的撤回期起算点为"收到商品或接受服务"之日，同时，台行政机构制定的《消费者保护法实施细则》第 18 条规定"消费者于收受商品或接受服务前"亦可"解除契约"。我国《直销管理条例》第 25 条对撤回期起算点的表述为"自购买直销产品之日起……"而"购买之日"具体是指合同订立之日、收到商品之日还是开具发票之日似乎并不明确。

在远程交易领域，鉴于欧盟《消费者权利指令》（2011/83/EU）和我国台湾地区《消费者保护法》均为关于远程交易和访问交易的统一立法。故上述关于撤回期起算点的规定同样适用于远程交易领域。日本《特定商业交易法》将远程交易分为通讯销售和电话推销两类。对于前者，撤回期自“该买卖合同相关的商品交货或指定权利转移之日起算”；对于后者，撤回期则自消费者收到载有经营者法定信息义务的书面文件之日起算。而我国《消费者权益保护法》第25条对于远程销售商品的撤回期起算点表述为“自收到商品之日起……”。

在复杂合同领域，欧盟现有四个指令涉及撤回权：（1）关于人寿保险的2002/83/EC号指令第35条规定撤回期间从消费者“被通知合同已经成立之日”起算。（2）关于远程金融服务的2002/65/EC号指令第6条规定撤回期间从远程合同订立之日（人寿保险合同从消费者被通知远程合同订立之日）起算；但如果消费者收到合同条款和法定须告知的相关信息之日晚于合同成立之日，则从该日起算。（3）关于信贷消费的2008/48/EC号指令第14条的相关规定与之类似：撤回期从信贷合同订立之日起算，但如果消费者收到合同条款和法定须告知的相关信息之日晚于合同订立之日，则从该日起算。（4）关于分时度假的2008/122/EC号指令第6条规定撤回期间从合同（包括有约束力的初步合同）订立之日起算，如果消费者收到合同（包括有约束力的初步合同）文本之日晚于合同订立之日，则从该日起算。在美国，规范消费信贷的《诚实借贷法》第125（a）条规定，撤回期以交易完成、本法所要求披露的信息送达、撤回权通知书送达这三个时间点中较迟的那个为起算日。我国保监会《关于规范人身保险业务经营有关问题的通知》第4条对人身保险撤回期起算点的规定为“投保人收到保险单并书面签收日”。

（二）评析

总的来说，在暂不考虑经营者信息告知义务的情况下，撤回期的起算点主要与交易特点和标的性质相关，看似没有规律，但实际上应遵循以下两个原则：第一，有利于消费者撤回权发挥自身的功能；第二，有利于法律关系的安定性，即起算点应当是客观的、确定的、可预期的。不同的理论与立法反映了对上述两个原则重要性的权衡。

对于商品销售合同，由于在传统实体店购物的消费者一般有机会在购买前检视甚至试用商品，故不论是在访问交易领域还是远程交易领域，创设消费者撤回权的主要目的在于解决消费者与经营者之间信息严重不对称的问题，“允许消费者在物理上对商品进行查验，以决定购买还是拒绝它们”[①]。因此，将起算点规定为“自收到商品之日”，可以保障消费者检视商品的传统利益。同时，这一时间也较为确定。故为大多数国家和地区的法律所采用。而台湾学者蔡菁华对此进行了补充，认为“若契约标的为商品，则应自消费者处于‘得使用该商品’之状态时起算，盖有部分商品可能系结构复杂、操作困难，必须透过业者进行教学或是安装的程序消费者始能开始实际接触……”[②] 不过，少数立法和学者出于传统习惯或统一和简化规则的考虑，并未赞同上述观点。如美国《冷静期规则》中不论是商品销售合同还是服务合同，撤回期起算点统一为“交易之日”。类似的，马可·洛斯教授认为在传统的上门交易实践中，消费者往往只是看到少许样品后就在目录中选购商品，对所购商品并不必然有检视的机会。他诘问道，难道仅仅因为电子商务是个新鲜事物就需要非正统的特殊法律规定来支撑消费者对这种购物方式的信任吗[③]？他进而认为将商品销售与服务合同中撤回期起算点统一规定更为重要。

对于服务合同，存在三种模式：（1）从合同订立之日起算，如欧盟《消费者权利指令》（2011/83/EU）中的规定。该模式的一大优点在于极大地增加了撤回期起算点的确定性[④]。（2）从消费者可接受服务之日起算，如曾有台湾地区法院在某分时度假纠纷案的判决中认为“收到试用会籍证之时虽原告仍非正式会员，但已可预约申请独家住宿，盖试用会籍顾名思义仅是让消费者试用并了解被告之度假旅游系统，据此原告在收到试用会籍证时已取得享受旅游住宿之地位，且系争契约之标的本为旅游住宿权利之享受，故契约解除权之 7 日犹豫期应自收到试用会

---

① Gerhard Wagner. Mandatory Contract Law：Function and Principle in Light of the Proposal for a Directive on Consumer Rights，Erasmus Law Review No. 3，2010：p58.

② 蔡菁华：《消费者无条件解除权之研究》，台湾大学硕士学位论文，2015 年，第 161 页。

③ Marco Loos. Rights of Withdrawal，in G. Howell & R. Schulze（Ed.），Modernising and Harmonising Consumer Contract Law，Munich：Sellier Publishing，2009：p254.

④ Marco Loos. Rights of Withdrawal，in G. Howell & R. Schulze（Ed.），Modernising and Harmonising Consumer Contract Law，Munich：Sellier Publishing，2009：p252.

籍证之翌日起算”[①]。(3) 从消费者实际接受服务之日起算，如我国台湾地区《消费者保护法》中的规定。其立法理由可表述为“消费者若非实际享受服务，实难以了解契约标的之内容与品质，无法与自身需求和预期一同衡量，自无法决定是否解除契约”[②]。面对该模式可能导致“某些消费者在使用过服务后恶意解约，使业者得不偿失，加重经营负担”的质疑，有学者认为，第一，业者选择适用此等交易方式，享受刺激消费、增长业绩、实体营业成本降低、扩展经营范围以及增加大量营业利益之同时，本应承担附随之而来的交易风险，此为增加营业利益同时而须支付之成本。第二，业者应有充足之资力与实力可以预先评估采取何种交易方式可以获取最大利益。第三，依据民法中“权利滥用禁止”和“诚实信用”原则，消费者在受领服务后行使解除权，仍需偿还经营者一定之价额[③]。

至于标的同时包含商品与服务的合同，如既销售手机又提供运营服务的合约机合同，又如既提供教材又进行课程辅导的教学合同，目前存在三种模式：(1) 统一从消费者收到商品之日起算。爱尔兰学者阿霍姆·麦克拉弗蒂认为，此类“混合”合同应归类为销售合同，从而根据销售合同起算撤回期[④]。(2) 统一从合同订立之日起算。如美国《冷静期规则》中的规定，马可·洛斯教授也是这一模式的支持者[⑤]。(3) 区分商品与服务分别起算，如曾有我国台湾地区法院在某提供教材的教学合同纠纷案的判决中认为上述教材部分应自送达翌日起算，而家教之部分则自家教开始之翌日起算，因此判决原告一部胜诉一部败诉[⑥]。

---

① 台北“地方法院”88 年度简上字第 802 号判决。

② 刘姿汝：《网路购物契约与消费者保护》，载《科技法学评论》2010 年第 7 卷 1 期，第 231 页。

③ 蔡菁华：《消费者无条件解除权之研究》，台湾大学硕士学位论文，2015 年，第 163-164 页。

④ Aonghus Mcclafferty. Effective Protection for the E-Consumer in light of the Consumer Rights Directive? Hibernian Law Journal, No. 85, 2012: p112.

⑤ Marco Loos. Rights of Withdrawal, in G. Howell & R. Schulze (Ed.), Modernising and Harmonising Consumer Contract Law, Munich: Sellier Publishing, 2009: p252-254.

⑥ 台北“地方法院”96 年度北消简字第 1 号判决。

（三）我国法之解释与完善

撤回期的起算规则之宗旨在于消费者撤回权的实效性和法律关系安定性之间的平衡。在笔者看来，美国《冷静期规则》以及马可·洛斯教授对商品销售合同的主张为了法的安定性而忽视了消费者利益，而我国台湾地区关于服务合同的立法又过分强调消费者利益而忽视经营者利益和市场现状，均有失片面。以传统实体店消费者的利益状况为“锚”，消费者在购买商品时可以检视商品，而接受服务时则未必。在服务合同中赋予消费者撤回权的主要目的是排除经营者的不当影响，确保消费者意思表示的自由，故自合同成立时起算足以胜任。且服务合同一旦履行往往很难恢复或清算，强行给予消费者试用服务的机会可能诱发机会主义和道德风险。因此本书认为，对于远程交易和访问交易中的撤回期，原则上，商品销售合同应自消费者收到商品之日起算，服务合同应自合同订立之日起算。我国《消费者权益保护法》第25条与之不谋而合，而《直销管理条例》第25条则有必要进行相应修正。

此外，在我国远程购物实践中，同住亲属、小区物业、单位收发室、第三方公司设置的快递柜等第三方代收商品的现象甚为普遍。上述主体的代收行为是否可以视为“消费者收到商品”？对此，欧盟《消费者权利指令》（2011/83/EU）规定，“收到”商品的主体不限于消费者本人，“除承运人以外的由消费者指定的第三方”也是合格的“收到”主体。本书认为，以下两种情形第三方代收应当视为消费者本人“收到”商品：（1）第三方是有权代为受领人，如消费者的代理人、与消费者签有服务合同的快递柜公司等。（2）第三方是表见代为受领人，即送货方有理由相信其有权代收商品但实则无权的，如某消费者长期通过小区门卫代收快递，形成惯例，但某日与物业解除代理关系，不知情的送货方仍然照旧将商品放在门卫处的情形。

至于标的同时包含商品与服务的合同，区分商品与服务分别起算的做法既缺乏安定性又缺乏经济性，宜将其视为一个整体，不做区分。本书认为宜选择消费者收到商品之日起算。首先，不收到商品（如手机、教材），相关服务（如电信服务、教学服务）往往无法开展。其次，此说保障了消费者检验商品的权利，体现了撤回权的目的。

最后，在具体解释上，杨立新教授曾经认为“起始日……不是自行为之次日起，而是自收到商品之日起，因此，反悔权的冷静期应将收到商品之日算为一日”[①]。不过这一观点已经被原工商总局《暂行办法》所否定，该办法第10条第2款明确规定，七日期间自消费者签收商品的次日开始起算。原工商总局的观点更符合《民法典》第201条的规定，也是我国期日计算的通常做法，在消费者撤回权领域并无制定特殊规则的必要。

需要说明的是，本节关于撤回期的长度和起算规则的论述均建立在经营者正确履行了其信息告知义务的背景下。经营者违反信息义务对撤回期的影响将在下一节中讨论。

第五节　权利行使与经营者有关撤回权的信息义务

一、经营者有关撤回权的信息披露义务：概说

（一）信息披露义务的正当性

完整有效的信息披露能够使消费者做出更真实且更有意义的决定，提高交易效率，并符合道德要求[②]。消费者撤回权制度在某种意义上便是作为平衡交易双方严重信息不对称性的一种工具被创设出来的。然而值得注意的是，在各国（地区）相关立法中，撤回权制度本身也是经营者必须向消费者披露的信息，构成经营者先合同义务的重要一部分。“因此，减少信息不对称不仅是撤回权的目标，而且也是将该制度付诸实践的前提”[③]。但是，法律如此安排的理由何在？特别是考虑到“法

① 杨立新：《非传统销售方式购买商品的消费者反悔权及其适用》，载《法学》2014年第2期，第36页。

② Robert A. Hillman. Online Boilerplate: Would Mandatory Website Disclosure of E-Standard Terms Backfire? Michigan Law Review 2006 Vol. 104: P837.

③ Christian Twigg-Flesner, Reiner Schulze. Protecting ration choice: information and the right of withdrawal, in Geraint Howells etc. (Ed.) Handbook of Research on International Consumer Law, Northampton Massachusetts: Edward Elgar Publishing Limited, 2010, P149.

律一旦颁布（或生效），就推定人们应当知道其内容”这一法律常识或表述为“不知法律不免责”的古老格律，这实在不是一个用马可·洛斯教授“为了使撤回权得到有效使用，需要有人告知消费者”[①] 的寥寥数语就可以一笔带过的问题。

经营者对于撤回权相关内容的信息义务之所以具有一定正当性，首先是因为消费者撤回权本身是一种有悖于传统理论的特殊法律制度，需要有一个被消费者了解并普及的过程。有资料显示，即使在欧盟远程销售消费者撤回权制度实行 13 年后，仅有 62% 的消费者明白自己享有无条件退货、无须给出任何理由并可取得全额退款的权利，26% 的消费者不相信可以无条件退货，还有 12% 的消费者根本就不知道自己有反悔的权利。而且，对撤回权不甚了解的消费者在特定的弱势群体中所占的比例相当高，主要影响因素包括年龄、社会地位以及对先进科技的接受度等。其中最脆弱的消费者群体是不使用网络、电脑的人和寡妇；其次是 15 ~ 24 岁的年轻人；再就是家庭主妇、学生等自认为社会地位较低的人；50 岁以上的人尤其独居者也相对不了解自己的法定权益[②]。故消费者的弱势不仅表现在经济和对商品的熟悉程度等方面，“更为关键的是，在各种消费合同中，普通消费者判断哪些情形下自己才享有法律上的撤回权绝非易事”[③]。

其次，经营者在合同订立过程中被赋予了消费者教育的职能，而这种安排与经营者的交易目的、注意义务以及他们在信息掌握、磋商能力、经济实力等方面的优势地位有关。正如克里斯蒂安·推格-弗莱斯纳和瑞纳·舒尔茨所指出的，“除个别特例，（经营者信息义务）这一要求主要是为了实现以下目标：使消费者能以简单、有效、易得的方式获取准确且易懂的信息，从而如愿以偿地使用撤回权。……而赋予经营者如此的义务，主要是基于其商人或专业人士的身份，毕竟他们具有信

① Marco Loos. Rights of Withdrawal, in G. Howell & R. Schulze（Ed.）, Modernising and Harmonising Consumer Contract Law, Munich: Sellier Publishing, 2009: P250.

② 参见于颖：《远程消费者保护机制研究》，法律出版社 2013 年版，第 177-178 页。

③ 张学哲：《论消费者撤回权的构成与行使要件》，载《华东政法大学学报》2011 年第 1 期，第 47 页。

息优势且尽量促成成交是他们的最大利益所在”[①]。张学哲副教授也指出“经营者尤其是上述特定消费者合同下的经营者，更关心法律上的相关规定，其相较于普通消费者，也更善于运用这些法律规定。因此，期待普通消费者自己去知晓有关撤回权的法律知识，无异于将本属于消费者自身防卫的法律武器，变质为经营者对付消费者的工具”[②]。况且经营者为此所要付出的成本，不仅要比消费者小得多，而且对经营者来说一般也不会形成不堪忍受的负担。

再次，上述“不知法律不免责”原则在当代某些场景中不再被奉为圭臬。如目前的刑法理论在一定程度上已经承认法律认识错误可以作为刑事责任的抗辩理由[③]。因为对一个理性的人不能对他适用他不知道的法律……适用不知晓的法是不公正的、非理性的[④]。在民法、经济法领域，由于消费者主权理论和法律家长主义的兴起，在强调保护弱者的社会法思潮之下，价值的天平逐渐由形式正义向实质正义倾斜。故这一原则的适用应受到一定的限制。

最后，经营者信息义务的正当性与消费领域的具体类型、应当告知的内容以及相应法律责任等因素密切相关，对不同的经营者施加共同但有区别的负担才能体现该义务的积极意义。

（二）违反信息披露义务的法律责任

如果经营者违反与撤回权相关的信息义务（如怠于提供信息，提供错误的信息，违反提供信息的时间和形式要求等），由于信息披露义务属于基于诚信原则而产生的先合同义务，故他所面临的法律责任最初在性质上是一种民法上的缔约过失责任。责任形式因立法例而有所不同，早期立法中往往借助违反诚信等基本原则或因构成沉默欺诈而导致合同无效或可撤销，目前主要包括导致撤回权期限的起算和长度发生变化。

---

① Christian Twigg-Flesner, Reiner Schulze. Protecting ration choice: information and the right of withdrawal, in Geraint Howells etc. (Ed.) Handbook of Research on International Consumer Law, Northampton Massachusetts: Edward Elgar Publishing Limited, 2010: p149-150.

② 张学哲：《论消费者撤回权的构成与行使要件》，载《华东政法大学学报》2011年第1期，第47页。

③ 参见刘柏纯：《论法律认识错误对刑事责任的影响》，载《河北法学》，2006年第8期，第127页。

④ 周永坤：《法理学——全球视野》，法律出版社2000年版，第99页。

此外，由于消费者权益涉及社会公共利益，故经营者违反信息披露义务的行为除上述民事责任外，还可能承担行政法上的责任，极端情况下甚至涉及刑事责任。如在欧盟指令以外，欧盟成员国为了消费者利益可以对怠于通知、错误通知或虚假通知的经营者课以进一步的处罚，如罚款。在某些国家甚至可能被判处监禁[①]。

二、经营者信息义务的内容

（一）比较法观察

需要强调的是，本节所论述的并非一般意义上的经营者信息义务，而是其中与消费者撤回权有关的部分。各国（地区）典型立法中的相关内容如下：

作为欧盟消费者法的代表，《消费者权利指令》（2011/83/EU）第6条规定在非营业地交易或远程交易中的消费者受到合同或要约约束前，经营者应当以明确易懂的方式向其提供相应的信息。指令详细规定了多达20项的告知事项（第a～t项），其中四项直接与消费者撤回权相关，即：第（h）项，在适用撤回权的情况下，经营者应当提供相应的撤回权行使条件、期限、行使程序以及附件Ⅰ（B）中所列的撤回表格范本；第（i）项，经营者应当告知消费者如果行使撤回权，消费者应承担退货的邮寄费用以及远程合同中由于商品性质不能邮寄的商品的退回费用；第（j）项，经营者应当告知消费者在不借助有形载体的供应水、电、气、热合同中行使撤回权，应当支付撤回前因已使用所造成的相应的合理费用；第（k）项，经营者应告知消费者其根据第16条不享有撤回权以及撤回权消灭的相应情形。此外，根据该指令附件Ⅰ（B）所列的撤回表格范本，经营者还应提供撤回期长度和起算时间；消费者行使撤回权的方式和程序；经营者的名称、地址、联系方式；行使撤回权的法律后果等信息。

美国FTC《冷静期规则》中经营者信息义务规定在16 CFR 429.1条，主要内容有：（a）经营者应当向消费者提供完整的收据或合同副

① Christian Twigg-Flesner. Reiner Schulze. Protecting ration choice: information and the right of withdrawal, in Geraint Howells etc. (Ed.) Handbook of Research on International Consumer Law, Northampton Massachusetts: Edward Elgar Publishing Limited, 2010: P150.

本，该收据或合同副本应当使用与口头推销一致的语言（如西班牙语），在合同文本预留给消费者签章的空白处附近或收据的正面，以不小于10号的加粗字体标明交易日期、经营者的名称及地址，并作如下陈述："您，买受人，可以在合同订立后第三个工作日的午夜前撤销这个合同。未尽事宜请参阅'撤回通知'"；(b) 经营者在与消费者订立上门交易合同时应向其提供完整的一式两份的标题为"撤回权通知"或"撤回通知"的文本，该文本应包含下述信息并依然使用10号加粗字体以及与合同相同的语言（如西班牙语）；(c)"撤回通知"上应载明经营者的名称、营业地址、合同订立的日期以及合同订立后第三个工作日暨消费者可以取消合同的最后日期等信息；(d) 不得在上门交易合同中包含任何通过承认某项判决等形式放弃消费者撤回权的内容；(e) 在订立合同时，经营者还应口头告知消费者有权取消合同；(f) 禁止向消费者做出错误的信息陈述。

美国《诚实借贷法》及其实施细则Z条例对债权人应向消费者"披露的信息"和撤回权通知书的内容同样做了详细的规定，前者应当包括年利率、财务费用、还贷时间表等；而"撤回权通知书"则应当告知消费者以下五项内容：(1) 债权人对其主要住所拥有抵押权；(2) 其有权撤回这项交易；(3) 如何行使撤回权；(4) 撤回的后果；(5) 撤回权行使的期限。[12 CFR 226.15 (b)]

日本《特定商业交易法》第4、5条规定访问销售的经营者应当通过书面形式向消费者告知以下内容：一、商品、权利或服务的种类；二、售价或报酬；三、支付的时间和方法；四、商品交付、权利转让或服务提供的时间；五、该法第9条规定的可以撤销合同的相关事项；六、本法第9条规定的可以撤回或解除合同的相关事项。七、主管部门法令规定的其他事项。另外，该法于第11条、第18条规定了通讯销售和电话推销经营者的与之类似的信息披露义务。

我国台湾地区《消费者保护法》第18条也规定了经营者的信息义务：企业经营者以通讯交易或访问交易方式订立契约时，应将下列资讯以清楚易懂之文句记载于书面，提供给消费者：一、企业经营者之名称、代表人、事务所或营业所及电话或电子邮件等消费者的迅速有效联络之通讯资料。二、商品或服务之内容、对价、付款期日及方式、交付期日及方式。三、消费者依该法第十九条规定解除契约之行使期限及方式。四、商品或服务依该法第十九条第二项规定排除第十九条第一项解除权之适用。五、消费申诉之受理方式。六、其他“中央主管机关”公告之事项。经由网际网路所为之通讯交易，前项应提供之资讯应以可供消费者完整查阅、储存之电子方式为之。

对比上述法规，我国关于经营者信息义务的规定则显得较为简略。《直销管理条例》第 22 条对直销员向消费者推销产品时的要求有三项属于履行信息义务，即：（1）出示直销员证和推销合同；（2）成交前，向消费者详细介绍本企业的退货制度；（3）成交后，向消费者提供发票和由直销企业出具的含有退货制度、直销企业当地服务网点地址和电话号码等内容的售货凭证。同时该《条例》第 28 条规定，直销企业应当依照国务院商务主管部门和国务院工商行政管理部门的规定，建立并实行完备的信息报备和披露制度。

我国《消费者权益保护法》虽然在第 20 条规定了一般意义上的经营者信息义务，但并没有针对远程销售中消费者行使撤回权的情形做出相应的具体规定。不过，原工商总局《暂行办法》中有三个条款对此有所涉及：第 11 条规定，网络商品销售者收到退货通知后应当及时向消费者提供真实、准确的退货地址、退货联系人、退货联系电话等有效联系信息。第 20 条规定，网络商品销售者应当采取技术手段或者其他措施，对于本办法第六条规定的不适用七日无理由退货的商品进行明确标注。符合本办法第七条规定的商品，网络商品销售者应当在商品销售必经流程中设置显著的确认程序，供消费者对单次购买行为进行确认。如无确认，网络商品销售者不得拒绝七日无理由退货。第 22 条规定，网络交易平台提供者应当依法建立、完善其平台七日无理由退货规则以及配套的消费者权益保护有关制度，在其首页显著位置持续公示，并保证消费者能够便利、完整地阅览和下载。

（二）评析

通过上述对比可以看出，欧、美法对于经营者信息义务从内容（经营者的详细信息；撤回期的长度、起止；行使撤回权的方式、法律后果等）到形式（如书面要求、字体字号、所用语言、告知的时间等）都有细致入微的要求。这种立法模式有利于督促经营者向消费者提供准确的信息，最大程度减少法律的不确定性。但弊端也很明显，首先，这种要求已经成为经营者不可承受之重，并不适当地增加了其经营过程中的法律风险。其次，使消费者产生“信息过载”，消费者得到的是铺天盖地的信息而不一定是对他们有帮助的[①]。过多的信息还易使消费者产生“撤回权是一项复杂、麻烦的法律程序”的印象，反而阻碍了消费者行使这一权利[②]。为了缓解上述弊端，欧、美部分法律要求或建议经营者使用特定的范本或权利通知书履行其信息告知义务。不过这一做法仍然受到了严厉的批评。有德国学者认为，范本同样极其复杂，不可避免有冗长的脚注、过多的选项、残留的漏洞；同时，使用的语言对消费者而言过于专业化，很难为其所理解[③]。

（三）我国法之解释与完善

本书认为，如何将经营者的信息义务设定得详略得当，关键在于针对不同的消费领域，做出共同但有区别的规定。在《消费者权益保护法》的“经营者义务”这一章中只需要规定所有经营者都必须遵守的一般性的信息义务；而在《消费者权益保护法》的撤回权特别条款或单行立法中，再规定从事不同业务的经营者应当向消费者提供的针对该交易类型的特定信息。

一般来说，在访问交易和远程交易领域，由于交易的日常性、普遍性，双方关于撤回权制度的信息不对称性总体上并不显著。故从效率角度出发，上述两类合同中经营者信息义务的内容不宜过于繁杂。原工商总局《暂行办法》针对网络购物的特点做出相应特别规定的做法即符合这一思路。尤其值得赞赏的是，《暂行办法》根据对消费者行使撤回权重要性的不同，将相关信息分为两类，对比较重要的“是否属于适用撤回权的商品范围（第 20 条）”和“退货操作必须的信息（第 11 条）”采用在每次交易中单独披露的方法；而对于其他常规应披露的信息（第 22 条）则通过网络交易平台一次性在“首页显著

---

① Peter Rott. Information obligations and withdrawal rights, in Christian Twigg-Flesner (Ed.), European Union Private Law, Cambridge: Cambridge University Press, 2010: p190.

② Christian Twigg-Flesner, Reiner Schulze. Protecting ration choice: information and the right of withdrawal, in Geraint Howells etc. (Ed.) Handbook of Research on International Consumer Law, Northampton Massachusetts: Edward Elgar Publishing Limited, 2010: p150.

③ Peter Rott. Harmonsing Different Right of Withdrawal: Can German Law Serve as an Example for EC Consumer Law? German Law Journal. Vol. 7, No. 12, 2006: p1120.

位置持续公示”的方法予以披露，既减轻了经营者的负担又避免了消费者的“信息过载”。

而在复杂消费领域，由于业务本身的复杂性、长期性、人身性、重大性等特点，同时经营者往往必须是具备某种资质的专业主体，对相应法规较普通经营者更为精通。而撤回权作为一项特殊的法律安排可能并不为偶尔进行这些复杂消费的普通消费者所知悉并熟练使用。因而有必要对经营者施加更为严格的信息义务，经营者应当采用在每次交易中单独披露的方法以及书面与口头告知相结合的形式，并建议强制使用监管部门审定的产品说明书或合同范本。

三、经营者违反信息披露义务对撤回期的影响

（一）比较法观察

在经营者违反信息义务而产生的法律责任中，撤回权期限的起算或长度发生变化是最独特的一种。纵观各国（地区）立法，经营者违反信息义务对撤回期的影响有以下三种立法模式：

模式一：撤回期不起算。如早期欧盟关于非营业地合同的85/577/EEC号指令（已废止）第4、5条规定，撤回期从合同成立且消费者收到经营者提供的载有撤回权信息的书面通知之日起算。据此，2001年欧洲法院（European Court of Justice，简称ECJ）在著名的“海宁格案”[①] 判决中坚称，在消费者被告知有关撤回权的信息前，冷静期不会开始计算。既然期限从未开始自然也不会结束。这意味着消费者可能在

① 【案情简介】1993年，消费者Heininger夫妇在自己家中与地产代理商Bayerische Hypo签订购买公寓的合同，并在银行Vereinsbank AG办理了按揭贷款。1998年1月，Heininger夫妇以Bayerische Hypo和Vereinsbank AG均未告知其在7天内有权取消合同为由，请求解除购房合同。此案从德国地方法院一直上诉到欧洲法院。欧洲法院在判决中认为：如果消费者没有被告知存在撤回权，他不可能行使该权利。因此，这项权利的有效性完全取决于经营者的行为。这也是欧盟85/577/EEC号指令对经营者赋予的特定义务。本案中，虽然经过4年多Heininger夫妇才要求解除合同，但由于经营者未能通知消费者撤回权的存在，故撤回期并未开始，自然也就没有结束。因此，德国国内法不能剥夺他们的撤回权。欧洲法院同时认为德国法律中为期一年的最长期限的规定是违反欧盟指令的。G. and H. Heininger v. Bayerische Hypo and Vereinsbank AG，Case C－481/99，ECR［2001］I－09945，no. 44－48，ECJ 13 December 2001。

多年后撤回一个已经早已成立甚至履行完毕的合同[①]。采用该模式的欧盟立法还包括关于远程金融服务的 2002/65/EC 号指令和关于信贷消费的 2008/48/EC 号指令。另外，日本《特定商业交易法》第 9、25 条规定在访问销售与电话推销中，撤回期自消费者收到载有经营者法定信息义务的书面文件之日起算。根据官方解读，若经营者履行告知义务不符合规定，则 8 天的冷静期不予起算[②]。

模式二：撤回期被延长。从近年来的学术观点、判例和相关立法来看，这种对撤回期进行有限延长的做法在欧盟已经取代模式一成为主流。如 2008 年欧洲法院在“汉米尔顿”案[③]的判决中认为，即使在经营者错误通知的情况下，消费者也应在合同完全履行之后的一个月内行使撤回权。欧盟最具代表性的《消费者权利指令》（2011/83/EU）也采取了这一做法，该指令第 10 条规定：（1）如果经营者没有将本法所要求的有关撤回权的信息提供给消费者，则撤回期将在最初期间（14 天）的基础上再延长 12 个月；（2）如果经营者在上述 12 个月中的某日将有关撤回权的信息提供给了消费者，则撤回期从该日起计算 14 天。申言之，一方面，如果经营者一直未能履行关于撤回权的信息义务，撤回期也存在一个 12 个月又 14 天的上限；另一方面，如果经营者迟延履行信息义务，撤回期的起算点将从通常情况下的合同订立之日（服务）或消费者占有商品之日（销售商品）变更为经营者履行该信息义务之日。我国台湾地区立法与之类似，《消费者保护法》第 19 条第 3 款规定，企业经营者于消费者收受商品或接受服务时，未依前条[④]第一项第三款规定提供消费者解除契约相关资讯者，第一项七日期间自提供之次日起

---

① Marco Loos. Rights of Withdrawal, in G. Howell & R. Schulze（Ed.）, Modernising and Harmonising Consumer Contract Law, Munich: Sellier Publishing, 2009: p250-251.

② 消費者庁取引・物価対策課・経済産業省商務情報政策局消費経済対策課編：特定商取引に関する法律・解説（平成 28 年版）第 58 頁。

③ 【案情简介】1992 年，原告 Hamilton 女士在她的家中与被告金融机构 Volksbank Filder eG 的代表签订了一份贷款合同，为她购买不动产投资基金提供资金。1998 年，Hamilton 女士的投资出现不可挽回的损失，她认为正是由于 Volksbank Filder eG 当时没有正确告知其享有撤回权，导致其当年不能及时解除合同。欧洲法院在本案判决中认为：欧盟 85/577/EEC 号指令的第 4 条和第 5 条并不禁止成员国在国内法中设定一个可以行使撤回权的最长期限，故 Hamilton 女士撤回合同的主张因已经超过德国法中为期一年的最长期限而不予支持。Annelore Hamilton v. Volksbank Filder, Case C-412/06, ECR［2008］I-02383, ECJ 10 April 2008。

④ 即我国台湾地区《消费者保护法》第 18 条。

算。但自第一项七日期间起算，已逾四个月者，解除权消灭。需要强调的是，不论是欧盟《消费者权利指令》还是台湾地区《消费者保护法》，仅在经营者违反有关消费者撤回权的信息告知义务时才会导致撤回期的变化，而怠于告知其他信息并不会导致撤回期的变化。与之不同，欧盟关于分时度假的2008/122/EC号指令则进一步将其他信息义务也纳入这一方法的调整范围，只是期限延长的上限有所区别。根据该指令第6条的规定，如果经营者没有根据本法的要求向消费者提供有关撤回权的信息，则撤回权将在合同或初步合同订立之日起一年零14天后到期；如果经营者没有根据本法的要求向消费者提供一般信息，则撤回权将在合同或初步合同订立之日起三个月零14天后到期。

模式三：在我国大陆地区现行立法中，经营者违反信息义务并不会导致撤回期的变化，该经营者将承担其他类型的法律责任。

（二）评析

为何要将经营者的信息义务与撤回期的起算或长度相挂钩？曾起草了DCFR的欧盟民法典专家组表示其作用有两个：一方面保护未受告知的消费者，使其可以在更长的期限中有机会知悉关于消费者撤回权的资讯；另一方面则是作为对未履行告知义务之经营者的处罚①。但这一做法的弊端也很明显，它导致了法律关系长时间处于不确定性之中，使经营者承受了不可预期的风险。特别是在模式一之下，经营者是否正确履行信息义务对撤回期的开始和结束具有决定性的意义，马可·洛斯教授对此诟病到，一个无限延长的撤回期，不符合法律确定性的要求，也没有服务于消费者任何正当利益②。艾芙琳娜·特蕾恩教授甚至形象地将其比喻为“整蛊玩具”③。这种不确定性的风险甚至导致有的银行决定

① Christian von Bar, Eric Clive, Hans Schulte-Nölke（Ed.）. Principles, Definition and Model Rules of European Private Law, Draft Common Frame of Reference（DCFR）, Full Edition, Munich: Sellier Publishing, 2009: p355.

② Marco Loos. Rights of Withdrawal, in G. Howell & R. Schulze（Ed.）, Modernising and Harmonising Consumer Contract Law, Munich: Sellier Publishing, 2009: p256.

③ E. Terryn. Rights of Withdrawal, the Acquis Principles and Draft Common Frame of Reference, in R. Schulze（Ed.）, Common Frame of Reference and Existing EC Contract Law, Munich: Sellier Publishing, 2009: p155.

退出个人抵押贷款市场[①]。此外，由于合同撤销权期间的起算往往与权利人是否知晓撤销事由相联系，且模式二中撤回期被延长的时间又与撤销权相仿，故本书猜测，将撤回期与经营者是否履行信息义务相联系的做法，可能反映了把消费者撤回权视为合同撤销权的学说在立法上的影响。

（三）我国法之解释与完善

根据我国现行法律，经营者违反与撤回权相关的信息披露义务所承担的法律责任主要是行政处罚，如原工商总局《暂行办法》第31条规定"未向消费者提供真实、准确的退货地址、退货联系人等有效联系信息，致使消费者无法办理退货手续的"，依照《消费者权益保护法》第五十六条第一款第（八）项规定予以处罚；而第32条也规定，网络交易平台提供者违反本办法第二十二条规定的，依照《电子商务法》第八十一条第一款第（一）项规定予以处罚，即对于"未在首页显著位置持续公示平台服务协议、交易规则信息或者上述信息的链接标识的"经营者，"由市场监督管理部门责令限期改正，可以处二万元以上十万元以下的罚款；情节严重的，处十万元以上五十万元以下的罚款"。可见，经营者信息义务的履行情况对撤回期的起算和长度均没有影响。

本书认为，关于消费者撤回权信息义务之法律责任的设定，与消费者对经营者所应提供信息的依赖程度成正比。消费者对信息的依赖度越大，法律责任应当越重。而消费者的依赖程度与撤回权在消费者中的认知程度、行使频率，撤回权的具体目的，法律政策意欲达到的激励效果等因素有关。具体来说，远程购物领域的消费者对撤回权的认知度、使用度均较高，且交易一般由消费者主动发起，订立合同前有充分的准备时间，故目前我国以罚款为主的行政处罚责任是比较适当的。但是，在访问交易和复杂消费领域，我国仅仅依靠罚款等行政处罚的做法，不论对于消费者的保护程度还是对经营者的激励作用都是不足的。建议参照欧盟《消费者权利指令》和我国台湾地区《消费者保护法》的做法，对于没有书面告知消费者撤回权法定信息的经营者，将撤回期延长到一个月。同时对于消费者有特别重大利益的复杂合同，如数额较大的P2P

① Consumer Affairs Victoria. Cooling-off periods in Victoria: their use, nature, cost and implications (2009), Research Paper No. 15, 2009: p20.

和新型保险，特别法宜将经营者违反信息义务的行为认定为消极欺诈，允许消费者撤销合同①。

第六节 权利行使的法律后果

一、退货退款

（一）比较法观察

对于普通商品销售合同，作为消费者行使撤回权的法律后果，退货退款自然是最基本的一项。

欧盟《消费者权利指令》（2011/83/EU）在第12～14条规定了退货退款的详细规则：首先，终止双方原合同义务。其次，除非经营者提出自行上门取货，消费者应当在撤回通知发出之日起14天内将拟退商品寄出。再次，经营者应当自收到消费者发出的撤回通知之日起14天内，使用与初始交易相同的支付方式（或与消费者约定且不增加其费用的其他方式）向消费者退还其所付出的全部款项。当然，除非自行上门取货，经营者在收到所退商品或退货凭证之前（两者以较早的一项为准）有权暂扣退款。最后，在非营业地合同中，如果货物已经交付到消费者家中，且这些货物依其性质不能通过邮寄归还，经营者应当自费上门收取货物。

美国FTC《冷静期规则》第16 CFR 429.1条规定：首先，合同被取消（cancel），相关的担保利益也被取消。其次，消费者应当在住所等待经营者上门取货或者按照经营者的指示通过邮寄退货。再次，经营者应当在收到消费者发出的撤回通知之日起10个工作日内退回消费者支付的任何款项、票据或其他财产。最后，经营者如未在收到撤回通知之日起20天内上门取货，消费者可以免费保留商品；相应的，如消费

① 允许消费者撤销合同与“模式一”中的撤回期不起算在时间限制上不同，撤回期不起算则撤回权的行使便没有最长时间的限制，而主张撤销合同要在法定期限内进行。

者同意通过邮寄退货而在 20 天内又没有寄出的，则应当履行原合同的付款义务。

我国台湾地区《消费者保护法》第 19 条则规定，经营者原则上应于收到撤回通知之次日起十五日内，至原交付处所或约定处所取回商品。经营者应于取回商品、收到消费者退回商品或解除服务契约通知之次日起十五日内，返还消费者已支付之对价。

相较而言，我国新《消法》关于退货退款的规定非常简略，仅“经营者应当自收到退回商品之日起七日内返还消费者支付的商品价款”一句。但原工商总局《暂行办法》针对网络购物在第 10 ~ 19 条详细规定了退货退款程序。不难发现，办法制定者希望消费者行使撤回权后，法律关系尽量回复原状。即买卖双方互相返还因合同而取得的财产，且退款的方式原则上应与付款时一致，除非双方另有约定。这在办法第 14、15 条①中体现得最为突出。同时，消费者和经营者的其他权利义务变动在可能的情况下，也应尽量“恢复原状”，如消费者应当返还经营者为了促成合同订立而额外给予他的好处②。

对于服务合同（欧盟法中还包括供应水、电、气合同），由于无法实现物理上的退货，故消费者行使撤回权导致的后果较为特殊，各国（地区）亦制定了特别规则予以调整。主要有两种模式：一是以欧盟法为代表的补偿模式。根据《消费者权利指令》（2011/83/EU）第 14 条第 3 款的规定，消费者应当对经营者已经履行的部分占合同总量的相应比例进行合理补偿，其补偿标准首先按照合同约定的价格计算，但如果

---

① 《网络购买商品七日无理由退货暂行办法》第 14 条　退款方式比照购买商品的支付方式。经营者与消费者另有约定的，从其约定。购买商品时采用多种方式支付价款的，一般应当按照各种支付方式的实际支付价款以相应方式退款。除征得消费者明确表示同意的以外，网络商品销售者不应当自行指定其他退款方式。

第 15 条　消费者采用积分、代金券、优惠券等形式支付价款的，网络商品销售者在消费者退还商品后应当以相应形式返还消费者。对积分、代金券、优惠券的使用和返还有约定的，可以从其约定。

② 如《网络购买商品七日无理由退货暂行办法》第 16 条　消费者购买商品时采用信用卡支付方式并支付手续费的，网络商品销售者退款时可以不退回手续费。消费者购买商品时采用信用卡支付方式并被网络商品销售者免除手续费的，网络商品销售者可以在退款时扣除手续费。

第 17 条　退货价款以消费者实际支出的价款为准。套装或者满减优惠活动中的部分商品退货，导致不能再享受优惠的，根据购买时各商品价格进行结算，多退少补。

价格过高，则按照市场价值计算。二是以日本法为代表的不补偿模式。《特定商业交易法》第9、24等条款明确规定，经营者即使根据该服务合同的约定已提供了相关服务，也不能要求消费者支付相应的报酬。另外，不仅自身无法得到补偿，如经营者因提供该服务而导致消费者的土地或建筑物之状况发生变更，还应当无偿将其恢复原状。

（二）评析

虽然行使消费者撤回权将导致退货退款的法律后果属于公理，但正如克里斯蒂安·推格-弗莱斯纳和瑞纳·舒尔茨所言，这一法律后果的正当性依据以及法律规则的细节在各国并不完全相同[①]。同样是退货退款，撤销权说认为这是基于不当得利，而解除权说认为这是清算关系的体现。在本书看来，退货退款具体规则的设定更大程度上是商业实践探索的结果，而法学理论只是对这种商业实践的确认与解释。由于在我国将消费者撤回权的法律性质界定为合同解除权为优，故消费者行使该权利的法律后果原则上属于合同解除的后果[②]。也就是说，在没有特别规定的情况下，可以适用合同解除的相关规则。

由此，对于服务合同撤回的后果，可以援引我国《民法典》第566条关于合同解除效果的规定。由于服务无法“恢复原状”，则应采取“补救措施”，故本书认为以欧盟法为代表的补偿模式较为妥当，其补偿标准，理论上除了《消费者权利指令》（2011/83/EU）的方法外，尚有孙良国教授提出的“以已经提供的服务的市场价值来计算”的方案[③]。本书赞同欧盟方案，一方面其体现了当事人意思自治与公平原则的统一，另一方面，在大多数情况下该方法也更加简洁高效。实践中，提供服务的经营者往往在格式条款中规定“取消费”，如滴滴出行规定，在五分钟之内取消订单是不扣费的，但五分钟之后因为司机已经往乘客的所在地行使了一段距离，产生了一定的成本，这个时候乘客如果

① Christian Twigg-Flesner, Reiner Schulze. Protecting ration choice: information and the right of withdrawal, in Geraint Howells etc. (Ed.) Handbook of Research on International Consumer Law, Northampton Massachusetts: Edward Elgar Publishing Limited, 2010: p154.

② 有关消费者撤回权在性质上属于合同解除权的理论分析参见本书第一章。

③ 孙良国：《消费者撤回权中的利益衡量与规则设计》，载《浙江社会科学》2012年第7期，第63页。

取消订单的话就需要支付5元的“司机补偿金”。根据欧盟方案，只要“取消费/补偿金”没有高到不合理的程度，法律应予以认可。至于日本的不补偿模式，看似对消费者保护更为周到，但对经济活动产生负面影响，“特别是在冷静期内提供服务之后，若消费者行使撤回权，经营者可能得不到任何报酬，所以作为其反射效果，一般都会克制在冷静期内提供服务”[①]。这显然并非使消费者利益最大化的做法。

二、用益返还与损失补偿

根据大陆法系的民法理论，在某些情况下，仅仅做到退货退款并不能使买卖合同双方权利义务完全恢复原状。就撤回权而言，一方面，消费者在占有商品期间可能使用了该商品，从而产生使用收益，考虑到很多立法例中都存在撤回期不起算或延长的制度，故该使用收益不可忽略；另一方面，消费者占有商品期间对商品的检视、试用、正常或不合理的使用等行为都可能对商品价值造成贬损，甚至，即使消费者什么也没有做，商品也可能因为市场变化、技术革新、自然损耗等原因导致贬值。因此，消费者是否以及在何种情形下有义务对商品的用益进行返还、对商品的损失进行补偿亦是一个值得思考的问题。

（一）比较法观察

对于该问题，欧盟《消费者权利指令》（2011/83/EU）第14条第2款规定，消费者需要对占有过程中商品的贬值承担责任，但为了确定商品的性质、特点和功能所必须的除外。但如果经营者没有依法履行关于撤回权的告知义务，消费者在任何情况下都无须对商品的贬值负责。同时，第14条第1款又规定，消费者仅需承担（only bear）退货的直接费用……。可见，指令大幅缩限了消费者的责任范围。首先，损失补偿在经营者履行信息义务的前提下以超过“确定商品的性质、特点和功能”为限，经营者如未履行信息义务则完全无须补偿。其次，消费者完全无须进行用益返还。

而《德国民法典》在这方面有过一波三折的转变。在2011年8月

---

① 消費者庁取引・物価対策課・経済産業省商務情報政策局消費経済対策課編：特定商取引に関する法律・解説（平成28年版）第60頁。

4 日之前，由于《法典》明确将消费者撤回权的法律效果指向合同解除权，故行使撤回权的消费者根据该《法典》346 条关于解除的规定负有用益返还和损失补偿的双重义务。不过根据第 357 条第（3）款，如减损仅应当归因于物之检查的，不需要进行损失补偿。2011 年 8 月 4 日后，为响应欧洲法院“皮娅案”[①] 判决而进行修改的《德国民法典》在 312e 条对消费者的用益返还义务也做了特殊的限制：“远程销售合同中的消费者在行使撤回权后，只需对其超出测试商品性能与操作方法范围的使用行为承担用益返还义务，而经营者必须在订立合同时妥善告知消费者相关事项，除非消费者已通过其他途径得知。”[②] 易言之，只要消费者的行为属于“测试”“检查”，他就既无须进行用益返还也无须进行损害补偿。2014 年，为了贯彻欧盟《消费者权利指令》（2011/83/EU），《德国民法典》不再将撤回的后果指向合同解除权，而是在 357 条第（7）款直接规定，消费者在“价值损失可归因于对商品进行了对于测试商品的性质、性能和运行方式为不必要的操作”且经营者依法履行了相关告知义务的情形下，应当对商品的价值损失进行价值补偿。由于欧盟指令中并无用益返还的规定，故用益返还的义务在《德国民法典》之消费者撤回权条款中被彻底删除。

而在我国台湾地区，对于用益返还与损失补偿问题，《消费者保护法》第 19 条规定，契约经解除后，企业经营者与消费者间关于回复原状之约定，对于消费者较“民法”第二百五十九条之规定不利者，无效。可见该法将撤回权视为合同解除权，自应适用台湾地区《民法典》第 259 条关于契约解除的规定[③]，且该法定效果须单向强制性适用。故如果存在“用益”或“损失”，则消费者须承担返还和补偿的义务。需要说明的是，台湾主流学说认为，即使“因检查之必要或因不可归责于

---

① 相关案情见前文所述。

② 于程远：《消费者撤回权的合理限制——价值补偿与用益返还的双重进路》，载《法学》2016 年第 9 期，第 96 页。

③ 我国台湾地区《民法典》第 259 条 契约解除时，当事人双方回复原状之义务，除法律另有规定或契约另有订定外，依左列之规定：一、由他方所受领之给付物，应返还之。二、受领之给付为金钱者，应附加自受领时起之利息偿还之。三、受领之给付为劳务或为物之使用者，应照受领时之价额，以金钱偿还之。四、受领之给付物生有孳息者，应返还之。五、就返还之物，已支出必要或有益之费用，得于他方受返还时所得利益之限度内，请求其返还。六、应返还之物有毁损、灭失或因其他事由，致不能返还者，应偿还其价额。

自己之事由，致其收受之商品有毁损、灭失或变更其价值"，消费者仍得以行使撤回权，但应当依法向经营者进行损害赔偿[①]。

相较以上立法，日本《特定商业交易法》的态度则完全相左。该法第9、24条规定，访问销售或电话推销合同被撤回后，即便商品已被使用，或者消费者因行使所购权利而使用了相关设施或接受了相关服务，或者合同约定的劳务已经提供，也不能要求消费者支付使用该商品或行使该权利所得的利益，或者接受服务的报酬。

除了上述区分计算用益返还与损失补偿的严谨做法，还存在直接对要求无理由退货的消费者收取一定数额的"取消费"或"手续费"的立法。在美国早期的州立法中，这种现象较为普遍。如宾夕法尼亚州就规定行使撤回权的消费者有责任承担合同中规定的违约赔偿金，但不得超过商品价格的10%。康涅狄格州则允许经营者从消费者支付的首付款项中保留现金价格的5%作为取消费，但不得超过15美元或者现金支付的首付款（视谁更低）[②]。我国新《消法》颁布以前，乐蜂网（Lefeng. com）也对无理由退货的消费者收取5至10元的费用[③]。这一做法的实质是向退货的消费者收取对经营者损失的定额补偿。

（二）评析

综上，各国（地区）立法中关于消费者行使撤回权后的用益返还与损失补偿的规则可以看作合同解除效果的特别条款。其基本理念是最大限度保障消费者检查、测试商品的权利，为此不同程度地减轻了消费者的补偿义务。需要指出的是，用益返还和损失补偿问题很大程度上应置于该国撤回权制度其他规则乃至合同解除权制度之下进行研究，在我国目前的法律体系下探讨空间十分有限。

从消费者撤回权的宗旨出发，一个较为广泛的共识是，消费者无须仅仅因为行使撤回权而承担任何返还或补偿义务，并且消费者只要尽到

① 参见朱柏松：《消费者保护法论（增订版）》，台北：翰芦图书出版有限公司1999年版，第368页。

② 参见张靖：《我国消费者保护中的冷却期制度研究》，法律出版社2014年版，第167页。

③ 参见全国人大常委会法制工作委员会民法室：《消费者权益保护法立法背景与观点全集》，法律出版社2013年版，第132页。

合理注意义务也无须因为检查、测试商品而承担任何形式的赔偿金[①]。因此，损失补偿可能出现在消费者采用不适当的方法检查、测试商品和对商品进行了使用这两种情况；而用益返还仅会出现在消费者对商品进行了使用这一情形中。损失补偿责任在欧洲得到较为广泛的认可。如马可·洛斯教授认为，拟行使撤回权的消费者在占有商品期间应尽到合理注意义务，这是诚实信用原则的体现[②]。用益返还义务曾一度得到德国法的支持，因为远程购物的消费者的权利状况应当与在实体店消费时类似，而在实体店未经允许使用商品，即使没有造成贬损，显然也是不被允许的[③]。但目前用益返还义务却基本上在欧盟法体系中销声匿迹了，其主要原因为“使用收益通常是基于消费者对商品的占有时长计算得出，而后者在很多情形下与撤回权行使期限是一致的，这就导致使用收益的补偿成为撤回权的另一种形式的对价”[④]，从而使得买卖合同变成实际上的租赁关系。在因经营者怠于履行信息义务而导致撤回期不起算或被延长的情况下，甚至会出现“皮娅案”[⑤] 中用益返还金额高于商品价格的不合理情形。承认用益返还义务会对消费者行使撤回权构成沉重的负担，不符合撤回权制度的目的和宗旨。当然，消费者不需要承担用益返还义务的一个推论是，根据公平原则，经营者亦无须返还资金的“用益”，向消费者退款时可以保留价款产生的利息。

对于在商品销售中收取“取消费”的做法，目前理论观点分歧较大，葛江虬博士认为，为了弥补商家信赖利益的损失，并防止撤回权的滥用，应当允许其设置不超过 10% 的手续费[⑥]。而于程远博士则认为“此种‘一刀切’的方法显然忽略了个案中因商品类型不同而导致的差

---

① Christian Twigg-Flesner, Reiner Schulze. Protecting ration choice: information and the right of withdrawal, in Geraint Howells etc. (Ed.) Handbook of Research on International Consumer Law, Northampton Massachusetts: Edward Elgar Publishing Limited, 2010: p155.

② Marco Loos. Rights of Withdrawal, in G. Howell & R. Schulze (Ed.), Modernising and Harmonising Consumer Contract Law, Munich: Sellier Publishing, 2009: p270.

③ Peter Rott. Harmonsing Different Right of Withdrawal: Can German Law Serve as an Example for EC Consumer Law? German Law Journal. Vol. 7, No. 12, 2006 : p1126.

④ 于程远：《消费者撤回权的合理限制——价值补偿与用益返还的双重进路》，载《法学》2016 年第 9 期，第 103 页。

⑤ 相关案情参见前文所述。

⑥ 参见葛江虬：《论消费者无理由退货权——以适用〈合同法〉条文之解释论为中心》，载《清华法学》2015 年第 6 期，第 116 页。

异”，且经营者在明知消费者有权撤回合同的情况下并不存在信赖利益，此种做法甚至可能导致撤回权这一消费者保护措施沦为商家获利的手段[①]。本书认为，由于访问交易领域中消费者撤回权制度在适用方式上应当解释为强制适用，故收取“取消费”在现行法律框架内欠缺合法性。而对于更为常见的远程交易，鉴于本书主张半强制的立法模式，故对属于“根据性质不宜退货”范围内的商品，商家与消费者的“取消费”约定可以认定为合法有效。

三、运费承担

（一）退货运费

因消费者退货而产生的运费由谁承担？这一问题曾在欧盟引发激烈的争论。消费者组织坚称消费者行使撤回权不应该有任何成本，同时该费用由经营者承担也更符合效率原则。而经营者和欧盟成员国代表却认为应当由消费者承担退货的费用，以防止撤回权被滥用[②]。考察各国（地区）立法，可以发现制定时间较早的法律普遍支持前者的主张。2014 年之前的《德国民法典》第 357 条第 2 款规定，退货的邮寄费用一般应当由经营者承担，但当退回商品的价格不超过 40 欧元时，买卖双方可以约定该邮寄费用由消费者承担，但如果经营者交付的商品与消费者所订购的不相符的，则不在此限[③]。美国 FTC《冷静期规则》规定，消费者可以根据经营者的指示退回商品，并由经营者承担费用（16 CFR 429. 1）。日本《特定商业交易法》第 9、24 条也规定，退回商品或者归还权利所需的费用由销售商承担。我国台湾地区《消费者保护法》第 19 条亦规定消费者行权“无须……负担任何费用或对价”。詹森林教授对此的解释为“取回该商品之费用，应由企业经营者负担，不

---

① 于程远：《消费者撤回权的合理限制——价值补偿与用益返还的双重进路》，载《法学》2016 年第 9 期，第 102 页。

② Marco Loos. Rights of Withdrawal, in G. Howell & R. Schulze (Eds.), Modernising and Harmonising Consumer Contract Law, Munich: Sellier Publishing, 2009: p267.

③ 杜景林、卢谌：《德国民法典评注：总则 · 债法 · 物权》，法律出版社 2011 年版，第 174-175 页。

得以定型化约款方式，而转由消费者负担”[①]。但是，新近的立法例则更倾向于后者的观点，如欧盟《消费者权利指令》（2011/83/EU）第14条第1款规定，消费者仅需承担退货的直接费用，除非经营者同意承担该费用或者经营者没有通知其应当承担该费用。同时，在非营业地合同中，如果合同成立时商品已经送至消费者家中，而依其性质又不能正常通过邮寄退回的，经营者应当自行取回该商品并承担相应费用。2014年版《德国民法典》第357第6款亦规定，原则上由消费者负担寄回商品的直接费用。我国《消费者权益保护法》第25条更是明确、统一的规定“退回商品的运费由消费者承担；经营者与消费者另有约定的，按照约定”。

本书认为，若无另行约定，退货之运费由消费者承担更为合理。首先，这在一定程度上可以促使消费者做出撤回决定时更为谨慎，减少他们的机会主义的行为，避免撤回权被滥用。其次，国外部分早期立法将此义务施加于经营者是对访问交易中经营者须上门自取退货这一传统制度的延续，而我国立法显然应立足于占绝对主导地位的互联网销售。再次，消费者在实体店购物如发生退货，所发生之交通费用一般也由消费者自行承担。因而在远程和访问交易中设定同样的义务与自发形成的社会规范相符合，从而使义务人易于理解和执行。最后，即使退货之运费由经营者直接承担，该项成本也必将通过涨价的形式由全体消费者共同买单，从而产生不合理的交叉补贴。综上所述，我国目前关于退货运费的规定甚为合理。

（二）送货运费

经营者向消费者退款时，是否有权扣除送货之运费？该论题亦不无疑问。目前多数立法例将其分配给经营者承担，如欧盟《消费者权利指令》（2011/83/EU）第14条规定，经营者应当返还由消费者支付的全部费用，包括送货的运输费用；但如果由消费者指定的送货方式导致费用过高，经营者也只承担普通运费。与之不同，我国《消费者权益保护法》第25条规定送货运费原则上由消费者承担：“经营者应当……返还消费支付的商品价款”。

---

① 詹森林：《民事法理与判决研究：民法总则、债法总论、买卖法及消费者保护法》，北京大学出版社2005年版，第379页。

根据文意解释，“商品价款”不应包括运费。这意味着，如经营者承诺包邮，则送货运费由经营者承担；如经营者并不包邮，则经营者有权保留其向消费者收取的送货邮寄费用，即送货运费由消费者承担。如此设定的理由，主要是参考了国内远程销售中的通常做法。“从国内的实践情况看，关于运费的承担，不论是首次运费还是退货运费（二次运费），多数经营者均要求消费者承担……是当前网购实践中普遍认可的做法。”①另外，这也体现了相较于欧美立法，我国没有忽视经营者利益的立场。

四、退货过程中风险的承担

（一）比较法观察

退货过程中商品毁损灭失的风险由谁承担？《德国民法典》第355条第3款明确规定，在撤回的情形下，经营者负担寄回商品的风险。美国FTC《冷静期规则》第16 CFR 429.1条也规定，消费者如根据经营者的指示邮寄退回商品，由经营者承担费用和风险。而目前我国新《消法》对此并无明确规定。

（二）评析

对此，学者成依然认为“关于货物毁损风险在《消费者权益保护法》无规定的情况下，可适用合同法关于标的物风险负担的一般原则。双方当事人之间对风险承担有约定的依约定，无约定的货交承运人时即完成交付，风险转移。也就说，消费者退货后货物毁损的风险责任由经营者一方承担”②。此结论也与德、美立法相似，但本书并不赞同。首先，作为“一般法”的《民法典》第604条规定“标的物毁损、灭失的风险，在标的物交付之前由出卖人承担，交付之后由买受人承担，但法律另有规定或当事人另有约定的除外”。可见其大前提是标的物发货过程中的风险承担规则，并不必然涵摄退货时的情况。其次，退货风险原则上由消费者承担更为合理，“如果在合同订立时并未对风险进行约定，那么它就

---

① 贾东明主编：《中华人民共和国消费者权益保护法解读》，中国法制出版社2013年版，第110页。

② 成依然：《论消费者撤回权之行使》，载《湖南人文科技学院学报》2016年第1期，第21页。

应当分配给那些能以最小费用控制风险的人"[①]。在退货过程中，选择哪家快递提供服务，所退商品是否保价均由消费者决定，邮寄费用原则上也由消费者支付，因此消费者无疑是退货过程中主要风险的最优控制者。因此本书主张以下观点：采用邮寄方式退货的，运费和风险由消费者承担；经营者上门自取退货的，费用和风险由经营者承担。

五、我国法之解释与完善

本书在理论上已经证明，消费者撤回权的法律性质宜界定为一种特殊的法定解除权。故对于消费者撤回权的行使后果，在没有特别规定的情况下，可以适用《民法典》第566条关于合同解除效果的规定。但是，应当看到，消费者撤回权与一般的合同解除权在价值理念、功能作用、适用范围、行使程序等方面均存在明显的特殊性。因而，首先应当依据制度定位和现实需要制定特别法，以具体、详细地规定该权利的效果，一般法仅可作为参照和补充。

首先，对于退货退款的规定，我国新《消法》的规则过于简略，且尚缺少服务合同撤回效果的制度设计。因此，一方面，在商品销售合同中，宜参考原工商总局《暂行办法》针对网络购物的详细退货退款程序制定适用于所有远程销售和访问销售的具体规则，其指导原则应当是：（1）尽量使法律关系恢复原状；（2）在不损害消费者利益的前提下通过默认规则给予买卖双方一定的约定撤回效果的自由空间。另一方面，对于服务合同的撤回效果，建议在未来立法中借鉴欧盟法的补偿模式，即消费者应当对经营者已经履行的部分占合同总量的相应比例进行合理补偿，其补偿标准首先按照合同约定的价格计算；但如果价格过高，则按照市场价值计算。

其次，对于商品的损失补偿，通说认为，根据新《消法》的规定，所退商品"完好"是消费者行使撤回权的条件之一，如果该商品不再完好，则无撤回权产生的余地。因此我国不存在对商品进行损失补偿的

① ［德］汉斯-贝恩德·费舍尔、克劳斯·奥特：《民法的经济分析（第四版）》，江清云、杜涛译，法律出版社2009年版，第390页。

问题[①]。也有观点认为，我国可以借鉴德国的做法，将新《消法》解释为“当商品不完好时，并不直接导致撤回权因行使要件不满足而无法行使，而是由消费者对商品的价值贬损承担补偿义务……”论者认为该做法赋予了消费者更充分的决定空间[②]。本书认为，在我国网购巨大交易量的背景下，交易效率是一项重要的价值取向，撤回权的行使程序也宜尽量简便，而损失补偿使撤回权法律关系变得极为复杂，买卖双方很可能因为补偿的计算、鉴定等问题争论不休，从而加剧了整个市场不必要的“摩擦”。因此，本书原则上更认同通说的做法。不过，由于本书建议在访问交易和复杂消费领域，对于没有书面告知消费者撤回权法定信息的经营者，将撤回期延长到一个月。在此情况下，商品往往因为已经被使用而不再完好。从平衡消费者与经营者利益出发，此时在赋予消费者撤回权的同时宜使其承担对商品价值贬损进行补偿的责任。

再次，对于商品的用益返还，新《消法》未有规定。那么如果消费者的行为超出正常检验商品的必要限度对商品进行了使用，理论上商品存在被判定为“完好”的可能，再考虑到访问交易和复杂消费中经营者如未履行信息义务，本文主张将撤回权延长到一个月，这种使用几乎是必然会发生的。因此，依据合同解除效果的一般规则，也有学者认为基于不当得利制度[③]，经营者貌似有权要求消费者对使用商品所获得的利益进行返还。但正如前文所述，承认用益返还义务不符合撤回权制度的目的和宗旨，故我国《消法》未来宜明确规定，对于消费者撤回权制度，除法律明确规定之外，经营者不存在其他请求权。将消费者的用益返还义务予以排除。

最后，对于运费和风险，我国新《消法》所规定的退货与送货运费的承担规则是合理的，应予以坚持。至于退运途中的风险，根据风险控制理论，采用邮寄方式退货的，运费和风险宜由消费者承担；经营者上门自取退货的，费用和风险宜由经营者承担。

---

① 参见杨立新：《非传统销售方式购买商品的消费者反悔权及其适用》，载《法学》2014年第2期，第37页。

② 参见于程远：《消费者撤回权的合理限制——价值补偿与用益返还的双重进路》，载《法学》2016年第9期，第99-100页。

③ 参见于程远：《消费者撤回权的合理限制——价值补偿与用益返还的双重进路》，载《法学》2016年第9期，第104页。

结 语

消费者撤回权制度具有某种独特的魅力，它以违背契约的方式匡扶合同正义，以单方肆意的方式纠正市场不公，以高效简便的方式表彰顾客至上。当然，对该制度的质疑、警惕甚至批判也从未停止。正如美国法学家博登海默曾经指出的：“只有那些以某种具体的和妥协的方式将刚性与灵活性完美结合在一起的法律制度，才是真正伟大的法律制度。”① 一个“伟大”的消费者撤回权制度必定是全面反映了该国物质生活条件，特别是市场状况的制度，也必定是一个充分发扬正面价值而竭力限制不良后果的制度。作为最后的结论，本书提出，建立或完善消费者撤回权制度的关键是处理好以下四对矛盾因素的关系。

一是共性与个性的关系。从共性上看，消费者撤回权在性质上属于合同法定解除权，因而消费者撤回权可以归属于民事权利体系，从而使该制度在没有特别规定的情况下，可以适用民法中合同解除权的一般规则。但是，也应注意到，消费者撤回权在价值理念、功能作用、适用范围、行使程序、法律效果等方面均存在明显的特殊性，在立法时应当对消费者撤回权制度的个性予以特别的关注，尽量通过制定具体、详细的特别规则予以调整。

二是正当性与局限性的关系。从某种意义上说，消费者撤回权制度犹如一柄双刃剑。一方面，它是一种为了对抗某些特殊消费场景中对消费者的不公而发展起来的权利，具有纠正意思表示不自由、平衡严重信息不对称、对消费者不满意风险进行保险和缓解非理性消费等四大积极

① ［美］E. 博登海默：《法理学：法律哲学与法律方法》，邓正来译，中国政法大学出版社 1999 年版，第 405 页。

功能。另一方面，它也不可避免地带来了限制自由、损害效率、导致逆向选择等弊端。因此，消费者撤回权相关研究的重点是如何对其具体制度进行最优化的设计，对已经存在的法律规则进行最合理的解释，以期扬长避短，最大限度发挥其积极功能，限制其消极作用。

三是权利绝对与权利限制的关系。一方面，从行使方式上来看，消费者撤回权作为一种具有无理由性的形成权，是一项非常简便甚至有点肆意的权利。这与消费市场的特殊性有关。另一方面，消费者撤回权在适用范围上亦面临着非常严格的限制。首先，其只适用于访问交易、远程交易、消费信贷、特定复杂消费等为数不多的消费形态。其次，即使在上述消费形态中，立法亦会设定适用之负面清单将例外情形排除。当然，“对社会主体权利的必要限制，实为对权利的扩展”①。正是由于将消费者撤回权的适用范围作出上述严格限制，才实现了消费者短期和长期、个体和整体的利益平衡。

四是强制性与自治性的关系。消费者撤回权的适用方式有强制适用、默认适用以及中间形态的特殊适用方式。在访问交易和特定复杂消费领域，我国的消费者撤回权制度均应设置为强制性立法，不得通过当事人的另行约定排除该权利的适用；但在远程交易中，宜将《消费者权益保护法》第25条解释为具有我国特色的“半强制”立法模式，在将撤回权制度强制适用于大部分商品的同时，为交易双方通过意思自治排除其适用留下一定的空间，从而最大限度发挥理性和市场两者的价值，并互相弥补对方的缺陷。在法律的确定性与个案正义之间，也在市场效率与消费者幸福感之间取得平衡。

① 眭鸿明：《权利确认与民法机理》，法律出版社2003年版，第101页。

参考文献

一、中文文献

1. 专著

[1] [英] 阿佛里德·马歇尔. 经济学原理（上）[M]. 朱志泰译. 北京：商务印书馆，1981.

[2] 阿拉木斯. 网络交易法律实务（上册）[M]. 北京：法律出版社，2006.

[3] [美] 伯纳德·施瓦茨. 美国法律史 [M]. 王军译. 北京：中国政法大学出版社，1997.

[4] 陈卫佐. 德国民法典（第 4 版） [M]. 北京：法律出版社，2015.

[5] 崔吉子. 东亚消费者合同法比较研究 [M]. 北京：北京大学出版社，2013.

[6] [德] 迪特尔·梅迪库斯. 德国民法总论 [M]. 邵建东译. 北京：法律出版社，2013.

[7] 杜景林，卢谌. 德国民法典评注：总则·债法·物权 [M]. 北京：法律出版社，2011.

[8] [美] E. 博登海默. 法理学：法律哲学与法律方法 [M]. 邓正来译. 北京：中国政法大学出版社，1999.

[9] 范明志. 欧盟合同法一体化研究 [M]. 北京：法律出版社，2008 年.

[10] [英] 菲利普·鲍尔. 预知社会——群体行为的内在法则

[M]．暴永宁译．北京：当代中国出版社，2010.

[11]［英］弗里德里希·冯·哈耶克．自由宪章［M］．杨玉生、冯兴元、陈茅等译．北京：中国社会科学出版社，2012.

[12]［英］弗里德里希·冯·哈耶克．自由秩序原理［M］．邓正来译．上海：生活·读书·新知三联书店，1997.

[13]［德］海因·克茨．欧洲合同法（上卷）［M］．周忠海、李居迁、宫立云译．北京：法律出版社，2006.

[14]［德］汉斯-贝恩德·费舍尔，克劳斯·奥特．民法的经济分析（第四版）［M］．江清云，杜涛译．北京：法律出版社，2009.

[15]韩世远．合同法总论（第三版）［M］．北京：法律出版社，2011.

[16]何勤华，魏琼．西方商法史［M］．北京：北京大学出版社，2007.

[17]贾东明．中华人民共和国消费者权益保护法解读［M］．北京：中国法制出版社，2013.

[18]金福海．消费者法论［M］．北京：北京大学出版社，2005.

[19]［德］卡尔·拉伦茨．德国民法通论（上册）［M］．王晓晔，邵建东，程建英，徐国建，谢怀栻译．北京：法律出版社，2013.

[20]［德］考夫曼．法律哲学［M］．刘兴义等译．北京：法律出版社，2005.

[21]［德］莱茵哈德·齐默曼．德国新债法：历史与比较的视角［M］．韩光明译．北京：法律出版社，2012.

[22]李昌麒，许明月．消费者保护法（第四版）［M］．北京：法律出版社，2014.

[23]李飞，邵琪伟．中华人民共和国旅游法释义［M］．北京：法律出版社，2013.

[24]李富旺．教育法理要典［M］．天津：天津教育出版社，2004.

[25]李永军．合同法（第二版）［M］．北京：法律出版社，2005.

[26]龙卫球．民法总论（第二版）［M］．北京：中国法制出版社，2002.

[27]［美］罗纳德·哈里·科斯．企业、市场与法律［M］．盛

洪，陈郁译校．上海：格致出版社，上海三联书店，上海人民出版社，2009.

[28] [法] 罗莎-马里亚·杰尔皮，[法] 弗朗索瓦·朱利安-拉布吕耶尔．消费信贷史：理论与实践 [M]．江红译．北京：商务印书馆，2014.

[29] 欧洲民法典研究组，欧盟现行私法研究组．欧洲示范民法典草案：欧洲私法的原则、定义和示范规则 [M]．高圣平译．北京：中国人民大学出版社，2012.

[30] [英] P. S. 阿狄亚．合同法导论（第五版）[M]．赵旭东等译．北京：法律出版社，2002.

[31] 钱玉文．消费者权利变迁的实证研究 [M]．北京：法律出版社，2011.

[32] 全国人大常委会法制工作委员会民法室．消费者权益保护法立法背景与观点全集 [M]．北京：法律出版社，2013.

[33] 眭鸿明．权利确认与民法机理 [M]．北京：法律出版社，2003.

[34] 孙平．法国消费法典 [M]．北京：中国政法大学出版社，2012.

[35] 王利明，杨立新，王轶，程啸．民法学 [M]．北京：法律出版社，2017.

[36] 王利明．民法总则研究 [M]．北京：中国人民大学出版社，2003.

[37] 王利明．物权法研究（第三版）[M]．北京：中国人民大学出版社，2013.

[38] 魏振瀛．民法 [M]．北京：北京大学出版社，高等教育出版社，2000.

[39] 吴景明等．《中华人民共和国消费者权益保护法》修改建议——第三法域之理论视角 [M]．北京：中国法制出版社，2014.

[40] 薛兆丰．商业无边界——反垄断法的经济学革命 [M]．北京：法律出版社，2008.

[41] 尹田．法国现代合同法：契约自由与社会公正的冲突与平衡 [M]．北京：法律出版社，2009.

[42]［古罗马］优士丁尼．买卖契约［M］．刘家安译．北京：中国政法大学出版社，2001.

[43] 于颖．远程消费者保护机制研究［M］．北京：法律出版社，2013.

[44]［英］约翰·梅纳德·凯恩斯．就业、利息和货币通论［M］．高鸿业译．北京：商务印书馆，2009.

[45] 詹森林．民事法理与判决研究：民法总则、债法总论、买卖法及消费者保护法［M］．北京：北京大学出版社，2005.

[46] 张靖．我国消费者保护中的冷却期制度研究［M］．北京：法律出版社，2014.

[47] 张严方．消费者保护法研究［M］．北京：法律出版社，2003.

[48] 张为华．美国消费者保护法［M］．北京：中国法制出版社，2000.

[49] 张维迎．博弈与社会［M］．北京：北京大学出版社，2013.

[50] 赵宇娜．网站环境特征对消费者冲动性购买的影响研究［M］．北京：经济管理出版社，2015.

[51] 周永坤．法理学——全球视野［M］．北京：法律出版社，2000.

[52] 周宇．消费者保护之研究［M］．台北：台湾学生书局，1977.

[53] 朱柏松．消费者保护法论（增订版）［M］．台北：翰芦图书出版有限公司，1999.

2. 论文

[1] 白江．对消费者撤回权立法模式的反思［J］．法学，2014（4）：33-40.

[2] 蔡菁华．消费者无条件解除权之研究［D］．台湾大学硕士学位论文，2015.

[3] 成依然．论消费者撤回权之行使［J］．湖南人文科技学院学报，2016（1）：16-21.

[4] 迟颖．论德国法上以保护消费者为目的之撤回权［J］．政治与法律，2008（6）：79-84.

[5] 董新凯，夏瑜．冷却期制度与消费者权益保护［J］．河北法学，2005（5）：53-56.

[6] 段玉婷．近代中国的邮购事业评述［J］．重庆邮电大学学报(社会科学版)，2015（9）：79-82.

[7] 葛江虬．论消费者无理由退货权——以适用《合同法》条文之解释论为中心［J］．清华法学，2015（6）：95-116.

[8] 耿林．论除斥期间［J］．中外法学，2016（3）：613-645.

[9] 黄守坤．非理性消费行为的形成机理［J］．商业研究，2005(10)：14-17.

[10] 黄文艺．作为一种法律干预模式的家长主义［J］．法学研究，2010（5）：3-17.

[11] 金励．消费者商品交易反悔权之研究［J］．重庆交通大学学报（社科版），2007（2）：38-42.

[12]［日］井上框子，［日］町村泰贵，［日］今井弘道，赵莉．法哲学观点看日本消费者问题及立法之解决［J］．金陵法学评论，2007(秋季卷)：156-160.

[13]［德］卡尔·拉伦茨，［德］曼弗瑞德·沃尔夫．德国民法中的形成权［J］．孙宪忠译．环球法律评论，2006（4）：491-495.

[14] 李建伟．法国标准合同制度对消费者权益的保护［J］．湖南省政法管理干部学院学报，2000（4）：49-51.

[15] 梁慧星．从近代民法到现代民法——二十世纪民法回顾［J］．中外法学，1997（2）：19-30.

[16] 梁慧星．消费者运动与消费者权利［J］．法律科学，1991(5)：35-40.

[17] 凌学东．法国消费者合同撤回权立法及启示［J］．比较法研究，2015（4）：172-184.

[18] 刘柏纯．论法律认识错误对刑事责任的影响［J］．河北法学，2006（8）：127-131.

[19] 刘家安．“分时度假”及相关法律范畴之厘清［J］．广东社会科学，2013（5）：237-243.

[20] 刘俊海，徐海燕．论消费者权益保护理念的升华与制度创新——以我国《消费者权益保护法》修改为中心［J］．法学杂志，

2013（5）：27-38.

［21］卢春荣．消费者撤回权制度比较研究［D］．复旦大学博士学位论文，2012.

［22］马辉．保险合同犹豫期制度的完善［J］．上海金融，2012（5）：85-91.

［23］庞凌，缪岚．安全·自由·自主——住宅不受侵犯的价值蕴含［J］．法律科学，2005（6）：5-10.

［24］秦鹏，黄学彬．消费者主权质疑——一种环境伦理下的人文思考［J］．社会科学研究，2006（1）：32-36.

［25］孙良国．论新《消费者权益保护法》中的主要规制技术［J］．当代法学，2014（4）：79-85.

［26］孙良国．消费者撤回权中的利益衡量与规则设计［J］．浙江社会科学，2012（7）：58-64.

［27］孙良国．消费者何以有撤回权［J］．当代法学，2011（6）：105-112.

［28］孙笑侠，郭春镇．法律父爱主义在中国的适用［J］．中国社会科学，2006（1）：47-58.

［29］汪传才．分时度假的消费者保护初探［J］．法律科学，2006（4）：138-143.

［30］王洪亮．消费者撤回权的正当性基础［J］．法学，2010（12）：96-107.

［31］王轶．民法典的规范类型及其配置关系［J］．清华法学，2014（6）：54-63.

［32］谢平，邹传伟．互联网金融模式研究［J］．金融研究，2012（12）：11-22.

［33］徐国栋．民法私法说还能维持多久——行为经济学对时下民法学的潜在影响［J］．法学，2006（5）：3-17.

［34］徐伟．重估网络购物中的消费者撤回权［J］．法学，2016（3）：84-96.

［35］许中缘，魏韬．论民法典视角下消费者的撤回权［J］．河南师范大学学报（哲学社会科学版），2013（2）：90-93.

［36］［日］星野英一．私法中的人——以民法财产法为中心

[A] // 星野英一. 现代民法基本问题. 段匡，杨永庄译. 上海：上海三联书店，2012：65-104.

[37] 杨立新. 非传统销售方式购买商品的消费者反悔权及其适用 [J]. 法学，2014（2）：30-38.

[38] 杨立新，陶盈. 日本消费者法治建设经验及对中国的启示 [J]. 广东社会科学，2013（5）：227-230.

[39] 叶湘榕. P2P 借贷的模式风险与监管研究 [J]. 金融监管研究，2014（3）：71-82.

[40] 于程远. 消费者撤回权的合理限制——价值补偿与用益返还的双重进路 [J]. 法学，2016（9）：93-104.

[41] 余履雪. 欧盟私法的统一：存异与求同之间 [J]. 武大国际法评论，2014（2）：139-161.

[42] 张淳. 论能够成为民事行为瑕疵的错误——两大法系有关规定比较以及我国民法相应规定评析 [J]. 浙江社会科学，2004（4）：81-88.

[43] 张淳. 浅议对告知义务不履行与沉默欺诈 [J]. 南京大学法律评论，2001（秋季号）：221-225.

[44] 张靖. 英国冷却期制度的立法探究及启示 [J]. 长沙理工大学学报（社会科学版），2011（3）：45-49.

[45] 张学哲. 论消费者撤回权的构成与行使要件 [J]. 华东政法大学学报，2011（1）：42-51.

[46] 张学哲. 消费者撤回权制度与合同自由原则——以中国民法法典化为背景 [J]. 比较法研究，2009（6）：62-73.

[47] 张五常. 新劳动法的困扰 [J]. 法制资讯，2008（10）：39-40.

[48] 周安平. 许霆案的民意：按照大数法则的分析 [J]. 中外法学，2009（1）：82-92.

[49] 朱晶晶. 旅游合同解除制度的体系性解释 [J]. 旅游学刊，2014（7）：96-105.

[50] 朱涛. 消费者权益保护法第 25 条之功能属性探析——基于日本经验的启示 [J]. 北京航空航天大学学报（社会科学版），2017（5）：44-51.

3. 其他

[1] 成慧.7天无理由退货怎么退[N].人民日报，2014-2-21.

[2] 窦远行.大二学生网络贷款50余万，无力偿还跳楼自杀[N].现代快报，2016-3-20.

[3] 高家龙，姜文峰.央视“3·15”晚会曝光保健食品企业欺骗消费者，武汉两家涉事企业被立案调查[N].楚天都市报，2017-3-18.

[4] 黄世杨.女导游嫌购物少骂游客：你们的良心和道德在哪里[N].都市时报，2015-5-2.

[5] 李铎，陈克远.瓜子二手车承诺打脸，14天无理由退车改为14天可退[N].北京商报，2016-1-13.

[6] 李岳武，高东海.立法倒退不利于消费者保护[N].新京报，2004-6-8.

[7] 凌越，蔡春.电商抱怨有消费者滥用“7天无理由退货规则”致成本上升[N].羊城晚报，2014-8-13.

[8] 王卫英.“七天无理由退货”怎成了“有理由不退货”[N].金华日报，2014-7-17.

[9] 闫珍珍.“傍名牌”的罪与罚：超市傍名牌年利润200万，侵权只赔10万[N].济南日报，2017-10-16.

[10] 殷玉国，张超.假“培训”真“销售”，伪“消防”坑人不浅[N].济南时报，2017-3-7.

[11] 张媛.专家学者研讨消费者权益保护法修改提出建议：买房买车也应适用“后悔权”[N].法制日报，2013-10-21.

二、英文文献

1. Books

[1] Christian von Bar, Eric Clive, Hans Schulte-Nölke (Ed.). Principles, Definition and Model Rules of European Private Law, Draft Common Frame of Reference (DCFR), Full Edition [M]. Munich: Sellier Publishing, 2009.

[2] Christian von Bar, Eric Clive, Hans Schulte-Nölke (Ed.).

Principles, Definition and Model Rules of European Private Law, Draft Common Frame of Reference (DCFR), Outline Edition [M]. Munich: Sellier Publishing, 2009.

[3] Christian Twigg-Flesner (Ed.). European Union Private Law [M]. Cambridge: Cambridge University Press, 2010.

[4] Geraint Howells etc. (Ed.). Handbook of Research on International Consumer Law, [M]. Northampton Massachusetts: Edward Elgar Publishing Limited, 2010.

[5] G. Howell & R. Schulze (Ed.). Modernising and Harmonising Consumer Contract Law [M]. Munich: Sellier Publishing, 2009.

[6] Hans Schulte-Nölke, Christian Twigg-Flesner, Martin Eber (Ed.). EC Consumer Law Compendium [M]. Munich: Sellier Publishing, 2007.

[7] Marco B. M. Loos. Review of the European Consumer Acquis [M]. Munich: Sellier Publishing, 2008.

[8] Mathias Reimann & Reinhard Zimmermann (eds.). The Oxford Handbook of Comparative Law [M]. Oxford: Oxford University Press, 2006.

[9] Michael J. Trebilcock. The Limits of Freedom of Contract [M]. Cambridge Massachusetts: Harvard University Press, 1997.

[10] Robert Audi (ed.). the Cambridge Dictionary of Philosophy [M]. Cambridge: Cambridge University Press, 1995.

[11] R. Schulze (Ed.). Common Frame of Reference and Existing EC Contract Law [M]. Munich: Sellier Publishing, 2009.

2. Articles

[1] Aonghus Mcclafferty. Effective Protection for the E-Consumer in light of the Consumer Rights Directive? [J]. Hibernian Law Journal, 2012 (86).

[2] Byron D. Sher. The "Cooling-off" Period in Door-to-door Sales [J]. UCLA. Law Review, 1967-1968 (15).

[3] Bryson J. E., Dunham S. S.. A Case Study of the Impact of Consumer Legislation: The Elimination of Negotiability and the Cooling-Off Period [J]. Yale Law Journal, 1969 (78).

[4] Caroline Cohen. the Contract Law Principle of pacta sunt servanda

and Behavioral Economics Literature in Relation to Justifications for the European Consumer's Right of Withdrawal under Directive 2011/83/EC [J]. Exeter Student Law Review, 2016 (2).

[5] Christian Twigg-Flesner, Daniel Metcalfe. The proposed Consumer Rights Directive-less haste, more thought? [J]. European Review of Contract Law, 2009 (2).

[6] Christian Twigg-Flesner, Reiner Schulze. Protection ration choice: information and the right of withdrawal [A] //Geraint Howells etc. (Ed.). Handbook of Research on International Consumer Law. Northampton Massachusetts: Edward Elgar Publishing Limited, 2010.

[7] Consumer Affairs Victoria. Cooling-off periods in Victoria: their use, nature, cost and implications (2009) [J]. Research Paper, 2009 (15).

[8] Dugan A J.. Consumer Protection: The Proposed Cooling-off Period [J]. Valparaiso University Law Review, 1967—1968 (2).

[9] E. Terryn. Rights of Withdrawal, the Acquis Principles and Draft Common Frame of Reference [A] // R. Schulze (Ed.). Common Frame of Reference and Existing EC Contract Law. Munich: Sellier Publishing, 2009.

[10] Georg Borges, Bernd Irlenbusch. Fairness Crowded Out by Law: An Experimental Study on Withdrawal Rights [J]. Journal of Institutional & Theoretical Economics, 2007 (1).

[11] George A. Akerlof. The Market for Lemons: Quality Uncertainty and the Market Mechanism [J]. The Quarterly Journal of Economics, 1970 (84).

[12] Geraint Howells. The Potential and Limits of Consumer Empowerment by Information [J]. Journal of Law and Society, 2005 (3).

[13] Gerhard Wagner. Mandatory Contract Law: Functions and Principles in Light of the Proposal for a Direction on Consumer Rights [J]. Erasmus Law Review, 2010 (3).

[14] Horst Eidenmüller. Why Withdrawal Right? [J]. European Review of Contract Law, 2011 (7).

[15] Jan M. Smits. Comparative Law and its Influence on National Legal

System [A] // Mathias Reimann & Reinhard Zimmermann (eds.). The Oxford Handbook of Comparative Law. Oxford: Oxford University Press, 2006.

[16] Jan M. Smits. the Right to change your mind? Rethinking the Usefulness of Mandatory Rights of Withdrawal in Consumer Contract Law [J]. Maastricht European Private Law Institute Working Paper, 2011.

[17] Jason Scott Johonson. the Return of Bargain: an Economic Theory of How Standard-form Contracts Enable Cooperative Negotiation Between Businesses and Consumers [J]. Michigan Law Review, 2006 (104).

[18] Joasia A. Luzak. To Withdraw Or Not To Withdraw? Evaluation of the Mandatory Right of Withdrawal in Consumer Distance Selling Contracts Taking Into Account Its Behavioural Effects on Consumers [J]. Centre for the Study of European Contract Law Working Paper, 2013 (4).

[19] Lea K. Shepard. It's All About the Principal: Preserving Consumers' Right of Rescission under the Truth in Lending Act [J]. North Carolina Law Review, 2010–2011 (89).

[20] Marco Loos. Rights of Withdrawal [A] //G. Howell & R. Schulze (Ed.). Modernising and Harmonising Consumer Contract Law. Munich: Sellier Publishing, 2009.

[21] Omri Ben-Shahar, Eric A. Posner. the Right to Withdraw in Contract Law [J]. Journal of Legal Studies, 2011 (40).

[22] Oren Bar-Gill, Omri Ben-Shahar. Regulatory Techniques in Consumer Protection: A Critique of European Consumer Contract Law [J]. Common Market Law Review, 2013 (50).

[23] Peter Rott. Information obligations and withdrawal rights [A] // Christian Twigg-Flesner (Ed.). European Union Private Law. Cambridge: Cambridge press, 2010.

[24] Phillip Nelson. Information and Consumer Behavior [J]. Journal of Political Economy, 1970 (78).

[25] Project. The Direct Selling: An Empirical Study [J]. UCLA. Law Review, 1969 (16).

[26] P. Rott. Harmonsing Different Right of Withdrawal: Can German

Law Serve as an Example for EC Consumer Law? [J] . German Law Journal, 2006 (12) .

[27] Robert A. Hillman. Online Boilerplate: Would Mandatory Website Disclosure of E-Standard Terms Backfire? [J] . Michigan Law Review, 2006 (104) .

[28] Sandoval Rodolpho. A Critical Analysis of the Cooling-off Period for Door to Door Sales [J] . Chicana/o Latina/o Law Review, 1976 (3) .

三、日文文献

[1] 河上正二.『クーリング・オフ』についての一考察一時間という名の後見人 [J] . 東北大学法学會『法学』60巻6号, 1996.

[2] 内田貴. 契約の時代——日本社會と契約法 [M] . 東京: 岩波書店, 2000.

[3] 圓山茂夫. 詳解特定商取引法の理論と実務 (第2版) [M] . 東京: 民事法研究會, 2010.

[4] 斉藤雅弘, 池本誠司, 石戸谷豊. 特定商取引法ハンドブック (第5版) [M] . 東京: 日本評論社, 2014.

[5] 後藤巻則, 斉藤雅弘, 池本誠司. 条解消費者三法 [M] . 東京: 弘文堂, 2015.

[6] 消費者庁取引, 物価対策課, 経済産業省商務情報政策局消費経済対策課. 特定商取引に関する法律・解説 (平成28年版) [EB/OL] . http: //www. no-trouble. go. jp/low/h28. html.

图书在版编目（CIP）数据

消费者撤回权制度研究/戴中璧著．—合肥：合肥工业大学出版社，2024.2

ISBN 978-7-5650-5538-6

Ⅰ.①消…　Ⅱ.①戴…　Ⅲ.①消费者权益保护—研究—中国　Ⅳ.①D923.8

中国版本图书馆 CIP 数据核字（2022）第 029126 号

消费者撤回权制度研究

戴中璧　著　　　　责任编辑　郭娟娟

出　版	合肥工业大学出版社	**版　次**	2024 年 2 月第 1 版
地　址	合肥市屯溪路 193 号	**印　次**	2024 年 2 月第 1 次印刷
邮　编	230009	**开　本**	710 毫米×1010 毫米　1/16
电　话	人文社科出版中心：0551-62903200	**印　张**	14.25
	营销与储运管理中心：0551-62903198	**字　数**	226 千字
网　址	press.hfut.edu.cn	**印　刷**	安徽联众印刷有限公司
E-mail	hfutpress@163.com	**发　行**	全国新华书店

ISBN 978-7-5650-5538-6　　　　定价：49.00 元

如果有影响阅读的印装质量问题，请与出版社营销与储运管理中心联系调换。